电子商务类专业
创新型人才培养系列教材

★ 微课版 ★

新媒体
运营实务

魏振锋／主编　　**孟雯雯 朱幼恩**／副主编

人民邮电出版社
北　京

图书在版编目（CIP）数据

新媒体运营实务：微课版 / 魏振锋主编. -- 北京：
人民邮电出版社，2023.1（2024.6重印）
电子商务类专业创新型人才培养系列教材
ISBN 978-7-115-57525-8

Ⅰ. ①新… Ⅱ. ①魏… Ⅲ. ①传播媒介－运营管理－
高等学校－教材 Ⅳ. ①G206.2

中国版本图书馆CIP数据核字(2021)第255268号

内 容 提 要

　　本书共分为10个项目，内容包括认识新媒体运营、新媒体运营思维、新媒体文案策划、微博运营、微信运营、今日头条运营、短视频运营、网络直播运营、其他新媒体平台运营、新媒体运营工具应用。本书全面介绍了微博、微信、今日头条、短视频、网络直播、知乎、喜马拉雅、小红书等新媒体平台运营的方法、流程与技巧，旨在培养读者形成新媒体运营的系统化思维与实践能力，同时提高读者的创意策划水平与传播推广技能。

　　本书既可作为本科院校和职业院校财经商贸类、新闻传播类专业相关课程的教材，也可供新媒体运营从业者和相关社会人士参考使用。

◆ 主　　编　魏振锋
　　副 主 编　孟雯雯　朱幼恩
　　责任编辑　连震月
　　责任印制　王　郁　彭志环

◆ 人民邮电出版社出版发行　　北京市丰台区成寿寺路 11 号
　　邮编　100164　　电子邮件　315@ptpress.com.cn
　　网址　https://www.ptpress.com.cn
　　北京天宇星印刷厂印刷

◆ 开本：787×1092　1/16
　　印张：13.5　　　　　　　　　　2023 年 1 月第 1 版
　　字数：339 千字　　　　　　　 2024 年 6 月北京第 4 次印刷

定价：54.00 元

读者服务热线：(010)81055256　印装质量热线：(010)81055316
反盗版热线：(010)81055315
广告经营许可证：京东市监广登字 20170147 号

前言
PREFACE

党的二十大报告指出，加快发展数字经济，促进数字经济与实体经济深度融合，打造具有国际竞争力的数字产业集群。新媒体这一形式将是发展数字经济的有力支撑。随着社会的不断发展，新媒体的影响力持续扩大。例如，拥有10亿日活跃用户的微信已成为新媒体营销的"重地"，涵盖图文、H5、短视频、投票、点赞等多种营销形式。抖音App自2016年9月上线以来，日活跃用户数已达4亿，总用户数达10亿……新媒体平台正在发挥着越来越大的作用，各类品牌、媒体、名人、意见领袖都纷纷入驻今日头条、抖音等新媒体平台，为用户提供优质内容和在线服务。显而易见，新媒体运营对许多机构和个人而言都非常重要。

随着新媒体产业的迅猛发展，有关新媒体运营的教育与培训也成为热点，但是职业教育领域仍缺乏内容新颖、具备实操性的新媒体运营教材。因此，通过校企合作、产教融合，将新媒体产业、职业教育等领域的优秀项目成果归纳总结，形成理论与实践相结合的实用教材成为当务之急。在全国电子商务职业教育教学指导委员会移动商务专业指导委员会的倡议下，几所院校的一线教师共同编写了本书。

本书的主要特色包括以下几个方面。

1. 实现素质培养的全程融入

本书重视素质培养，通过"素养小课堂"模块及对精选案例的分析，融入爱国敬业、遵纪守法等内容，培养学生具备崇高理想、职业道德、创新精神，以及具有投身经济建设、服务民族复兴的内生动力。

2. 实用性较强

本书采取了"校企合作，双元开发"的编写方式，以学生为中心，紧密跟踪新媒体行业发展趋势，融入"小米""农夫山泉""温州名购网"等新媒体运营案例，以强化学生的文案创作、H5设计、微信公众号运营、短视频运营、直播策划与实施、新媒体活动策划等职业技能，凸显了"理实一体""训育结合"的教学理念。

3. 注重内容优化与体例创新

本书纳入新媒体产业的新技术、新规范等内容，落实"德技并修""训育结合"的职业教育模式。本书还结合新媒体运营岗位标准与技能要求，突出"教、学、做"一体的特色，以新媒体内容建设和新媒体运营活动实施为主线，遵循"分析目标、明确方向→思维导图、梳理体系→案例导入、引出问题→知识讲解、工作实施→综合训练、考核提升"的逻辑结构。另外，本书创新性地设计了思政启发、运营手册、微课学习、拓展资源、协作与训练、思考与讨论等教学互动模块，增强协作式学习，并合理融入了部分1+X证书的培训内容。

4. 提供配套的数字资源

为适应数字化教育，本书提供了丰富的在线教学资源，依托编者主持的"移动营销"国家精品在线开放课程和"新媒体运营"在线课程，构建线上线下混合教学模式，落实"教师、教材、教法"三教改革，共享所有的教学标准、课程标准、微课视频、PPT课件、教学案例、行业素材等数字资源，促进在线教学的发展。扫描右侧二维码，即可在线观看微课视频。

本书已立项为高职院校新形态教材，能够与在线开放课程紧密结合，实现线上线下的同步建设、同步更新、相互促进，充分体现技能训练目标与职业岗位要求的紧密对接。

本书由浙江工贸职业技术学院魏振锋老师担任主编，由山东外贸职业学院孟雯雯老师、广东生态工程职业学院朱幼恩老师担任副主编，湖北科技职业学院洪恩华老师、贵州职业技术学院郭知涛老师、江阴职业技术学院葛敏敏老师、浙江工贸职业技术学院的张小华老师也参与了本书的编写工作。

本书在编写过程中得到了全国电子商务职业教育教学指导委员会移动商务专业指导委员会、浙江东方职业技术学院、山东外贸职业学院、广东生态工程职业学院等单位领导的关心，在此一并致谢。

由于编者水平有限，本书难免存在不足之处，真诚地欢迎各位读者在使用和阅读过程中给予批评和指正。

编者

2023年6月

目录
CONTENTS

项目一

认识新媒体运营

学习目标

主要知识	了解新媒体的发展现状与趋势
	熟悉新媒体运营的概念与特点
	熟悉各种新媒体运营方法
	理解新媒体运营的理念与功能
核心技能	熟悉主流的新媒体运营方法
	理解新媒体运营的内涵与理念
	能分析新媒体运营案例
素质目标	具备新媒体运营思维
	具备新媒体运营创新创业意识

内容体系

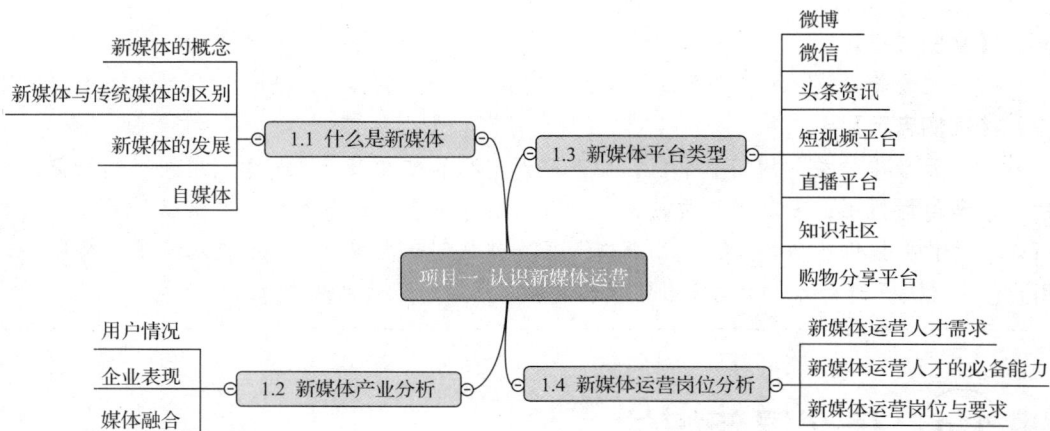

腾讯公益："小朋友"画廊，"一元最美公益"

2017年8月29日早上，微信朋友圈猝不及防地出现了一组"小朋友"画作，大家纷纷表示这些画作相当"惊艳"。这组在微信朋友圈"刷屏"的画作出自腾讯公益机构联合出品的H5——"小朋友"画廊。

这次活动是为了帮助患有自闭症、唐氏综合征等精神障碍的特殊群体改善生活举办的。活动方收集了一些"小朋友"的画作，将其扫描成电子版，加上一段简短的文字介绍和付款二维码，以一元的价格出售，如图1-1所示。用户扫描二维码后，只需支付一元钱就可以"购买"心仪的画作。

这个活动得到了不少朋友的支持，并且他们在购画之后通过将该活动转发到微信朋友圈，提高了活动的曝光度和参与度。"小朋友"画廊"刷屏"后，很快就达到了活动设定的筹资1500万元的目标。

图1-1 "小朋友"画廊

【案例思考】

"一元最美公益"和"小朋友"画廊的运营理念有何成功之处？

【案例启示】

"一元最美公益"的门槛很低，而互联网用户的基数很大，合理利用新媒体社交工具的分享和传播机制，鼓励用户贡献爱心，可以引导更多人参与网络公益活动。另外，做好新媒体运营要提供优质内容，"小朋友"画作就是创意内容，既具有使用价值，又能够让用户接受。基于这两点，活动方最终顺利实现了预期的活动目标。

1.1 什么是新媒体

随着数字技术的不断进步和移动互联网的高速发展，网络直播、短视频、头条资讯等新型媒体平台不断涌现，"新媒体"已成为一种全新的媒体形态。虽然它对传统媒体行业产生了较大的冲击，但是也为其他行业的发展提供了新的营销平台和传播渠道。因此，各类企业越来越重视对新媒体的应用和新媒体运营工作。

1.1.1 新媒体的概念

新媒体的概念主要包含以下两方面的内容。

狭义上，新媒体是指在新的技术支撑体系下出现的新的媒体形态，主要包括网络媒体、手机媒体、数字电视等。相对于报纸、广播、电视、网站等传统媒体，新媒体被形象地称为"第五媒体"。

广义上，新媒体是指在各种数字技术和网络技术的支持下，通过互联网、宽带局域网、无线通信网、卫星等渠道，以及计算机、手机、数字电视等各种网络终端向用户提供信息和服务的传播形态。

1.1.2 新媒体与传统媒体的区别

1. 交互性与即时性

传统媒体是"点对面"的单向传播，即信息从媒体人单向传播给用户；而新媒体则是双向交互式传播，媒体人和用户可以双向沟通。虽然传统媒体有时也有一些互动活动，如热线电话、来信等，但这些互动比较零散，没有新媒体互动这样频繁和便捷。在新媒体时代，用户可以通过移动互联网发表自己的见解，如微信聊天、社区留言板、新闻评论、视频弹幕等，视频弹幕如图1-2所示。

图1-2 视频弹幕

传统媒体一般有播出周期或出版周期，新媒体则是即时传播。传统媒体如报纸，它使用纸质媒介传递信息，传递速度受发行环节和交通运输的影响，信息资讯传播与更新速度比较慢，通常按天计算。而新媒体借助网络传播，资讯传达至世界各地只是一瞬间的事，因而其信息资讯的传播与更新可以按秒计算。

2. 海量性与共享性

新媒体依托移动互联网连接全世界的计算机、智能手机等，构建了一个庞大的、不断更新的数据库。网上的信息可以用包罗万象来形容，互联网所包含的数据信息在理论上可以做到无限量提供。而传统媒体的数据信息量则有限得多，例如报纸的数据信息量受版面的限制，广播和电视的数据信息量受播出时长的限制。

互联网使信息的传播更为开放、迅速、自由，突破了传统媒体地域性传播的限制，使传播的范围扩大到全球；人和人的沟通交流不再局限于时间和地点，交流的信息内容、形态也多种多样，实现了信息在全球范围内的共享。

3. 多媒体与超文本

传统媒体如报纸，是通过纸质媒介上的文字和图像传递信息的，广播是以声音传播信息的，电视则借助声音和画面完成节目的播放。而新媒体综合运用文字、图像、声音、画面、视频等多媒体技术来保存和传播信息。对于用户而言，信息最终以何种形式出现，完全由用户根据信息的内容、自己的爱好及接收条件决定。用户可以根据自己的行为习惯自由选择接收信息的方式，如有字无声、有声有像、图文并茂等，使各种感官得以充分调动。

传统媒体如报纸，处理信息时使用线性的传统文本；新媒体则借助移动互联网，以节点为单位呈现超文本内容。一个节点就是一组信息的集合，其中包含的信息可以由文字、图像、音频、视频等单独呈现或组合呈现。信息采用网状组织结构，节点之间通过超链接加以联通，从而构筑了一个表达某个主题内容的庞大信息网络。它采用非线性存储方式，允许交叉联系，即允许从一处内容迅速跳转至另一处内容，打破了传统文本只能按顺序、线性存取的限制。新媒体具有强大的编辑功能，便于用户进行多窗口编辑，同时通过网络编辑方便地容纳更多的信息。新媒体信息网络形象图如图1-3所示。

图1-3　新媒体信息网络形象图

4. 个性化与社群化

总体而言，传统媒体的特点是大众化覆盖，用户只能被动地接收安排好的节目内容，且所有人接收到的信息都是一样的。相比而言，新媒体可以做到个性化服务。借助某些App，用户可以利用检索工具获取自己所需要的信息，并且可以自由选择接收信息的时间、地点及媒介的表现形式（文字、图像、视频）。与此同时，新媒体资讯的传播方也可依据用户的需求为其推送定制化或个性化的信息。例如，今日头条的信息推送已经可以做到"千人千面"。

移动互联网上活跃的用户大多是"群居"的，他们"群居"在各式各样的社区、社群、俱乐部等虚拟空间中。这些虚拟空间中往往会形成一些很牢固的人际互动网络。

思考与讨论

你认为以下哪些是新媒体?

类型	是否	类型	是否
电子邮件		门户网站	
个人博客		专业论坛	
新闻资讯App		花椒直播	
微信朋友圈		微博	
头条号		百度贴吧	

1.1.3 新媒体的发展

在信息技术高速发展的时代,信息技术的更迭直接影响媒体的传播方式。新媒体的发展历程可以划分为以下3个阶段。

1. 起步阶段(1993—2000年)

最早的新媒体是新闻门户网站。1993年12月,《杭州日报》通过该市的联机服务网络——展望咨询网进行传播,自此拉开了中国报业电子化的序幕。1994年4月,我国正式接入国际互联网。1997年元旦,人民日报主办的人民网上线,成为中国开通的第一家中央重点新闻宣传网站。此后,各种新闻网站如雨后春笋般涌现,社会上出现了新闻网站建设的浪潮。新浪、搜狐、网易凭借先发优势和优质的内容编辑体系,并称"我国三大门户网站"。

2. 发展阶段(2001—2008年)

在这个阶段,电子邮件得到很大的普及。随着门户网站电子公告板(Bulletin Board System,BBS)社区、各独立网络论坛的出现,人们感受到自己不再是被动地接受信息,而可以成为发布信息的人,体验到网络时代的方便与快捷。博客也在此阶段兴起,写博客很快成为一种大规模的群体行为,大家争相做博主,在博客上发表自己对事物的见解和看法。

3. 高潮阶段(2009年至今)

2009年至今,是新媒体蓬勃发展时期,多种多样的新媒体不断涌现。其中比较具有代表性的是2009年新浪微博(简称微博)的出现,微博至今仍然是很多人了解身边新鲜事物及时事新闻的主要途径。2011年,腾讯公司推出一款通信服务应用程序——微信,由于腾讯忠诚用户的基数大且微信的用户体验良好,微信推出不久就家喻户晓。在这个阶段,视频网站和音乐网站也开始流行起来,包括优酷、土豆、爱奇艺、腾讯视频、搜狐视频、酷狗音乐、网易云音乐等。

随着智能手机和4G、5G网络的普及,新媒体的传播形态也在不断创新发展。各种App、小程序方兴未艾,新媒体的发展进入高潮阶段,各类直播网站、短视频站点、知识社区、新闻资讯App等成为当下用户常用的获取信息的渠道。抖音、今日头条、知乎等在各自的领域不断抢占市场份额。

1.1.4 自媒体

在移动互联网的推动下,自媒体实现了飞跃式发展,很多企业或商家都会利用自媒体平台进行宣传推广。自媒体成为目前新媒体发展的主要方向。

　　自媒体又称个媒体，是指私人化、平民化、普泛化、自主化的传播者利用电子媒介向他人或特定的某个人传递信息的媒体形态。在这个年代，几乎人人都可以成为自媒体从业者。

　　自媒体一般是指个人账号，区别于机构媒体（机构账号）。机构媒体指正规的、专业的媒体机构，包括报纸、杂志、广播电台、电视台、大型门户网站等。机构媒体一般具有较高的门槛，其以相对专业和权威的面貌示人，并且秉持新闻媒体的专业守则和职业操守，对产出的内容进行严格的质量控制。

　　目前，我国主流的自媒体平台有微信公众号、新浪微博、头条号、百家号、企鹅号、大鱼号等，如图1-4所示。

图1-4　我国主流的自媒体平台

　　用户借助这些自媒体平台搭建自己的媒体阵地（自媒体账号），并利用这些账号发布自己的所见所闻、所想所得、作品与成果。企业或商家则可以通过建设和利用这些渠道来进行品牌和商品的宣传推广，即进行自媒体营销，以实现商业目标。

　　目前，自媒体的主要内容以图文、短视频、动图、直播等为主。自媒体从业者的收入来源主要包含流量分成、广告费、稿费、电商"卖货"、打赏及其他，其中流量分成和广告费是自媒体从业者的主要收入来源。自媒体从业者的工作内容主要是寻找素材、写文章、排版等。自媒体主要内容来自娱乐、旅游、生活、汽车、金融、房产、科技、美食、动漫、文化等多个热门领域。

协作与训练

　　请写出平时最喜欢的几个自媒体的名称，并简述喜欢它们的理由。

自媒体名称	喜欢的理由

1.2 新媒体产业分析

新媒体潜移默化地改变着我们的世界，改变着我们的生活方式、思维习惯和精神面貌。新媒体实现了人与人之间的多样化表达和快捷沟通，意义深远。

新媒体也改变了用户的访问行为、消费习惯及企业运营方式，越来越多的年轻人喜欢通过微信、抖音、今日头条等新媒体平台获取信息、娱乐甚至购物。所以，无论是互联网企业还是传统企业，都要重视搭建和运营新媒体平台，通过内容建设和活动策划吸引用户，发展社交电商。

1.2.1 用户情况

艾媒咨询的统计数据显示，2017—2019年，我国新媒体用户规模稳定增长，移动社交用户数量从7亿增长到7.8亿；在线直播用户数量从4亿增长到5亿；短视频用户数量从2.4亿增长到6.3亿，如图1-5所示。

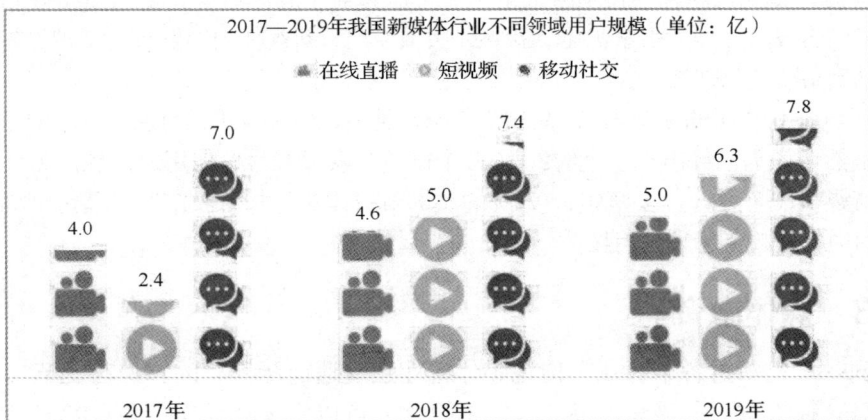

图1-5 我国新媒体用户增长态势

新媒体用户中，年龄在26～40岁的用户比例超过70%。同时，娱乐、社交、资讯获取为新媒体平台的主要用途，各个用途的占比分别为57.8%、53.1%、51.8%。近40%的受访用户表示，最常接触的新媒体广告形式为图片广告，同时近30%的受访用户偏好以图片为主的广告形式。与此同时，新媒体营销同样存在不足之处，受访用户对于新媒体营销广告传达产品信息的有效性持较为中立的态度，他们认为新媒体营销广告或其产品信息的可信度一般。新媒体营销广告在传递产品信息、提升广告可信度上仍需努力。未来新媒体营销应精耕广告内容，在趣味性、有效性、创新性上寻求提升与突破，提升产品信息的真实性。

当前，新媒体正在逐步取代传统媒体，成为使用频率最高的媒体形态。社交媒体、手机新闻等App成为日益重要的资讯通道。60.8%的新媒体用户将微信、微博等社交媒体作为自己获取新闻资讯的主要方式，新媒体用户日益养成依赖社交媒体获取信息和表达诉求的习惯，同时58.9%的新媒体用户将手机新闻App作为获取新闻资讯的主要方式，64.9%的新媒体用户经常使用网络视频App。相比之下，纸质报纸、纸质杂志、电视、广播电台等传统媒体的用户使用比例下降较为明显。

1.2.2 企业表现

互联网步入下半场，用户数量基本饱和，流量从增量转为存量。网络流量红利逐渐消失后，企业开展新媒体营销和运营的成本越来越高。

越来越多的企业开始重视和加强对新媒体的研究和应用，把新媒体运营当成事业，通过传递第一手资讯来加强与用户的实时互动、沟通，提高经营业绩。

企业开展新媒体运营，本质上是企业的媒体化升级。通过不断进行自身内容的开发，企业逐渐拥有新媒体运营的资源与能力。大量企业已完成从文字向图文、音频、H5、视频等更具表现力的新媒体升级。而当下，视频正在从点播形式的宣传片转向更加精简的短视频，以更高效的方式向用户传递资讯。

目前，很多企业都已经在微博和微信公众号开通了自己的账号，但超过60%的企业账号的粉丝数仍然低于10万，很多企业没有从事新媒体运营的专职人员。企业在新媒体平台上发布的内容主要以企业自身动态、产品服务及行业资讯为主，缺少优质内容，企业整体的新媒体运营与策划水平还需提高。

与此同时，企业在新媒体传播方面的第三方服务需求逐渐增长，包括活动策划及话题营销、新媒体广告投放、搜索引擎优化、新媒体舆情监测、新媒体内容发布与维护、多媒体视频创意传播、网络公关处理等。

目前，争夺用户时间的新媒体产品和服务越来越多，但是真正具有商业价值的依然只有头部内容。虽然市场上已经出现了大约2000万个微信公众号账号，但用户的注意力还是集中在少数头部新媒体账号上。过去两年，仅1%的头部新媒体账号却"收割"了超过90%的流量，头部内容的中心化趋势越来越明显。

1.2.3 媒体融合

互联网基本已渗透各个行业，传统媒体行业正遭遇前所未有的转型与变革。互联网不断升级发展，使人与人、人与产品、人与信息之间可以实现"瞬连"和"续连"。新媒体运营者不仅需要增强品牌与用户的沟通，基于内容与用户建立情感连接；还需要真正实现流量的有效分配，从"人找信息"到"信息找人"，进行多层次、多渠道、多主体的流量分发。

当今，媒体融合发展已进入新阶段，媒体融合的核心和关键是平台融合，包括创新融合产品、建设融合平台、构建融合体系。

在媒体融合环境下，媒体融合不断深化，可以实现"一个内容、多种创意、多次开发，一个产品、多种形态、多次传播"，让传统媒体在新媒体技术的强劲驱动下，释放出更大的能量。

企业案例

人民日报不仅有传统的纸质出版物，还在微信、微博等线上平台开通了账号，配合线下内容的传播。在内容上，H5、视频、直播等方式丰富了人民日报传播内容的形式。新华社新媒体中心更是对新闻进行了全媒体实验，"运用社交软件合作导流、微信社群导流和

Wi-Fi 环境导流等技术渠道，新华社微信公众号的粉丝量从 60 万激增到 1500 万，创造了业内奇迹"。同时，新华社还对各类原创资源进行再加工、再整合，生产包括文字、图表、漫画、H5、视频、动新闻、虚拟现实、无人视频、数据新闻等在内的多种形态融合的新闻产品，使其进一步融合化、移动化、成品化，努力打造全媒体专线。

1.3 新媒体平台类型

随着"互联网＋"时代的到来，各种新媒体平台层出不穷。下面介绍几种目前比较常见的新媒体平台。

1.3.1 微博

微博是目前较为流行的一种新媒体平台。它具有可以一对多互动交流的特性，可以使信息快速、广泛地传播，是企业推广自身品牌和形象的新媒体平台。我国曾经拥有新浪微博、腾讯微博、网易微博等多家微博网站。其中，新浪微博的界面如图1-6所示。

图1-6　新浪微博的界面

1.3.2 微信

微信作为一款移动社交应用软件和跨平台的通信工具，支持单人、多人的实时沟通。用户通过微信可以发送语音、图片、视频和文字，多样的功能使其远远超越了社交媒体交流平台的定义。从免费的短信、语音、视频聊天，到微信朋友圈、微信群、微信公众号、小程序等功能，微信为用户创造了多样的信息传播渠道，为用户带来了全方位、高品质的服务体验。

1.3.3　头条资讯

头条资讯是指以今日头条、一点资讯、天天快报、网易新闻、搜狐新闻等为首的新闻类平台。这些平台整合新闻资讯，向用户提供个性化的信息阅读服务。

今日头条是一个媒体/自媒体平台，可以帮助企业及个人创业者增强自身影响力，提高曝光度，进而吸引用户的关注。今日头条的界面如图1-7所示。

图1-7　今日头条的界面

除了网站平台外，今日头条还推出了手机App。据相关机构统计，在今日头条App，每个用户每日平均使用时长超过了65分钟。其网络平台中平均每天的图文信息分享数量已超过550万次，精准的信息推送模式可以使用户获得很好的体验，免除其他繁复冗长信息的困扰。

如今的今日头条App，已聚合了超过5000家站点的内容，用户可以在该平台阅读权威的新闻资讯，更有超过7万个头条号每日为用户创作新鲜精彩的内容。平台每日会对算法进行优化，仅需5秒钟就能够计算出用户感兴趣的话题和内容，然后向用户推送为其量身打造的专业资讯。

今日头条的特点如图1-8所示。

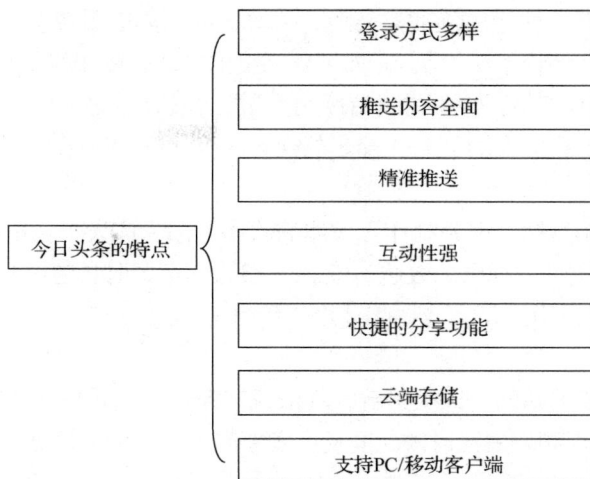

图1-8 今日头条的特点

1.3.4 短视频平台

短视频即短片视频，它是互联网内容的一种传播方式，一般指在互联网新媒体上传播的时长在5分钟以内的视频。随着智能终端的普及和移动网络的提速，短、平、快的大流量传播内容逐渐获得各大平台、粉丝和资本的青睐。

特别是随着"网红经济"的出现，短视频行业逐渐涌现出了一批优质内容制作者，微博、秒拍、快手、今日头条等网站纷纷入局短视频行业，募集了一批优秀的内容制作团队入驻。近两年，短视频行业竞争逐渐白热化，内容制作者也偏向专业化运作。

> **拓展资源**
>
> **短视频创作**
>
> 短视频的创作一般分为专业生成内容（Professional Generated Content，PGC）和用户生成内容（User Generated Content，UGC）两种模式。PGC即优质的专业人员专门从事内容创作，其制作门槛高、内容质量高，侧重于原创和首发内容的创作。UGC是伴随 Web2.0 概念兴起的，提倡个性化创作。在 UGC 模式下，用户既是内容的用户，也是内容的贡献者。

常见的短视频平台主要有以下几种。

1. 抖音

抖音是一个很年轻的新媒体平台，于2016年9月上线，它的定位是一款年轻人使用的音乐创意短视频社交软件。用户通过该软件选取自己喜欢的、流行的、热门的歌曲，拍摄个性化短视频，添加多种特效组合以形成自己的作品。

此款应用迎合年轻用户勇于表现、敢于"秀"出自己特点的倾向，自上线以来便风靡全国，受到年轻用户的追捧。之后，抖音又不断调整运营功能及赢利方式，成为引流、推销产品、吸引用户的有力渠道。

2. 快手

快手成立于2011年3月，前身叫"GIF快手"，最初是一款用于制作和分享GIF图片的移动端App。2012年11月，快手实施战略转型，从单一的工具应用转型为短视频社区，成为用户记录和分享生活的社交平台。之后，随着智能手机的广泛普及和移动互联网的发展，快手实现了快速增长。截至2017年，快手的日活跃用户数已经超过1亿，正式步入"日活亿级俱乐部"，总注册用户数已超过7亿，且每天输出的视频内容超过1000万条。

3．美拍

美拍是一款集视频直播、视频制作于一体的软件，深受广大年轻用户的喜爱。截至2018年6月，美拍用户独立创作的视频总数达5.8亿条，日人均活跃时长超过40分钟。美拍直播上线6个月，累计直播节目数高达952万场，累计用户数超过5.7亿。

4．梨视频

梨视频是一个专业的新闻资讯类平台，其依托短视频的形式呈现新闻资讯，于2016年11月3日上线。起初，梨视频以关注时政新闻及突发新闻为主，后来转型关注年轻人的生活、思想、感情等。

1.3.5　直播平台

当前，网络直播非常火爆，直播平台迅速成为用户广泛接受的社交媒体。直播有很多种类型，如才艺直播、游戏直播、商品推销直播，还有一些美食直播、户外直播等。不同类型的直播有不同的用户。

下面介绍各领域常见的直播平台。

游戏类：斗鱼、战旗直播、YY直播、风云直播等。

娱乐类：花椒直播、映客直播等。

校园类：猫盟直播、蓝鲸直播、人人直播等。

体育直播：直播吧、腾讯体育等。

电商直播：淘宝直播、京东直播等。

财经直播：知牛财经、橙牛TV等。

社交直播：抖音直播、一直播、天鸽互动等。

1.3.6　知识社区

知识社区可以定义为，部分人由于对某一主题的共同兴趣和知识获取、交流需求聚集在一起，并通过在网络环境下进行创造和共享相关知识的活动而结成密切互动关系的群体。

作为具有学习性质的开放性空间，知识社区的兴起与互联网的发展不谋而合，并逐渐发展为涉及范围广阔的知识平台，如知乎、豆瓣、百度文库、简书、果壳等典型站点就属于知识社区。

知乎是一个进行社会化问答的社区平台，它提供了一个真实的网络问答环境，可供用户进行知识的分享和探讨，丰富的资源库也让用户寻找问题的答案变得更加便捷。知乎目前支持用户在PC端和移动端登录，其每月访问量均超上亿人次。

知乎的成功不仅在于它提供了海量的问答互动内容，而且在于其优质高效的内容定位。知乎营建了严谨、专业、友好、规范的社区氛围，去除泛滥的垃圾信息，树立起特立独行的高端品牌形象，使互联网的内容由低端泛滥向高端严肃升级成为可能。知乎的界面如图1-9所示。

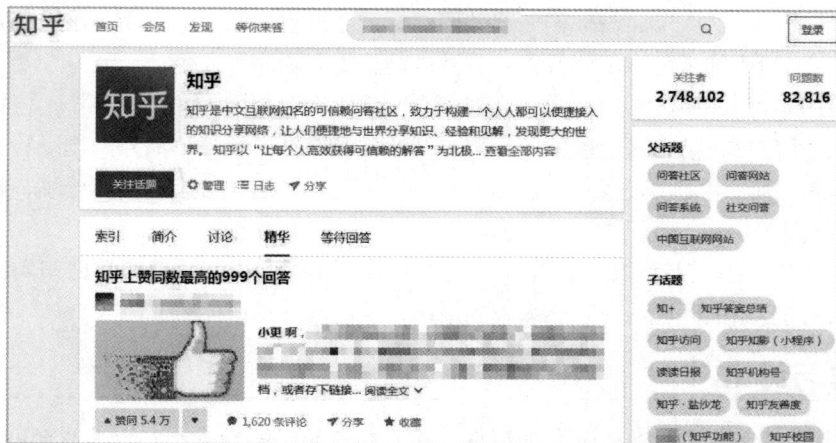

图1-9　知乎的界面

1.3.7　购物分享平台

购物分享是一种新兴的网络分享方式，购物分享平台是集社交和购物于一体的平台。用户可以在网购平台上分享自己买到的商品，其他用户也可以通过这些分享知道哪些商品值得购买。购物分享平台之所以深受用户欢迎，是因为它弥补了互联网稀缺的属性——真实和分享。购物分享平台起初多定位于"晒物"与"交流"，把交易功能放在次要位置。随着购物分享平台吸引的用户越来越多，其逐步引入了电商等功能。

目前，用户熟知的购物分享平台有微淘、小红书等。

1.微淘

新媒体的崛起和用户访问趋势的变化，让很多电商交易平台不断进行变革。淘宝对原来的"淘宝达人平台"进行了升级，并于2017年3月31日推出了全新的"阿里创作平台"，开始注重内容营销，给商家提供很多私域运营的板块，重点扶持原创内容的建设。

新平台主要带来了5个方面的升级变化：全新的账号角色体系（"微淘号·达人""微淘号·商家""品牌号"）、更强大的内容生产工具、更高效的内容流转机制、更完备的自运营支撑、更丰富的商业化支撑。

（1）微淘号·达人

"微淘号·达人"以生产原创内容的个人、自媒体、知名媒体、导购网站、热门应用等为主体，提供角色认证、能力评估、内容生产引导、招投稿流通、私域自运营、数据分析等全面的创作服务，以及与品牌、商家的内容交易服务。

（2）微淘号·商家

"微淘号·商家"以商家为主体，提供私域内容推送、公域内容投稿、店铺内容互动、粉丝运营，以及商家全链路内容推广服务。

（3）品牌号

"品牌号"以知名品牌商为主体，提供内容生产、内容管理、内容投放等创作服务，以及品牌全链路内容交易服务。

2.小红书

小红书App是一个展现生活方式的平台，用户可以在该平台发现美好、真实、多元的世界，找到有意思的"达人"，与他们一起共同"标记"自己生活中的点滴。该平台有大量年轻用户每日分享海量服饰搭配、美妆教程、旅游攻略、美食测评等内容。

截至2019年7月，小红书用户数已超过3亿，其中70%的用户是"90后"。与其他购物分享平台不同，小红书是从社区起家的，用户一开始注重在社区里分享海外购物经验，后来除了美妆、个护等，小红书上出现了关于运动、旅游、家居、酒店、餐馆的信息分享，触及了用户生活的方方面面。

2016年开始，小红书将人工运营内容改为机器分发的形式，通过大数据和人工智能等技术，将平台的内容精准匹配给对它感兴趣的用户，从而提升用户体验。

🎓 思考与讨论

本节提到的多种新媒体平台类型中，你最熟悉的是哪种类型？以其中的一种平台为例，分析其成功的原因。

1.4 新媒体运营岗位分析

1.4.1 新媒体运营人才需求

新媒体运营是指企业或个人利用微博、微信、今日头条、QQ、贴吧、豆瓣、抖音、快手、直播平台等新媒体平台进行产品营销、活动策划、项目运营、品牌推广等工作。

新媒体运营工作集中在5个方面：产品运营、用户运营、内容运营、活动运营、数据运营。企业或个人通过文案、图片、视频、直播、促销活动等，实现引流、拉新、促活、留存、转化等目标，建设一个全方位的新媒体运营矩阵。

随着新媒体行业的崛起，社会对新媒体运营人才产生了大量需求，主要集中在新媒体运营、新媒体美工设计、文案策划，以及网络编辑、短视频拍摄、剪辑等岗位。根据某职场社交招聘平台的统计，2013—2018年，新媒体运营人才的需求量增长了10.8倍。

✍ 拓展资源

新媒体运营人才分类

从职业发展路径上看，新媒体运营人才可以分为4类，分别对应不同的工作要求。（1）"小白"员工：负责执行类工作，属于新手级别，从事具体的运营和推广工作，如写原创文章、编辑图文页。（2）初级员工：不再是纯粹的执行者，开始涉及创意、规划等工作内容，如设计策划案、评估项目与思考绩效。（3）中级员工：做用户调查，分析用户画像和调查用户需求，并在此基础上创作内容、选择渠道；懂得如何评估绩效、回收反馈，并通过反馈来调整和优化工作。（4）资深员工：熟悉项目运营流程，可以使用多种推广方法给产品带来流量，且具备一定的管理能力，可负责项目组的突破与转型。

1.4.2 新媒体运营人才的必备能力

一名优秀的新媒体运营人才需要具备以下能力。

1. 文字表达能力

尽管新媒体运营团队中已有专门的编辑人员、文案人员，新媒体运营人才仍需具备一定的文字表达能力。

这是因为新媒体运营人才需要将自己的思路转化成文字的形式，即通过书面方案与团队沟通；另外，面向用户的活动规则、购买理由、产品解释、疑问解答等内容也要求新媒体运营人才拥有优秀的文字表达能力，让用户能够理解相关内容。

2. 项目管理能力

项目的推进需要经过计划、沟通、执行、反馈等步骤，新媒体运营人才需要具备一定的项目管理能力，以推动项目正常运营。

例如，推广一篇文章，新媒体运营人才需要进行如下项目管理步骤。

第一步，制作进度规划表。新媒体运营人才需要罗列出文章发布的每个环节所涉及的人员、任务内容、任务截止时间等细节。

第二步，列明文章需求，与文案人员或编辑人员进行充分沟通。

第三步，在文案人员或编辑人员撰写文章的同时，新媒体运营人才要随时关注撰写进度并提供相关素材。

第四步，在文章撰写完成后，新媒体运营人才需要与推广专员沟通，协商选择推广渠道。

第五步，关注与监控文章的推广效果，随时优化并做好复盘工作。

3. 人际沟通能力

新媒体运营是一个系统工程，不是靠一人之力能完成的，需要团队的共同协作，因而新媒体运营人才要具备良好的人际沟通能力。新媒体运营人才的沟通能力体现在对内和对外两个方面。

对内，新媒体运营人才需要将用户对文案、设计、产品功能等的需求准确地传达至相关部门或人员；对外，新媒体运营人才需要随时了解用户的需求并做好沟通反馈工作。

4. 用户洞察能力

新媒体运营人才需要敏锐地洞察用户的需求、心理状态、兴趣点等，这样才能够做出具有针对性的运营内容，得到良好的效果。

例如，一篇文章的点击量之所以能达到"10万＋"，除了因为文章的营销做得好之外，更是因为文章的内容触动了用户的内心，让用户产生共鸣，从而获得了用户的认同，使用户大量转发。

5. 热点发掘及跟进能力

新媒体的特点就是信息更新速度快，头部内容获得的关注多，年轻用户对时事热点有较高的关注度。因此，新媒体运营人才需要具备热点发掘及跟进能力，尤其是将热点与企业定位相结合的能力，这对设计出有创意的内容来说尤为重要。

6. 渠道整合能力

新媒体运营人才要想实现运营效果最优化，就需要不断整合内外渠道，内部渠道如线下门店、户外广告、线上账号等，外部渠道如合作公司、行业网站、热门自媒体、技术公司等。新媒体运营人才只有懂得渠道整合，借助更多资源的力量推进新媒体工作，才有可能实现运营效果最优化。

7. 数据分析能力

新媒体运营过程中，新媒体运营人才会得到很多关于用户、产品的数据，整理、分析这些数据并加以运用，以改善运营工作，是新媒体运营人才需要具备的基础能力。新媒体运营人才要掌握基本的数据分析，使用Excel等数据分析工具进行数据预设、过程监控、数据总结等处理。

协作与训练

（1）假如你想筹划做一个社群，你该如何运营？

（2）如何利用微信公众号上的一篇"软文"快速"吸粉"？

1.4.3 新媒体运营岗位与要求

企业如果想开展新媒体运营，首先需要组建团队，招募适合的新媒体运营人才，并确保每个岗位的人员分工明确。

与新媒体运营相关的岗位职责及具体要求如表1-1所示。

表1-1 与新媒体运营相关的岗位职责及具体要求

工作岗位	岗位职责	具体要求
新媒体运营	负责微信、微博、头条、直播平台等新媒体平台的运营工作；撰写文案、策划专题、推送信息；开展企业或产品的策划与宣传工作；增加粉丝，提高粉丝的关注度、活跃度	熟悉新媒体的传播特点，具备较强的新媒体运营能力；具备文案策划、信息编辑能力；具有新闻敏感性，能开展、策划专题活动
微信营销	能够独立运营微信群、微信公众号，负责日常文章的发布及维护工作；监控微信文案推广效果，分析数据并反馈；采取有效方法提高粉丝活跃度，增加粉丝数量；熟悉各种互联网推广渠道，能迅速捕捉互联网热点事件	熟悉微信群营销、微信公众号的编辑工具、微信公众号运营；具备文案策划和推广能力；能策划微信专题，开展微信互动；有较高的热点敏感度；思维活跃、富有创意
文案策划	负责各种网络平台文案的撰写；编写"软文"、策划文案，参与产品广告策划，完成其他文字工作；负责为各项推广及促销活动提供创意性文案	具备较强的新闻敏感性，能开展产品文案策划；具有较强的编辑整合能力，能对产品创意和产品卖点进行深入发掘和提炼，撰写产品广告文案；具备较好的文字功底；能够准确捕捉产品亮点，有创新思维
营销策划	负责微博、微信公众号等的活动策划；负责各类文案的策划及撰写，包括广告文案、产品宣传推广文案；负责营销活动的策划	有营销创意，具备微信公众号等的营销活动的策划经验；具有较强的思考能力、解决问题的能力和敏锐的洞察力；具备营销活动策划能力

工作岗位	岗位职责	具体要求
网络编辑	负责新媒体平台的网络信息改编、网络内容编辑、网络内容原创、网络专题策划与制作、网络互动信息管理维护等工作	具有较强的网络信息编辑能力、文案创意能力、新媒体站点信息管理能力；有耐心，具有审美能力、创意能力、站点管理维护能力等
视频剪辑	负责公司所需要的新媒体短视频的剪辑与后期制作，负责短视频、文字、标题等的编辑，对视频进行筛选、剪接、编辑、修饰、音频处理	有视频剪辑经验，具有良好的剪辑能力，能熟练使用Premiere等剪辑软件；具备对视频内容进行二次创作的能力，具有良好的影视镜头感和节奏感；对音乐、画面有良好的品位和鉴赏能力；拥有较强的学习能力
新媒体美工	负责网店、微信公众号等平台的装修设计、视觉设计、界面设计，承担产品拍摄、图片设计与修饰的任务，能根据营销要求进行创意设计	熟练利用Photoshop等各种绘图工具；有扎实的美工功底，懂色彩搭配和摄影艺术；对页面布局有独到见解，富有创造力
网络客服	负责网站、网店等新媒体平台的客服工作，与用户保持互动、及时沟通，完成销售和售后服务工作	熟悉网店、新媒体站点客服工作，沟通能力强，有亲和力；熟悉客服工作技巧和沟通礼仪；具备较快的打字速度，熟悉客服话语
网络主播	与粉丝进行网络聊天；通过演唱歌曲、直播聊天等方式与粉丝互动；担任网络主持，组织线上和线下的娱乐互动活动。	熟悉网络直播与运营，具备才艺或有直播经验，具有内容直播运营能力、视频内容运营经验，能独立完成活动策划及直播活动，熟悉网络直播设备

随着信息技术的不断进步，新媒体也在不断推陈出新，这就对新媒体运营人才提出了更多要求。新媒体运营人才要争取成为复合型人才，具备多种技能和全面的素质，要不断积累能力、掌握新的技能，提高自己的职业竞争力，适应移动互联网行业快速发展变化的特点。

素养小课堂

看今日创新中国

2020 年 4 月，一篇文章在微信朋友圈、今日头条、微博等平台迅速传播，用户纷纷阅读、转发和点赞，那么这篇文章讲了什么事情呢？文中介绍，世界知识产权组织公布了 2019 年国际专利申请数量，中国在 2019 年申请了 58990 份国际专利，首次成为全球第一。1993 年，中国初次向世界知识产权组织提交国际专利申请时，只提交了 1 份。另外，中国的华为公司在 2019 年以 4411 份专利申请，连续 3 年成为全球提交专利申请最多的企业。专利申请数量排名前 10 的高校中，有 4 所中国的大学。

新媒体平台的传播力是巨大的，一篇公众感兴趣的文章会以极快的速度传遍整个网络，并成为一个热议的话题，而话题人物或话题企业无疑会成为舆论焦点。

【综合实训】

（一）实训目标

学生已经对新媒体运营知识和新媒体运营岗位的相关职责有了基本的认识。本实训活动旨在让学生了解市场中典型的新媒体平台的业务开展情况，以及新媒体运营较好的企业案例，加深其对新媒体运营的理解。

（二）实训任务

1. 选择典型的新媒体运营平台，分析其业务开展情况。

2. 选择几个开展新媒体运营的企业，分析其运营情况及成功经验。

（三）实训步骤

1. 教师展示抖音App的运营推广情况，引导学生完成实训任务。

2. 举出几个优秀的企业新媒体账号，分析其主要业务及其在各平台的运营情况。

【知识与技能训练】

一、单选题

1. 下列不属于新媒体的是（　　　）。

　　A. 微信　　　　　B. 网易邮箱　　　　C. 楼宇广告　　　　D. 网络电视

2. 微信公众平台可以发送哪些信息？（　　　）

　　A. 文本　　　　　B. 图片　　　　　　C. 视频　　　　　　D. 以上都可以

3. 下列属于知识社区的有（　　　）。

　　A. 知乎　　　　　B. 聚划算　　　　　C. 小红书　　　　　D. 以上都是

二、多选题

1. 下列属于新媒体特点的有（　　　）。

　　A. 个性化　　　　B. 共享性　　　　　C. 交互性　　　　　D. 社群化

2. 企业可以通过哪些新媒体平台提高知名度？（　　　）

　　A. 微博　　　　　B. 抖音　　　　　　C. 地铁广告　　　　D. 数字电视

三、简答题

1. 请分析新媒体与自媒体的区别与联系。

2. 简述新媒体运营人才需要具备哪些能力。

3. 如果给你一个微信公众号让你运营，如何做才能吸引用户？

4. 谈谈未来你想从事新媒体运营哪个方面的工作？

四、实训题

1. 调研年轻用户使用各个新媒体平台的原因和使用习惯，可以从使用偏好、使用频率和时长、感兴趣的内容、是否运营自媒体账号、运作效果如何等方面进行。

2. 查找将新媒体运营得比较出色的企业案例，分析其成功的原因和可借鉴之处。

新媒体运营思维

主要知识	熟悉新媒体运营思维 理解粉丝思维、社群思维、IP思维
核心技能	能借助新媒体运营思维的策划和建设 能运用新媒体运营思维帮助企业开展运营 能从新媒体运营思维的视角分析企业案例
素质目标	具备新媒体运营创新思维 具备新媒体创新创业意识

内容体系

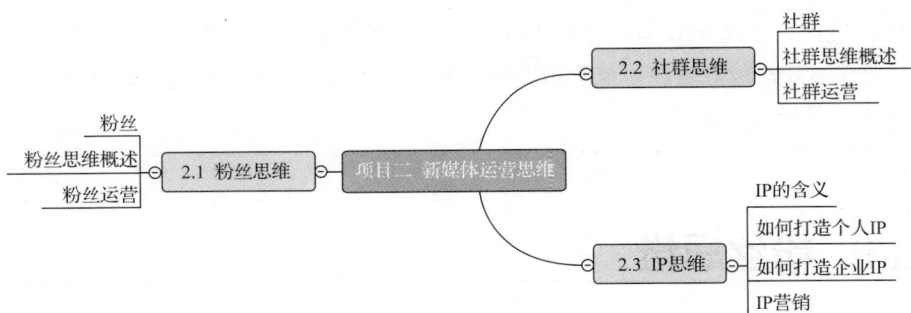

澳贝婴幼儿游戏——小鸡砸金蛋

"澳贝"是一个婴幼儿玩具品牌，2006年成立于广东，专门为0～3岁的宝宝研究和设计产品。它以"成为中国宝宝的成长伙伴"为品牌理念，生产的每一款产品都具有丰富的功能和独特的外观。澳贝在微信公众号上策划了一个"小鸡砸金蛋"的游戏，如图2-1所示。这款游戏界面美观、操作简单，直接把产品软性植入其中，从而赢得了更多的曝光量。

用户进入活动页面后，点击金蛋进行抽奖，一旦中奖就可以领取现金券，继而跳转至微店购买使用；而未中奖用户按照指引将游戏分享到微信朋友圈或分享给好友，还可以再获得一次抽奖机会。澳贝借助趣味的游戏互动，以产品为利益驱动，使用户在获得乐趣体验的同时还能获得奖品。这样，企业既达到了品牌的宣传目的，又能获得引流的效果。

图2-1　澳贝"小鸡砸金蛋"游戏

【案例思考】

同样是互联网企业，为什么有的企业能很快引流，有的企业引流效果却不佳？"小鸡砸金蛋"游戏采用了怎样的方式来达到品牌宣传和引流的效果？

【案例启示】

互联网时代，开展新媒体运营需要拥有什么样的思维？企业要善于学习并具备粉丝思维、社群思维和IP思维，这样才能更高效地做好品牌传播。随着粉丝经济的到来，企业要借助创意思维服务好粉丝。

2.1　粉丝思维

粉丝经济在新媒体出现之前已经存在，但在新媒体时代，粉丝思维才得到普遍重视。

2.1.1　粉丝

1. 粉丝的含义

粉丝是英文"fans"的谐音，意为热心的追随者或支持者，是指一部分对特定话题、内容或人物有较大兴趣的人。新媒体运营领域中经常出现的"粉丝"一词，意为博主、商家、品牌的支持者等。

2．粉丝的特征

从社会学角度看，粉丝是指某个特殊的社会群体。该社会群体一般有固定、规律、情绪性的投入，且具备社会群体的一般特征：①有明确的成员关系；②有持续的相互交往；③有一致的群体意识和规范；④有一定的分工协作；⑤有一致行动的能力。

3．粉丝经济

粉丝对于某一事物的精神投入，通常会伴随一系列的消费行为，这种行为甚至会扩展到各个经济领域，从而形成粉丝经济。粉丝经济泛指架构在粉丝和某一事物关系之上的经营性创收行为，是指企业通过增强用户黏性并以口碑营销的形式获取经济利益和社会效益的一种商业运作模式。

目前，粉丝经济被广泛应用于文化娱乐、电子商务、互联网等多个领域。企业借助新媒体平台，通过某个兴趣点聚集粉丝，给粉丝提供多样化、个性化的产品和服务，最终促成消费、实现盈利。

在粉丝的层级中，层级最高的是"忠诚粉"，他们有话题感，善于进行口碑传播，是粉丝群体最好的意见领袖。其次是"发烧粉"，他们爱产品的前提是产品令他们满意，一旦产品出现缺陷，他们会想办法向商家倾诉改进意见，扮演类似于产品经理的角色。再下一层级的粉丝包括消费行为比较理智的"理智粉"，有重复消费行为的"路人粉"，以及几乎没有参与感的"僵尸粉"，如图2-2所示。

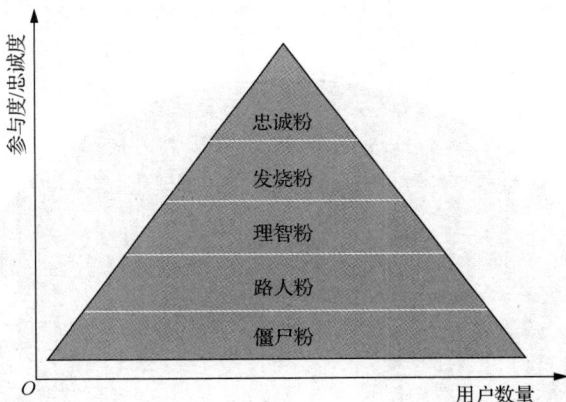

图2-2　粉丝的层级

4．互联网粉丝经济

随着互联网的发展，互联网粉丝经济也得到了快速发展。某艺人在微信公众平台推出了付费会员制，用户付费后即可成为会员。付费会员可根据等级享受不同的特权，如阅读艺人写作的书籍，欣赏艺人录制的音乐，还可以到会员讨论区中发帖评论或回复，有机会与艺人互动。

自媒体从业者罗振宇也是付费会员制的尝试者，他将"罗辑思维"的会员费统一定为200元，仅半天就卖出5500份，最终收获了110万元的会员费。罗振宇除了给会员发放会员编号之外，并没有额外的会员服务承诺，而会员费也是基于认同、粉丝自愿付出的"打赏"。

🎓 思考与讨论

你是谁（或哪个品牌）的粉丝？你为他（它）付过费吗？你是以什么形式为他（它）付费的？付费回报是什么？你认为他（它）在哪方面最吸引你？

2.1.2 粉丝思维概述

移动互联网让用户的沟通、交流、互动变得非常简单。在移动互联网时代，每个人都能成为一个自媒体，通过自己生产的内容吸引一批志趣相投的用户，甚至形成自己的粉丝团。

因此，要想在新媒体时代脱颖而出，发挥粉丝的优势，就一定要具备粉丝思维。

1. 粉丝思维释义

（1）粉丝就是财富，它已经成为品牌宝贵的资产。新媒体时代更是一个粉丝经济爆发的时代，谁的粉丝越多，谁的商业价值可能就越大。

（2）粉丝是品牌的推手，没有粉丝的品牌在很大程度上发展会受限。

（3）粉丝思维就是领头羊思维。移动互联网时代，粉丝经济的游戏规则是用户到企业（Customer to Business，C2B）模式。这里的"C"是领头羊，而"B"是聚集于某个圈子的羊群。

（4）粉丝思维就是企业利用粉丝爱屋及乌的特点，打造粉丝终身价值。粉丝终身价值是指每位粉丝在未来可能为企业带来的收益总和，这种价值不仅包括粉丝自己购买产品产生的直接价值，还包括向朋友推荐、二次购买等传播价值和口碑价值。

企业构建粉丝思维就要以粉丝为中心，从粉丝的价值需求出发构建其与品牌的关系，强调粉丝与品牌的情感关联和互动。例如，小米公司不仅生产手机，还生产电视机顶盒、笔记本电脑、机器人、可穿戴设备等智能家电产品，通过诸多优质的产品服务粉丝。小米生态系统如图2-3所示。

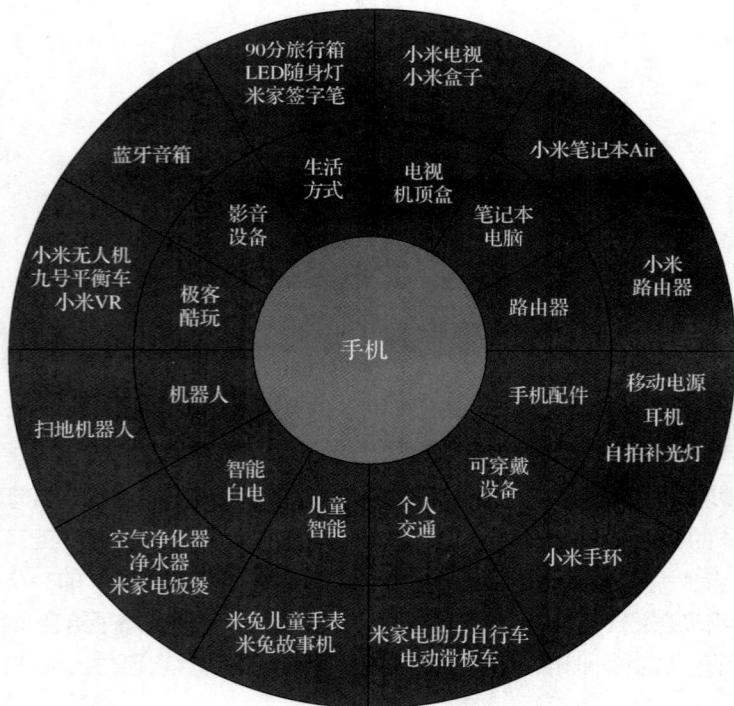

图2-3 小米生态系统

2. 客户、用户与粉丝

工业经济时代，企业提出了客户思维；传统互联网时代，企业追求用户思维；而在移动互联网时代，企业应该重视粉丝思维。

粉丝不同于客户与用户——客户指过去，用户指现在，而粉丝指未来。

通常来说，客户与用户没有粉丝忠诚。要让客户与用户变成粉丝，企业就必须影响他们的思想。除了利益和兴趣，企业还需要用品牌的卓越人格、先进理念、价值观影响他们，最终实现他们对企业价值观的认同。

所以，粉丝不仅仅是一群购买或使用企业产品的人，更是一群认同企业的价值观和文化，喜欢企业、支持企业、追随企业，并且愿意自主宣扬和赞美企业的人。他们在情感上给予了企业无偿的支持，甚至贡献自己的时间、精力，免费帮助企业宣传。

2.1.3 粉丝运营

企业开展粉丝运营需要结合自身的管理能力及组织能力。粉丝运营大致分为3个阶段：积累粉丝、活跃粉丝和经营粉丝。

第一个阶段是积累粉丝，主要包括两个手段，一是提升粉丝的情感体验，即让粉丝在社群内获得参与感、归属感、满足感。例如，小米手机让粉丝群体参与产品及服务的研发，这不仅能够促进产品的改善，还能提升粉丝的忠诚度。二是为粉丝谋取利益，如提供粉丝专享福利。粉丝运营是一种情感投资，粉丝在社群中得到的关注和激励越多，其回报企业的也会越多。

第二个阶段是活跃粉丝，首先是组织线上活动。当一个粉丝社群度过了初始期的繁荣后，大量的粉丝开始"潜水"，社群容易变为"僵尸群"。因此，提升粉丝社群的活跃度十分有必要，有效的方式包括发红包、投票、组织线上活动、开展群体行动等。其次是组织线下活动，粉丝运营仅靠线上活动是不够的，还要有线下活动做辅助，面对面的直接沟通能极大地提升粉丝的活跃度，增强粉丝与企业之间的黏性。线下聚会也是一些成功社群经常采用的方法，如"罗辑思维"的"闪聚"、吴晓波的"读书会"等。

第三个阶段是经营粉丝，首先是找到规则与自由之间的平衡。经营粉丝的过程中，企业会发现存在着一组不可调和的矛盾——规则与自由。规则限制了粉丝在互联网时代对自由的追求，降低了粉丝的活跃度及粉丝交流的积极性；但是过度的自由又会导致各种问题的出现，如大量广告涌入社群、社群内容有违身心健康等，这些都会影响社群的发展。因此，企业要尽力找到规则与自由之间的平衡。其次是对粉丝进行分类管理，企业可以根据粉丝的加入时间、兴趣爱好、活跃程度、购买力、职业等属性（标签）对粉丝进行分类管理，并提供个性化的服务，使推广营销更具针对性。

另外，企业只关注粉丝数量是不够的，还要通过合理的商业模式、变现手段和推广方法来提升营销转化率，从而创造价值。例如，有些互联网企业很善于运用品鉴会、产品预售、专属产品、网络打赏、虚拟服务等手段促进销售。

2.2 社群思维

2.2.1 社群

互联网的崛起将更多人联系在了一起，形成了一种新型的人际关系网络，即社交网络。社交网络的兴起拉近了粉丝与"大咖"之间的距离。

1. 社群的含义

社群是指一群具有共同价值观的用户组成的精神联合体或利益共同体。

随着移动互联网时代各类社交App的普及，社群开始崛起，人们通过一个个微信公众号、微信群集结在一起，开展交流、讨论、分享，彼此之间实现了平等交流，关系也更为亲密。

2. 社群的特征

一个好的社群应当具备以下7个普遍特征：共同价值观、共同目标、行为规范、组织结构、内部链接、榜样力量、稳定产出。

（1）共同价值观。"物以类聚，人以群分"，每个群体通常都会有共同的价值观。价值观能指导和统一社群成员的意识，形成一些社群亚文化，如社群的Logo、音乐、口号等。

（2）共同目标。社群有若干个共同目标，每一个共同目标又包含多个小目标。社群成员为完成共同目标相互帮助和协作。例如，"考研复习群"社群成员的共同目标是每一个群成员顺利考上研究生。共同目标必须符合大多数社群成员的意愿。在这个大目标下，又有许多小目标，如每个月完成特定内容的学习。

（3）行为规范。行为规范能够清晰地告诉社群成员，要想实现共同目标需要做哪些事情。社群的行为规范以简单有效为佳，如果难度很大，会影响社群成员的积极性，导致有人放弃。社群在运营过程中要做到"过程大于结果，鼓励多于批评"，让每个社群成员都觉得有收获，并有信心坚持下去。

（4）组织结构。一个社群中会有不同的层级，有社群的发起者或管理者、有热心的贡献者、有普通的参与者等。不同的层级承担不同的责任，上一层级需要不断地引导下一层级的人们向上走，形成正向的内部循环，这种循环可以让社群持续良好运转。

（5）内部链接。社群中的每一个人都具有平等发言权，通过在社群中的持续互动和协作，社群成员能够相互认识、相互信任，产生情感链接。通过多种方式的内部链接，整个社群最终可以达到稳定的状态。

（6）榜样力量。每个社群都需要有若干个榜样，我们称之为关键意见领袖（Key Opinion Leader，KOL）。例如，"罗辑思维"的KOL是罗振宇，他主导着社群理念和共同价值观的输出。

（7）稳定产出。社群要有持续稳定的产出，产出的内容可以是产品、文章、音视频内容、品牌活动等。稳定产出是社群存在的根本，同时通过稳定产出，社群成员能够让社群之外的人了解社群，引导更多人加入社群。产出过程中，需要鼓励社群成员共同参与，从由一个人产出转变为由一群人产出，从专业生成内容（Professional Generated Content，PGC）逐步转变为用户生成内容（User Generated Content，UGC）。这样能够让参与产出的社群成员体会到自身价值的提升。

3. 社群的5个要素

一个好的社群应当包含5个要素，分别是同好、结构、输出、运营、复制。这5个要素可以指导企业打造好自己的社群。

（1）同好。同好是构成社群的第一要素，也是社群成立的前提条件。它解决了"我们为什么聚到一起？我们聚到一起做什么？"的问题。所谓同好，就是对某种事物有共同的认可或爱好的人。这可以基于某一个产品，如苹果手机、小米手机；可以基于某一种行为，如旅游、阅读；可以基于某一种标签，如网购"达人"、某艺人的粉丝；可以基于某一种空间，如某生活小区；可以基于某种情感，如乡情、友情、同学情；等等。社群成员借助这个"同好"连接能解决自身的某个痛点，如得到极大的情感慰藉、极大的互动快乐、极大的现实利益，三者满足其一，社群就能维系。在做社群产品定位的过程中，"同好"越精准，定位就会越清晰。

（2）结构。结构是构成社群的第二要素，它决定社群能否存活下去。社群的结构主要有4部分内容，分别是组织成员、交流平台、加入原则和管理规范。这4部分内容做得越好，社群就会存活得越长。

组织成员是指发现、号召"同好"的人，他们抱团形成了金字塔结构或环形结构。

交流平台是指找到新成员之后，社群要有一个聚集地作为交流大本营，如微信群或QQ群。

加入原则是指平台搭建好后，社群有了元老成员，越来越多的人就会慕名而来，此时社群运营者就需要设置加入社群的原则，保证社群成员的质量，让新成员珍惜这个社群，可以设立一定的筛选机制作为门槛。

管理规范是指当社群中的成员越来越多时，社群运营者就必须进行管理并制订一定的规范，通过管理统一社群成员的行为。

拓展资源

"007不出局"社群

"007不出局"是一个写作社群，社群成员通过一起练习"软文"写作获得成长。该社群是典型的"去中心化"社群，社群门槛费为300元。设置门槛费的好处是，确保入群的成员都是有意愿改变自己的人，确保价值观的统一。该社群的结构设计为1个班77个人，班长由过去表现优秀的老成员担任，每月还有值月生，负责班级管理工作；另外，1个组长管理多名组员，值月生和组长可以作为新班级的班长储备人选。

（3）输出。输出是构成社群的第三要素，它决定了社群的价值。社群必须有稳定的输出，这样才能将社群价值观传递给更多的人。同时还要衡量社群成员的输出成果。在好的社群里，所有的社群成员都有不同层次的、各细分领域的高质量输出，从而能够释放出更大的能量。

输出的方式可以是PGC或UGC。常见的输出形式除了线上的图文、音频、视频，还有线下的读书会和分享会等。输出的平台有微信、微博、知乎、喜马拉雅、优酷、爱奇艺等，以及互动吧之类的活动发布平台。

（4）运营。运营是构成社群的第四要素，它决定了社群的生命周期。一般来说，社群运营需要建立起社群的"四感"，具体内容如下。

仪式感：通过申请加群、入群接受群规、行为接受奖惩等，保证社群的规范性。

参与感：通过有组织的讨论、分享，保证社群成员有话说、有事做、有收获，确保社群质量。

组织感：通过对某主题事物的分工、协作、执行等，保证社群的战斗力。

归属感：通过线上、线下的互助与活动等，保证社群的凝聚力。

社群运营除了产出日常内容以外，还要用稳定的日常活动来支撑"四感"。例如，在"007不出局"社群中，社群会有开班仪式，强化了仪式感；每周一次的"作业雨"让大家相互点评文章，培养归属感；通过班长、组长等职能的划分培养成员的组织感；不交作业的社群成员将被移出社群，以确保社群成员的参与感。

（5）复制。复制是构成社群的第五要素，它决定了社群的规模。社群的核心是情感归宿和价值认同，所以当社群发展壮大后，社群成员产生情感分裂的可能性就会变大。所以，在"复制"社群时需要考虑3个问题：①是否已经构架好组织？②是否已经建立了核心群？③是否已经形成亚文化？

社群最有魅力的地方就是其规模化复制的过程，通过标准化的运营模式来管理多个社群，一个人就可以管理几万人、几十万人，这无疑是很多社群运营者期待的结果。

4. 社群的类型

社群的类型有许多种，常见的3种如下所示。

（1）产品型社群。产品型社群即围绕某个产品或某类产品形成的交流社群。例如，在九阳公司组建的九阳面条机社群中，社群成员都是面条机的直接用户或潜在用户。

（2）兴趣型社群。兴趣型社群是指基于用户的兴趣图谱创建的社群。由于用户需求的个性化和兴趣的多元化，兴趣型社群的种类繁多，且各有不同。而且兴趣型社群是一个庞大的交叉体，一个人可能有多个兴趣，多个兴趣型社群中可能有重合的人群，这加速了兴趣型社群的裂变与传播。例如，美食社群、汽车兴趣群等能够聚集精准用户，除了可以用于销售自家产品外，还可以销售其他产品。

（3）知识型社群。知识型社群与兴趣型社群存在一定的重合，但随着知识付费浪潮的兴起，它被列为单独的社群类型。现阶段的头部社群几乎都是知识型社群，如樊登读书会、黑马会、吴晓波读书会、秋叶PPT等。

协作与训练

试分析自己加入的所有微信群，其中是否有上面所列的几种类型的社群？

5. 社区和社群的区别

社区与社群都是互联网时代催生的一种组织形式，但两者有所不同。社群具有自治性，组成单位是人，其意义在于通过兴趣、爱好等内容把人聚合在一起，形成一个圈子，共同打造一种价值观或一种文化。社区则是更大、更松散的网络空间，用户可自由进出和交流，没有群主（意见领袖），无自定义的规范，也很难形成亚文化。

社区成员比较宽泛，紧密度比较低，社区成员之间的关系是弱关系；社群成员的范围比较小，紧密度更高，各个社群成员有一个相同目标，社群成员之间的关系是强关系。社群和社区相比，社群成员拥有更强的归属感、更活跃，互动频率也更高。社群和社区的区别如表2-1所示。

表2-1　社群和社区的区别

维度	社群	社区
本质	价值观	内容
群体特征	共性人群，人群层次差异不大	人群层次差异较大

续表

维度	社群	社区
输出	特定群体	无特定群体
互动	交叉链接	关注认可
产品/服务	主题较聚集	无固定主题
情感	归属感	参与感
关系强弱	强关系	弱关系
特点	中心化	去中心化
维护	价值观	兴趣爱好
传播速度	传播速度快，用户精准	传播速度较快，用户较分散

2.2.2　社群思维概述

1. 社群思维的含义

社群是移动互联网时代一种新的商业载体，它构建了许多新的社交关系和链接，社群思维就是基于这些社交关系和链接产生的。

本质上，社群思维就是关系思维、圈子思维，以多人的思维来调动集体的智慧，最后形成一股强大的力量。社群思维也产生了新的客体链接关系，即用户思维。所以，社群运营者如果不懂社群思维就很难进行高效、快速的传播营销。

2. 社群思维的价值

社群思维对个人价值实现和企业商业运营而言都非常重要。

采用社群思维可以帮助企业降低营销成本，实现用户价值的最大化。拥有社群思维可以创造有效社群，点燃用户，"引爆"传播。

例如，三只松鼠就是利用社群"带活"一个品牌的典型案例，它的成功与创始人章燎原的社群思维有很大关系。章燎原虽然在传统企业工作了十几年，但他是一个特别活跃、爱社交的人，具备社群思维和粉丝思维，所以能够带领三只松鼠成为食品行业的知名品牌。

2.2.3　社群运营

1. 社群运营流程

社群运营者要想通过社群运营形成粉丝经济闭环，并非短期内就能够完成的，形成粉丝经济闭环有其特定的流程。

（1）社群类型定位

常见的社群包括兴趣型社群、产品型社群、学习型社群、服务型社群等。要想定位社群的类型，首先要理解社群是由具有何种共同价值观的社群成员组成的。

（2）社群成员定位

结合社群类型定位，描绘社群成员画像，还可以结合产品本身的特点对社群成员画像进行细化。社群运营工作内容如图2-4所示。

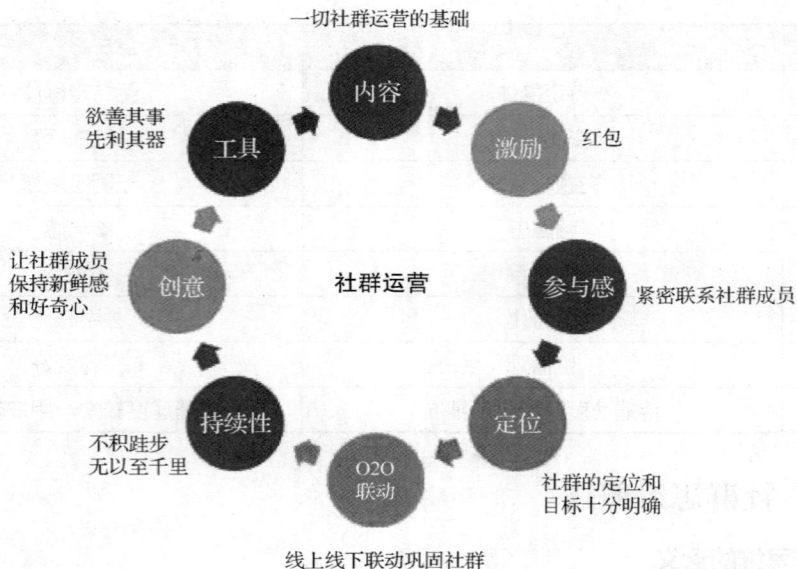

图2-4 社群运营工作内容

（3）设定管理制度

社群应设定管理制度，如禁止在群内发广告；设立进群门槛、新人入群仪式；确定社群成员职责、人员分工；设计定期的知识分享活动，策划定期的线下聚会等。

（4）获取种子用户

完成了前面3步的准备工作后，接下来的任务就是吸收社群成员。第一批社群成员要精心挑选和发展，他们是社群的种子用户，这些种子用户在社群运营工作中会起到至关重要的作用，可能决定着社群运营的成败。未来，社群的复制、衍生、裂变等，都是基于种子用户进行的。

（5）价值输出

社群自成立开始，各种机制就要正常运转起来，而价值输出是留住社群成员的重要手段。

（6）持续运营

社群要想持续运营，就要引入新成员、输出价值，裂变出新的社群，淘汰和剔除"僵尸粉"，通过群晋升、群裂变等手段提升社群的活跃度和价值，实现商业变现。

2. 社群运营策略

社群运营策略包括内容运营、用户运营、活动运营3个方面的内容。

（1）内容运营

内容是社群发展的前提。社群的内容运营包括规划、编辑、运营、复盘4个环节。社群内容规划主要是结合社群成员需求确定内容主题，并将其分解为每周的主题、每天的主题，并规划好内容的输出时间点。社群内容编辑主要是确定选题、提炼内容结构及编排版面等。社群内容运营主要是指内容的发布、推广，以及基于内容的互动与答疑等。社群内容复盘主要是指分析运营数据、问题反馈、工作优化等。

内容运营的核心问题是内容生产，这就需要社群运营者提前布局内容来源，做好内容规划，可以采取PGC和UGC相结合的方式带动核心社群成员及普通社群成员发布内容。

产品型社群内容运营手册

产品型社群的运营策略包括：制造与产品相关的内容，引发话题讨论，形成品牌传播，挖掘用户好奇心，吸引社群成员自发生产内容或分享购买体验。

① 根据社群成员痛点，打磨产品话题和素材。

② 依托生活场景，将产品代入消费场景。

③ 借助传播媒介，将产品话题讨论度逐渐提高。

④ 发挥名人效应，通过KOL增强宣传效果。

（2）用户运营

用户运营是对用户进行拉新、促活、留存、转化等工作，刺激用户参与既定的运营活动。社群运营者开展用户运营要搭建用户成长体系、活跃体系，制定各种激励政策，努力打造与挖掘有价值的KOL，让KOL客观地评价与评估社群的内容与质量，激发其他用户的热情。

随着移动互联网的快速发展，用户对于交流、互动、社交、体验、场景的参与度越来越高，对社群的价值感也越来越认可。社群有"兴趣聚集、沟通协作、商业变现"三大核心功能，这三大功能所对应的结果分别是沉淀用户、激活用户参与度和信任感、盘活粉丝经济。

（3）活动运营

活动运营就是根据既定目标，通过策划并执行短期活动，在一定时间段内快速提升社群价值的运营手段。社群运营者在社群运营中要善于通过各种各样的活动吸引社群成员的注意，引导社群成员参与，最终实现变现。

在社群经济中，购买行为的触发公式如下所示。

购买=信任+需要+付费能力+紧迫感+高性价比+强便捷性

2.3 IP思维

2.3.1 IP的含义

知识产权（Intellectual Property，IP）是指包括音乐、文学和其他艺术作品、发现与发明，以及一切倾注了作者心血的词语、短语、符号和设计等被法律赋予独享权利的"知识财产"。

IP是仅凭借自主传播，不受任何一个平台的束缚，就能够在多个平台上获得流量、进行分发（商业变现）的内容，是一种"潜在资产"。在互联网时代，它可以是一个符号、一种价值观、一个具有共同特征的群体、一种自带流量的内容。

IP的特质就是必须具备优质的内容，只要是具备衍生内容、知名度和话题的品牌、产品乃至个人，都可以看作一个IP。IP的产出大多来自内容端，如影视、音乐、游戏、小说等。

2.3.2 如何打造个人IP

1. 明确个人定位

打造个人IP先得建立人设。人设是一种符号，能让用户在此基础上对自己产生认同与信任，并愿意关注自己。和内容生产一样，人设的打造不仅要考虑用户的需求，还要考虑用户的定位。有了鲜明的定位，就能让用户在新媒体的"海洋"中轻易地抓取到个人定位。

2．确定用户人群

明确个人定位后，确定个人IP的用户人群就会相对容易。在确定用户人群时，可以从年龄、性别、爱好等方向考虑。不同的用户人群喜欢的文字风格、文章内容、推广方式一般有所差异，根据不同用户人群的差异进行内容的创作会起到事半功倍的效果。

3．"创意+原创"，吸引用户

创意是永不枯竭的成功源泉。要想打造个人IP，前期可以依靠模仿来寻找方向，但是真正想打造一个大的个人IP时，还是需要依靠原创的力量。只有有创意的内容才能吸引更多的用户。

对于"罗辑思维"，爱智、求真、有趣、有料已经成为其最大的标志。"罗辑思维"持续为用户提供知识服务，包括每天的音视频内容分享，以"专栏订阅+移动有声阅读+移动图文阅读"的方式快速抢占了移动碎片化阅读市场。

4．用户互动，提高用户忠诚度

打造个人IP时，要经常与用户互动，提高用户的忠诚度。发放小金额的红包和礼品是提高用户忠诚度的常用手段，用户在得到"利益"的同时，也提高了对个人IP的忠诚度。

📢 **协作与训练**

学生分小组讨论，根据所学、所了解或所查询的资料，介绍一个典型的个人IP，并分析该IP的特质、市场表现与其输出的原创内容。

2.3.3 如何打造企业IP

企业IP可以理解为利用一种吸引人的标签来实现品牌价值的传递和变现。企业IP可以是代表企业的风云人物，也可以是企业孵化出的拟人化形象。

打造企业IP时一般涉及以下6个要素。

1．目标用户需求

企业IP要与企业的品牌、产品、服务完美匹配，并满足目标用户的心理需求，在设计上要有辨识度、独特性。

例如，金融理财类企业的用户大多为中青年男性，多数人都处于职业上升期，对于资产的快速积累和资产升值管理有刚性需求。

2．品牌自身定位

打造企业IP要明确品牌价值观的定位和输出，它是一个企业的根基和灵魂。例如，一家理财企业需要打造专业、精细化、贴心服务、风险控制的人格化IP形象。

以地产业为例，优秀的地产企业带给业主的，不应该只是简单的舒适居住体验，更应该是对于美好生活的共同追求。

企业IP是使一个企业更具特色和辨识度的形象，包含价值观、故事、个性、Logo、吉祥物等，企业需要长期打造此内容并进行适当衍生。近几年，我国互联网企业非常重视Logo和吉祥物的打造，并试图将其作为打造企业IP的起点。我国部分互联网企业的吉祥物如图2-5所示。

图2-5 我国部分互联网企业的吉祥物

企业案例

菜菜美食日记隶属于广州智食网络科技有限公司，它在众多的美食账号里别具一格。它不仅有非常鲜明、独特的气质和形象，还具有独特的"把平凡的一日三餐吃出花样来"的理念。美食日记中的菜菜不仅是一个喜欢和擅长做菜的姑娘，也是用户生活里温暖的存在，她心灵手巧、暖心可爱。

3. 内容策划与生产

首先，内容必须有趣、有态度、有共鸣，不能一味跟风，否则企业IP将失去独立的人格。IP之所以能成为IP，是因为其创造了属于自己的"流行趋势"，让别人去追随。

其次，内容要有正确的价值观和价值。内容具有正确的价值观能够帮助用户找到价值观相同的人，或者帮助用户更好地改变自己。同时内容还要有价值，例如，"罗辑思维"通过对知识进行收集和整理，然后将新的知识传授给用户，并最终影响用户。

4. 内容形式与媒体选择

（1）内容形式

打造企业IP时可用的内容形式非常丰富，如图文、H5、小程序、小游戏、音频、视频等。其中，视频又可以细分为长视频和短视频。

打造企业IP具体选取哪一种内容形式？这就需要在前期策划的基础上做一些尝试和匹配。打造企业IP时，根据内容形式的不同，具体的打造方式也不同。同样的一段话，用图文、音频、视频等不同方式呈现得到的效果也可能不一样，但企业要始终坚持企业IP调性的统一。

（2）媒体选择

打造企业IP还要借助自媒体线上平台，虽然每个平台都可以进行企业IP的打造，但企业最好选择企业核心用户分布比较多的平台。当前，"两微一抖"已经成为大多数企业做自媒体的必选平台。抖音、快手等短视频平台在企业IP打造方面有很多天然优势，其竖版视频的呈现方式，更容易实现用户和企业IP的"面对面"交流，更具沉浸感。

同时随着直播媒介的升级、云平台的成熟、"网红"产业的兴起，以及新媒体产业的变革，直播已成为目前十分火爆的信息传播媒介。

5. 上线与传播

对新品牌来说，其企业IP的上线时机一定要结合目标用户的需求。例如，对于亲子儿童类的品牌而言，暑期是一个比较好的"出道"时间点。一些重要的节假日也可以成为上线时机。而对于已经有企业IP，但需要转型和再包装的品牌而言，则其需要考虑将企业的促销活动与一些品牌类的纪念日和庆祝事件相关联，如公司的周年庆。

企业开展IP传播需要打造新媒体矩阵，包括头条号、微博、百家号、公众号、知识星球、个人微信等。所谓矩阵，就是不同传播方式的组合。同一份内容通过不同的平台进行传播，面向更多的用户人群，就会吸引更多的潜在用户。

企业IP还要全方位传播，现在是"酒香也怕巷子深"的时代，全面布局、多平台传播有利于满足用户想要广泛获取有用信息的需求。例如，"罗辑思维"就采用不同的传播方式在不同的传播平台开展全方位传播，如表2-2所示。

表2-2 "罗辑思维"的全方位传播

传播方式	传播平台
音频	企鹅FM、蜻蜓FM、喜马拉雅、草莓FM
自媒体	微博、微信、公众号、社群、各类App
短视频	快手、抖音、秒拍、美拍
直播	斗鱼、哔哩哔哩、花椒直播、映客直播、咪咕
软文	简书、今日头条、搜狐、网易、百家

6. 运营与转化

企业只有采取"优秀的内容+多平台传播+适当的运营"的模式，才能将企业IP打造得更有价值。企业的运营与转化需要遵循以下原则。

（1）全方位渗透

企业开展IP运营要做到无处不在，由内而外，从线上到线下，并渗透到所有相关产品和服务环节中，持续在市场、公关、行政、人力资源管理等所有带有人际关系属性的活动里"刷"存在感。

（2）与用户保持互动

移动互联网时代，内容生产虽然很重要，但用户的维护和运营才是提升价值的关键。内容能引起用户的情感共鸣，互动能满足用户的精神体验。每个用户都是产品的主角，只有让用户有参与感，才能增强用户对产品的黏性，并由此激发用户对产品的口碑传播。

用户体验往往蕴藏在细节之中，只有持续不断地给用户提供参与的机会，如开放参与节点、设计互动方式、扩散口碑事件，才能增强用户体验。同时对于用户的反馈，企业要快速应对，提出最佳解决方案并采取有效行动。单纯的"卖货"思维已经不适用于新媒体时代，企业要和用户做朋友，用心输出内容、用心对待用户、重视线上线下互动，这才是企业IP发展壮大的核心。

（3）商业转化

商业转化是企业IP发展的必然选择，商业转化模式可以是线上的，也可以是线下的。一个成功的企业IP，必定满足4个标准：用户体验佳、用户规模大、变现模式成熟和生命力强。

目前，企业IP变现的方式主要包括收取会员费用、扩大销售、自营电商、打广告、出售文创作品版权、出售周边产品等。例如，哈利·波特是一个相当成熟的IP产业链，在全球拥有众多粉丝的《哈利·波特》衍生了相关系列小说、电影、舞台剧、主题公园等资源。截至2017年，该系列小说所有版本的总销售量超过4.8亿册。美国华纳兄弟电影公司把这一系列小说改拍成8部电影，票房总收入达78亿美元。

2.3.4 IP营销

IP作为这几年涌现出的热词，从影视界到媒体界，再到各大品牌，无处不在谈论IP。各种热门IP层出不穷，甚至展现出了跨界合作这种商业模式和消费趋势。企业借助IP来填充自己的品牌内容、延伸品牌内涵，IP营销已成为企业常用的营销手段。

1. IP营销的商业逻辑

IP营销的商业逻辑就是品牌捆绑IP，进而实现品牌的人格化，同时通过持续产出优质的内容来输出价值观，通过价值观来聚拢粉丝。只要粉丝认可了品牌的价值观，实现了身份认同和角色认可，就会信任其产品。

IP营销的表现形式有很多种。例如，褚橙的代言人就是褚橙创始人褚时健。褚橙的策划团队用了一系列关于褚时健的报道来完成产品的IP化转变，最终把"褚橙"演绎成一种精神符号。

现在的市场营销中，IP更多等同于招牌、头部内容、个人或产业链的延伸。通过品牌的人格化，企业能够实现品牌商业向人格商业的转型，借助其人格魅力与用户建立信任关系，为用户提供除使用功能以外的购买理由，最终实现品牌的溢价。

2. IP营销策略

IP营销有两个意图：一是通过持续优质的内容生产能力建立IP势能；二是通过IP势能实现与用户更低成本、更精准、更快速的链接。基于这两个意图，IP营销策略主要包括以下3方面的内容。

（1）品牌与IP属性相合

品牌是IP人格的载体，没有好的品牌，即使有再强的人格背书，IP也是不可持续的。企业对自身品牌要有明确的定位，并注意扩大品牌的影响力，带动品牌的销量。

（2）具备强大的内容生产力

IP的打造离不开强大的内容生产力。现代商业正经历着从"渠道为王"到"IP为王"的转换，内容营销越来越重要。现在"80后""90后""00后"等主流用户人群对于品牌的忠诚度越来越低，企业只有不断创新，生产出更多的内容，才能够吸引这些年轻的用户。

赋予企业IP故事，可以让IP更加生动，使其更加接近用户。早期《海尔兄弟》动画片的热播就让海尔兄弟勇于探索、坚强、求知的形象深入人心，也让海尔产品走入千家万户。

（3）多渠道分发，跨屏引流

超级IP的重要特征就是自带流量，它不受任何媒体、平台或行业的限制，具有无限的延展性。这需要企业从一开始就定位于多渠道发展，实现内容价值的最大化，进行全方位引流。

例如，"罗辑思维"除了在微信分发图文内容、在优酷发布视频节目、在喜马拉雅发布音频之外，还涉足图书出版。当然，跨平台发展并不意味着内容的泛化和不受约束，而是在坚守原有用户定位基础上的多渠道分发。

在移动互联网时代，用户越来越愿意为符合自己价值取向的品牌溢价付费，这就为"以人为本"的品牌营销提供了更多可能。品牌的传播要从用户的精神层面出发，打造出让用户在精神上认同的内容，这样才能真正做好品牌与IP的营销传播。

【综合实训】

（一）实训目标

通过案例分析与课堂讨论，引导学生加深对新媒体运营思维的理解。

（二）实训任务

1．进一步加深学生对粉丝思维、社群思维、IP思维的理解，分析其特征并各找出一个典型案例，证明这3种思维具有实际意义。

2．李宁是大家熟悉的品牌，请从粉丝思维、社群思维、IP思维3个方面，给该品牌提出新媒体运营建议。

（三）实训步骤

抽查学生对3种新媒体运营思维的理解程度。教师通过介绍企业案例，引导学生完成对该案例的分析，并提出具有一定创新性和实用性的新媒体运营建议和策略。

【知识与技能训练】

一、单选题

1．（   ）是构成社群的第一要素。

    A．组织   B．同好   C．输出   D．互动

2．社群是通过（   ）来提升用户的黏性的。

    A．交互体验   B．周边服务   C．核心内容输出   D．口号

二、多选题

1．下列事情中你每天花时间最多的有（   ）。

    A．定主题、找热点   B．写文章、找图片

    C．收集素材、排版   D．审核，修改，再审核，再修改……

2．企业运行社群运营的策略主要有（   ）。

    A．内容运营   B．用户运营   C．活动运营   D．产品运营

3．微博内容规划可遵循的原则有（   ）。

    A．相关性原则   B．多元化原则   C．实用性原则   D．有序性原则

4．百度贴吧的运营基础在于（   ）。

    A．人工信息聚合方式对搜索引擎的补充

    B．共同兴趣爱好者的快捷聚集

    C．封闭式交流话题带来的深度互动

    D．"粉丝文化"的催化剂

5．以下属于知乎平台的运营技巧的有（　　　　）。

   A．做好"形象工程"　　　　　　　B．做好内容定位

   C．掌握必要的回答技巧　　　　　D．适当加强互动

三、简答题

1．整个粉丝群体可以细分为哪几个层级？

2．请描述什么是粉丝思维。

3．请介绍社群的5个构成要素。

4．社群有哪几种类型？

5．如何打造个人IP？

6．试分析马云、雷军、董明珠3位企业家的IP形象。

四、实训题

某公司开发了一款手持美容仪，其功能是，当用户有祛痘、嫩肤需求时，可以手持产品对面部进行护理。他们希望说服有肌肤养护需求的用户购买自己的产品，产品的特点：（1）使用方便，用户经过简单的学习之后，可自行操作解决肌肤问题；（2）安全，用户使用之后，不会产生副作用；（3）能有效祛痘，消除痘坑、痘印，消除色斑、色纹等。

那么，公司在销售这款产品时，应该对用户说些什么（卖点），才能让用户选择购买这款手持美容仪呢？

项目三

新媒体文案策划

学习目标

主要知识	了解新媒体文案的特点与类型
	了解新媒体文案标题的常见分类
	掌握新媒体产品文案的策划步骤
	理解提高新媒体文案质量和效率的创作思维
核心技能	掌握新媒体文案各类标题的写作方法
	掌握各类新媒体文案内容的策划技巧
素质目标	具备新媒体文案创作思维
	具备用新媒体文案提升营销效果的意识

内容体系

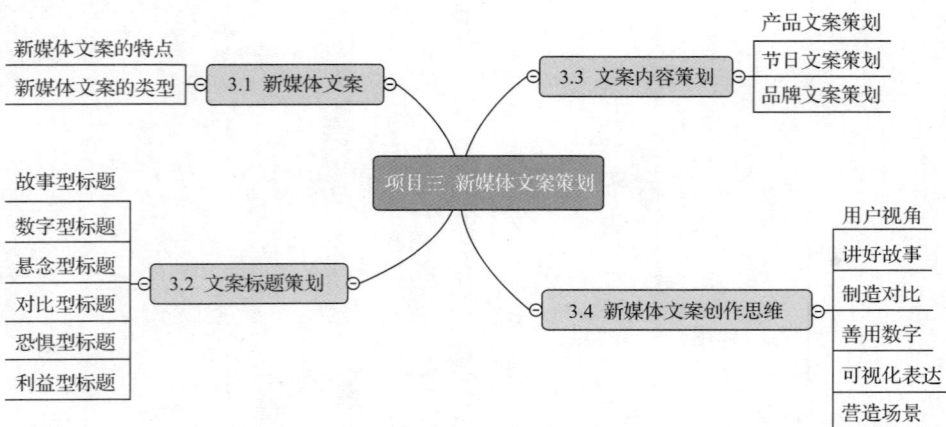

中国石化的"加油文案"火了

2019年6月25日，中国石化官方微博账号凭借一条招聘广告，突然引起了很多用户的关注。这条广告是这么写的：

如果你不开心

你就来加油站工作

那样就会有很多人

跟你说

加油

还会给你钱

真好

该广告非常贴合当下互联网用户的语言风格，一下就戳中了互联网用户的兴趣点。纵观中国石化的微博，其日常转发量多为个位数，而这条招聘微博的转发次数已超1万。2019年6月26日一早，中国石化趁机推出转发抽奖活动。抽奖微博的转发量虽然远不及招聘微博，不过在26日上午，相关舆论热度高涨，"如果不开心就来加油站工作"一度登上微博热搜。

得益于这条有趣的招聘广告，25日至26日，中国石化吸引了很多粉丝。

【案例思考】

中国石化这一条招聘广告是如何做到语言风格和品牌调性相平衡的？

【案例启示】

当下，品牌传播若固守以往"高大上"的硬性推广方式，则很难获得广大用户的认同，更别说达到预期的传播效果了。中国石化的"加油文案"借助网络语言逗趣、诙谐的特点，并结合自身的产品和服务内容，完成了一次从"加油"到"爆火"的成功的品牌传播。

3.1　新媒体文案

文案亦作"文按"，在古代指公文案卷。在现代，文案的称呼主要用在商业领域，特别是广告行业。换言之，文案就是在商业领域中用以吸引用户的一种广告表现形式。

传统文案指的是广告作品中所有的语言文字。文案是用户了解产品或服务的重要渠道，承担了促成交易的责任。而随着新媒体时代的到来，文案逐渐发展为基于网络平台，以实现商业利益为目的并进行传播的内容。这种内容不仅包含了语言文字，还涵盖了图片、音频、视频、超链接等元素，以使文案更能满足移动互联网时代的需要。

所以，新媒体文案就是在移动互联网的基础上，借助新媒体平台传播的创意广告。新媒体文案既可以很单一（只有一句话或一张图片），也可以很复杂（文字、符号、图片等多元素融合在一起）。但无论内容和形式如何变换，它始终都要为产品服务，这是新媒体文案策划与创作的出发点和落脚点。

新媒体文案的本质是沟通，其是商家与用户沟通的桥梁，其本质如图3-1所示。

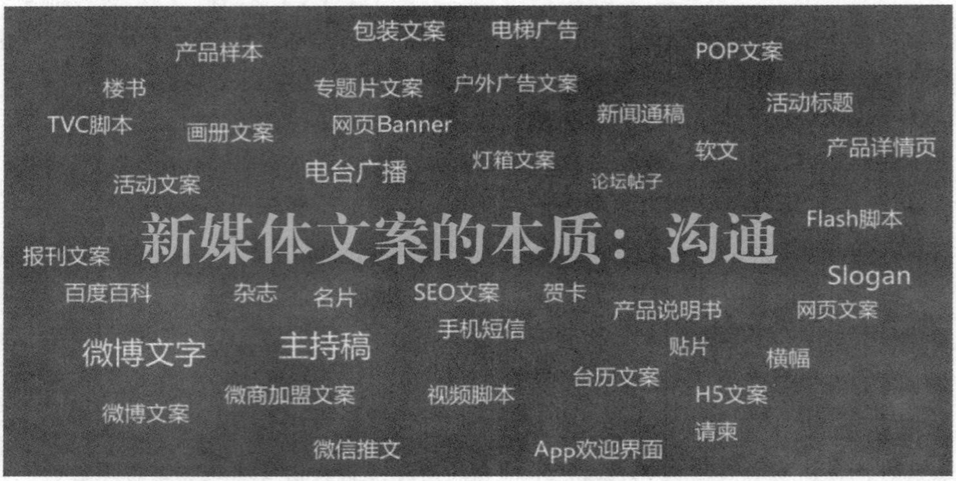

图3-1　新媒体文案的本质

3.1.1　新媒体文案的特点

新媒体文案是随着移动互联网和新媒体的发展，为适应智能终端阅读的情况而诞生的，它并不是对传统文案的颠覆，而是创新发展。新媒体并没有改变用户的消费心理，只不过由于传播媒介的变化，文案出现了一些新的特点。

新媒体文案的传播链条由单向的"引发兴趣—阅读"变成了双向和多向的"关注—互动—二次传播"，如图3-2所示。由此，新媒体文案具有社交属性，既要引发用户的阅读兴趣，又要让用户在读完之后产生分享给其他人、参与互动，以及产生再创作和二次传播的冲动。

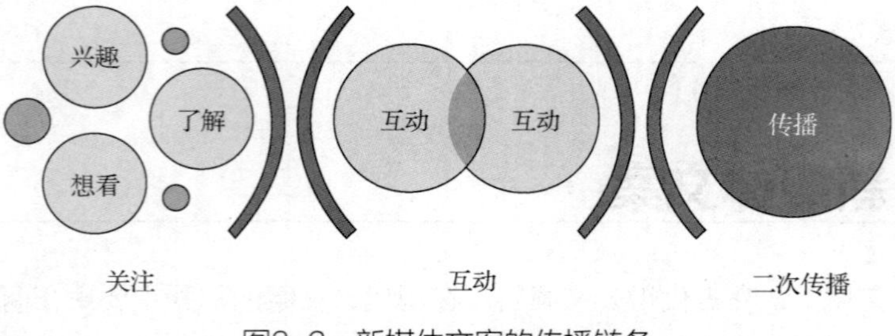

图3-2　新媒体文案的传播链条

具体而言，新媒体文案具有以下特点。

1. 篇幅较短

移动互联网时代，用户经常利用碎片时间进行阅读，所以新媒体文案不宜太长。精短的文案能够快速吸引用户的注意力，同时将核心的信息表达出来。

2. 语言平实、亲切

新媒体的特性决定了文案不能再写得"高大上"，而要通过平实、亲切的语言与目标用户进行有效的沟通。而且年轻用户普遍喜欢平实、轻松、诙谐的内容，这样的内容更能触动用户的痛点、爽点或痒点，特别是能恰当地运用网络流行语输送新概念、引发新潮流的文案会更受用户喜爱。某手机的广告文案如图3-3所示。

3. 传播速度快

移动互联网时代，信息传播的速度很快，所以新媒体文案的内容与形式只有具有快速传播的特点，才能满足用户的阅读需求。

4. 针对性更强

移动互联网时代，各类信息层出不穷，让人眼花缭乱、目不暇接。在用户注意力短缺的场景下，新媒体文案大多需要具有很强的针对性，这样才能引起用户的关注。

5. 可视化

新媒体文案需要具备多媒体属性，做到文案信息可视化，做到设计美观、排版合理。特别是好的产品文案要搭配出色的图片，将文字融入图片，图文结合，这样才能取得较好的阅读成效。为了吸引用户，很多新媒体文案将文字图片化，这不仅有助于用户理解，还可以加深用户的记忆。农夫山泉的文案如图3-4所示。

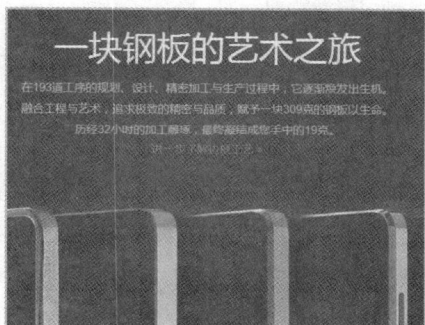

图3-3　某手机的广告文案　　　　　　　图3-4　农夫山泉的文案

思考与讨论

针对农夫山泉的文案，试分析其广告意图和文案创意。

---

6. 软文胜于硬广

相比于"硬邦邦"的广告，目前更多的新媒体文案倾向于采用软文植入的方式：在故事中植入产品，在话题中诠释产品的特点和用法等。这类新媒体文案的广告气息不浓郁、灵活性更强，以具有趣味性和可读性的内容吸引用户主动转发传播，很好地适应了新媒体环境。

3.1.2　新媒体文案的类型

从不同的角度出发，新媒体文案有不同的分类结果。例如，按照投放目的分类，新媒体文案可以分为传播型文案和销售型文案；按照植入方式分类，新媒体文案可以分为硬广告和软广告；按照文案篇幅分类，新媒体文案可以分为长文案和短文案；按照表现形式分类，新媒体文案可以分为纯文字文案、语音文案、图文文案、视频文案、游戏文案等。

1. 按照投放目的分类

传播型文案就是通过文案使品牌或产品被用户所认知，其主要作用是扩大品牌影响力，树立品牌形象，宣传企业文化，而并非直接通过文案促成产品的销售转化。而销售型文案的目的主要是通过文案促成销售转化，获得直接的销售利润。

写作和策划销售型文案时，要充分研究产品，突出产品的卖点和性能，迅速抓住用户，并促使其产生购买行为，大部分的产品广告都属于销售型文案。传播型文案更侧重在文化与精神层面上引起用户的共鸣，从而树立良好的企业形象，引起用户自发地传播。

2. 按照植入方式分类

硬广告是指直接在媒体平台上宣传产品、服务、品牌的文案。硬广告通常需要投入的成本较高，曝光更为直接、快速。软广告则不直接宣传产品，而是将要宣传的产品植入故事、电影、电视剧等的情节中，通过代入情景的方式，让用户不知不觉地注意和了解到要宣传的产品，因而更具有隐蔽性。硬广告和软广告如图3-5所示。

图3-5 硬广告和软广告

3. 按照文案篇幅分类

按照文案的篇幅来划分，新媒体文案可以分为长文案和短文案。通常来说，超过500字的文案称为长文案，不足500字的文案称为短文案。

长文案与短文案各有优缺点，长文案适合构建丰富的场景，适用于讲好一个故事或一段发展历程；但长文案使用户阅读的时间变长，不容易在短时间内传达完整的信息。短文案则可以快速传达出核心信息、突出卖点，通过某个局部视角来打动用户。长文案和短文案如图3-6所示。

4. 按照表现形式分类

常见的文案表现形式包括纯文字、语音、图文、视频、游戏等，具体使用哪种表现形式则是根据不同的传播渠道决定的。例如，在广播中，文案只会用语音来呈现；在电视上，文案多是用视频来呈现。新媒体的发展使广告形式与手机游戏相结合，尤其是一些公益性广告，往往通过一个简单的游戏来传达信息，让用户明白一些道理。

图3-6　长文案和短文案

3.2　文案标题策划

信息泛滥的时代，一则文案只能吸引用户短短几秒的注意力。在很短的时间里，标题是用户对文案的第一印象，用户往往会根据标题来决定一则文案是否值得继续点击阅读。

好的标题是一个吸引用户注意力并让用户顺势阅读的"好奇心缺口"。所以，一则优秀文案的标题应该具备这样的功能：先让用户意识到"缺口"的存在，即让用户意识到自己需要知道什么，当文案的标题激发了用户的好奇心，用户就会顺势阅读下去。文案的标题类型主要有以下几种。

3.2.1　故事型标题

人天生喜欢看故事，通过讲故事的形式，标题可以将文章的关键信息表示出来。那么，用户自然而然就想获得有关这个故事的更多信息，从而起到了标题引导阅读的作用。

故事型标题的特点是标题长，标题中包含起承转折。故事型标题可以向用户表达文案中涉及的关键人物的个人经历。故事型标题的写作方法如下。

（1）找出文案中涉及的和产品相关的人物，这个人物可能是产品的创始人，可能是研发人员，可能是业务人员，也可能是某位使用过产品的用户。

（2）使用5步故事写作法，将产品与人物相关的人生经历进行梳理，写出每一步对应的内容。

（3）将上一步骤写出的内容聚合在一起，调整并删减词语，将事件经过的表达篇幅浓缩为20～30个字，这样故事型标题就产生了。

> **技能手册**
>
> **5步故事写作法**
> （1）主人公起点低，但是有想要达到的目标。
> （2）为了达到这个目标，主人公非常迫切地想要做些什么来改变现状。

（3）在实现目标的路上，主人公走得非常艰难和痛苦。

（4）因为某件事情，实现目标的路上出现了转折点。

（5）转折出现后，主人公不仅实现了自己最初的目标，同时也收获了很多意外之喜。

3.2.2 数字型标题

时间和数字可以把标题内容具体化，把事物发展的程度量化，给人一种权威的、值得信任的感觉，具有巨大的吸引力。例如，"如何挣大钱？"这个标题就不够具体，多少钱是"大钱"？多长时间才能挣到？如果把这个标题优化为"如何在1年内挣到100万元？"，用户读起来就清晰多了，而且标题也很有诱惑力。

数字型标题可以让用户产生紧迫感，如"仅限1天""仅限前200名"等产品销售文案。另外，标题中的数字不能太过夸张，避免让用户看一眼就觉得虚假。

1+X证书（网店运营推广中级）知识点

非标品的 SEO 推广中，设置创意标题的策略：拓展关键词库，为关键词标记搜索量，根据搜索量确定优先级；给关键词标记商业价值，根据商业价值确定其优先级；搜出与产品相关性高的关键词，添加 30 个以上；删减掉搜索量排名靠后、质量分低于 1 的关键词；在质量分高的关键词里面挑选两三个词，将它们放在创意标题中，然后补全标题。

3.2.3 悬念型标题

悬念型标题是指用文中最能够引起用户注意的内容在标题中做铺垫，在用户心中埋下悬念，引起用户探究的欲望，吸引用户打开文章阅读内容。例如，使用这个方法，他的工作效率得到快速提升。

悬念型标题中一般有一个指示性词语——这个，大多数人看到这样的指示性词语，就会自然而然地想知道是"哪个"。用户为了知晓故意被掩盖的答案，就会点击标题并阅读文章。

技能手册

悬念型标题写作方法

（1）找到目标用户群体的痛点。

（2）找出产品解决痛点的方法。

（3）将前两步的内容结合，形成一个句子。

（4）将形成的句子中的方法换成指示性词语，如这个、那个、这点、那点。

3.2.4 对比型标题

对比型标题就是拿两个对象按某一标准进行比较，通过较大的差异给用户造成一种心理冲击。要想利用好对比法则，需要掌握以下3点：（1）要结合传播的核心内容（如产品卖点）制造对比；（2）对比的项目来源于生活，与用户相关，使用户有一定的代入感；（3）对比要有显著差异，这样才能吸引用户，可以通过具体数字来体现这种差异。

例如，"月薪3000元的人和月薪3万元的人写出的文案的差别"。对比型标题通过制造合理的对比，引起用户的兴趣。

> **✎ 技能手册**
>
> 对比型标题写作方法
>
> （1）明确要比较的对象，以及比较对象的主要属性。
> （2）分析这个属性（如价格）是否是用户普遍关注的。
> （3）确定比较对象的属性值（特征值），优化表述方式，强化差异。
> （4）通过拟人化、场景化、增强代入感等方法触动用户的内心。

3.2.5 恐惧型标题

恐惧型标题主要针对用户两种心理：（1）害怕落后心理，用户有一些没有做的事情，害怕与别人的差距越来越大；（2）回避心理，用户内心非常害怕成为某种人或发生什么事，但现在已经出现了这种趋势。

恐惧型标题往往直指用户的某些痛点，促使用户产生继续读下去的兴趣。

> **✎ 技能手册**
>
> 恐惧型标题写作方法
>
> （1）找到目标用户群体最关注的痛点。
> （2）找出目标用户当前解决这个痛点的做法，也就是在使用我们的产品之前，用户的常使用的方法是什么。
> （3）找出目标用户使用这种方法所对应的、潜在的不良后果。
> （4）文末给出新的解决办法，也就是选择我们的产品或服务。

3.2.6 利益型标题

利益型标题也称颂扬型标题，它以突出产品给用户提供的利益为主要内容。利益主要分为两种：物质型利益和精神型利益。

（1）物质型利益，具体如下所示。

"一分钱买汉堡？美食季你只需要完成这3步！"

"只要安装App，就送200元现金！"

"全场满300元减60元，更有机会抽中新款手机！"

（2）精神型利益，具体如下所示。

"读完这本书，让你成为全公司很厉害的业务员"

"28天，讲一口流利的外语，让外国人也赞扬你"

利益型标题要给出直击用户内心的利益，让用户针对标题进行思考、选择和判断。

技能手册

利益型标题写作方法

（1）确定产品为用户提供的利益是物质型利益，还是精神型利益。

（2）确定利益类型以后，列出用户想要获得利益需要付出的代价。

（3）强化这种利益的真实性与价值性，弱化用户需付出的代价。

（4）在标题中合理展示利益和代价。

3.3 文案内容策划

3.3.1 产品文案策划

产品文案策划主要包括以下几方面的内容。

1. 确定产品定位

确定产品定位的目的除了让用户了解产品是什么，还要分析产品在市场中的地位与独特性，毕竟市场上同质化的产品太多，用户往往分不清。所以，产品文案策划首先要找出产品的核心卖点，找出与之相对应的目标人群及人群的需求，从而确定产品推广的方向和产品定位。

以某眼镜的产品文案为例，在其他眼镜产品还在材质、风格、防蓝光上做文章时，该眼镜产品独树一帜，打出了"轻"这一口号。"轻过A4纸的镜架"，这句人人都能听懂的"大白话"，让用户身临其境地感受到产品的重量，想象"轻"眼镜戴起来会有多舒服，从而有兴趣继续往下看，了解产品的其他特点。其产品文案如图3-7所示。

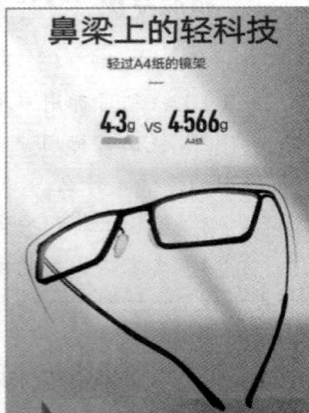

图3-7 某眼镜的产品文案

2. 描述产品主要卖点

新媒体文案人员对产品的卖点进行提炼时，需要考虑以下3个方面的因素。

（1）用户最关心的。很多文案总是反复强调"产品非常适合××""产品连××都在使用"等，但大部分用户更关心"我为什么要买？""它能给我带来什么收益？"因此，产品的亮点不一定能成为卖点，所提炼的卖点一定是用户最为关心和关注的点，而且恰好是直击用户痛点的唯一关键点。

（2）产品自身具有的。用户关心和关注的点必须是产品自身实实在在具有的。

（3）竞争对手没有或没提过的，即差异化卖点。所谓差异化卖点，是指与竞争对手的卖点不同，这种不同可以是"你无我有""你有我超"，总之要比竞争对手强。心理学中有句话叫"先入为主"，应用到市场竞争中就是：对于同样的卖点，竞争对手如果先提出来，就等于抢先完成了市场占位，率先在用户心中留下了印象。所以，提炼卖点要抢先占位，体现差异。

3. 复查和优化

当产品的整体定位、卖点都设计完成后，新媒体文案人员还需复查和优化。

（1）从标题开始，分析卖点是否突出、逻辑是否清晰、用户是否有阅读下去的欲望。

（2）描述产品卖点的内容要分条目，且每小段的文字不能太多，最多三四行，否则用户容易因为不耐烦而退出页面。

（3）多用简短的句子，把长句子拆分成短句，并组成排比句。

（4）把最能戳中用户痛点的、最惊艳的内容放在前面，把辅助说明、背书等不影响整体的内容放在最后。

3.3.2 节日文案策划

从商业角度看，节日一直是非常重要的消费节点，也成为各大商家必争的商业"战场"，由此诞生了节日营销。节日营销是指在节日期间，商家利用用户在节日消费的心理，综合运用广告、公演、现场促销等营销手段，进行产品、品牌的推介活动，旨在提高产品的销售力度，提升品牌的形象。

营销当然离不开文案，好的文案能借用户关注和喜欢阅读的热点话题，帮助商家取得良好的营销效果。

1. 节日类别与内涵

当下生活中的节日很多，包括中国传统节日、某些纪念性节日、重大活动节日、电商购物节日等，不同类别节日的内涵、意义均不同，引发的公众行为也各不相同。商家要想通过开展节日文案策划，调动用户的心理，实现品牌形象和销售额的提升，首先要分析节日的内涵。节日的内涵如表3-1所示。

表3-1 节日的内涵

节日名称	节日类别	节日内涵	关联产品	用户行为
中秋节	中国传统节日	团圆、思乡、思亲、祈盼丰收	月饼、桂花酒、桂花糕、花灯、咸鸭蛋	赏月、吃月饼、玩花灯、赏桂花、旅游、聚餐
清明节	中国传统节日	春祭、扫墓祭祀、缅怀祖先	寒食粥、寒食面、清明果（青团）	扫墓、祭祖、踏青、春游
七夕情人节	中国传统节日	爱情、爱意、友好、浪漫	鲜花、巧克力、贺卡、首饰	求婚、约会、晚餐
"双十一"	电商购物节日	单身、电商、购物、消费	无特定关联产品	网购

2. 节日文案创意

节日文案创意在贴合节日主题的同时，要能够传达出品牌的特征，最好让用户在阅读时表现出惊艳一瞥（关注）、会心一笑（阅读）、过目不忘（读后）、深刻共鸣（体会）。

例如，中秋节时，梅赛德斯-奔驰在其官方微信公众号上用一个月亮从亏到盈的动画表达了中秋节这一主题，并利用流线型的车体表达出奔驰的革新永不言满的理念，具体如图3-8所示。

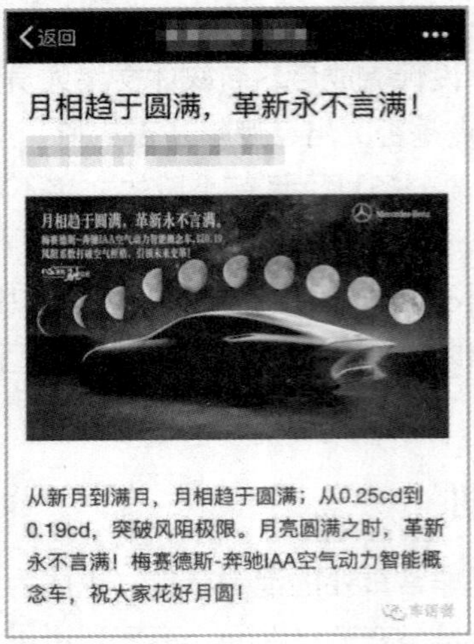

图3-8　梅赛德斯-奔驰的中秋节文案

有些节日带有浓郁的情感色彩，文案创意需要重视情感代入和情怀植入，如亲情、爱情、友情、思乡情怀、爱国情怀、民族情怀、文化情怀等，以此拉近与用户之间的距离，产生情感共鸣。

技能手册

节日文案创意写作方法

（1）抽取某节日的关键词，如五一劳动节的关键词有劳动表彰、劳模、小长假、逛街、旅行……

（2）抽取品牌的关键词，以打车软件为例，必定少不了出行、司机、出游、租车、汽车……

（3）将以上两类关键词进行组合，得到"劳动表彰＋出行"等多个组合。围绕"出行劳模"的创意，可以写一篇"××为你发奖状"的文案，写上过去一年乘客们（或某乘客）打了多少次车，优秀的乘客（司机）表现如何等内容，并加上一些祝福的话语。

（4）评估文案质量，评估时只需思考3个问题：是否能够体现出节日的感觉？是否能够体现出独属于品牌的感觉？能否引发用户的自动转发？如果答案是否定的，请继续修改。

---

3. 节日文案策划步骤

节日文案有别于日常的文案，策划时必须遵循和融入节日的内涵。

第一，明确营销目标，即希望节日文案发挥什么样的作用，是祝福、促销、提醒、助兴、表扬、批评，还是彰显品牌？

第二，节日文案围绕哪个主题来写？以五一劳动节为例，新媒体文案人员是聚焦"劳动"二字，致敬行业劳动者、评选劳模等，还是关注假期游玩新闻等。

第三，进行文案标题的策划。例如，为了在五一劳动节致敬赞美行业劳动者，某拍照App的节日文案标题是"爱劳动的人，无须美颜也美丽"；某地图类App的节日文案标题是"劳动结束，旅程开始"。

第四，进行文案内容的策划。例如，新媒体文案人员可以选取几个典型的劳模或行业劳动者，介绍其工作环境、工作内容、优秀之处，以及他们服务大众的事迹、最美瞬间等。

第五，进行文案的制作，可以采取图文、H5、小游戏、海报、视频等形式。

案例

人民日报——渐渐远去的老行当

鲸梦在五一劳动节为《人民日报》做的图 3-9 所示的 H5，致敬了那些渐渐远去的老行当。用户一边看场景、一边猜行当，勾起了满满的童年回忆，具有很好的话题性。

用户答题后还会获得专属的劳模奖状，并进行转发，如图 3-10 所示。

图3-9 《人民日报》的五一劳动节文案

图3-10 劳模奖状

3.3.3 品牌文案策划

品牌文案策划的大体内容如下。

1. 品牌文案概述

品牌文案是展示品牌精神和品牌个性的载体，是增强用户对品牌的信任的依据。好的品牌文案，可以使企业形象和产品品牌在用户脑海中形成一种个性化的区隔，并使用户对企业形象和产品形成统一的价值观上的认识。好的品牌文案能够赋予品牌特殊的情感，加深用户对品牌的认知与理解，传递品牌理念和产品诉求。

品牌文案虽然没有强烈的销售色彩，但明显地传递着品牌的定位、形象。持续的理念传播能够强化用户对品牌的"基础认知"。品牌文案看重的"走心""调性""金句"等，能够提升用户对品牌的好感，降低用户的决策成本，提升品牌的溢价空间。

品牌文案的三要素为品牌形象、品牌精神、品牌传播，对应的是品牌介绍、品牌故事、品牌广告。

2. 品牌文案写作策略

（1）体现品牌文化，适当融入故事性情节

品牌文化可以以故事为主导，如公司创始人的创业经历、品牌的来历等。将真实事例用故事性的语言表达出来，给予用户更强的代入感，让用户对这个品牌的印象更加深刻、具体。

（2）体现品牌优势，让用户产生共鸣

品牌优势可以从企业本身实力、企业团队实力、专业技术等方面去表现。同时，也可以通过给用户树立一种具体的形象来体现品牌优势。

例如，教育类企业可以在品牌文案中给用户树立一个智者形象，这样的文案相比枯燥的广告，会让用户感觉更亲切，也更有说服力。

（3）擅用修辞手法

目前，有很多品牌认识到了文案的重要性，并策划出一系列的品牌文案，表现形式有点类似于诗词。这就会用到很多修辞手法，如排比、比喻、顶针、双关、象征、对偶等。新媒体文案人员在写作品牌文案时，巧妙地利用好这些修辞手法，会起到画龙点睛的作用。

（4）善抓热点

新媒体文案人员可以根据一些节日、社会热点等热门话题去糅合创意，撰写时文、热文。这些有趣的文案有利于品牌的传播，甚至能引起一些目标用户的自动转发。

写作品牌文案需要新媒体文案人员对品牌有着深刻理解，新媒体文案人员配合故事性的情节、具象化的品牌形象、生动的表达方式、热门话题的高讨论度，以及自己的创意和想法，就能写成独一无二的品牌文案。

3. 品牌文案写作方法

"走心"的品牌文案能够赋予产品或品牌特殊的情感，加深用户对产品或品牌的认知与理解，传递品牌理念和产品诉求。

（1）品牌名称嵌入法

品牌名称嵌入法就是把品牌名称融入文案，使其成为文案的组成部分。品牌名称在文案中得到凸显时，往往就能带来理想的传播效果。对潜在用户来说，这样做等于品牌向他们表明了身份，从而使潜在用户形成对品牌的初步记忆；对其他的新老用户来说，这有利于他们产生对品牌的联想，进一步深化其对品牌的认知与记忆。

例一：我是江小白，生活很简单

这属于纯品牌名称的嵌入，此时在品牌文案中出现的品牌名，纯粹作为品牌的名字、称呼，仅指代这个品牌，没有延伸出其他的含义。

江小白沿用至今的品牌文案，正如它"简单纯粹"的主张一样，核心思想就是"简单"，把品牌名置于文案首句，用"我是××"的句式直接表明身份，非常简单明了、直白通俗，让用户一下子就记住了这个品牌。

例二：智慧人生，品味舍得

舍得酒的品牌文案中，"舍得"既是酒的名称，同时还有"愿意付出、不吝惜"的意思。舍得是一种人生哲学和态度，聪明的人懂得体会和运用这种生活智慧。

这是一种双关式的品牌名称，"舍得"除了是品牌的名字，其名称本身还有另外一层意思。当我们把具有双关含义的品牌名称放到文案里面时，一方面，品牌得到了凸显；另一方面，它可以作为关键词奠定整个文案的情感基调，提升品牌的精神内涵。在写作品牌文案的过

程中，新媒体文案人员应着重利用品牌名称的另一层含义。

（2）历史文化融合法

拥有历史沉淀是任何其他品牌都无法模仿的独特优势，能够经历漫长的时光保留至今的品牌，必然是经过重重考验的，用户会更加信赖。

例一：唐时宫廷酒，今日剑南春

剑南春的品牌文案通过具体的历史朝代、真实的饮用场景，将剑南春悠久的、皇室御酒的历史身份诠释了出来。

例二：国窖1573

国窖1573具有悠久的历史，诠释了品牌经过岁月洗礼，依旧不断传承的历史文化。

（3）产品属性分解法

产品属性是指产品本身固有的性质，能够使产品与其他产品在不同领域进行区分。酒类产品常见的属性包括产地、时间、历史、价格、颜色、型号、包装、大小、用途、保质期、质地、材料、加工等。在产品高度同质化的今天，品牌需要通过对产品属性的挖掘，找到甚至人为制造具有差异化的点，如新工艺、新材料、独家传承、独特包装等，这是树立品牌形象常用的策略。

企业可以选取产品最具差异化或最有优势的某一个属性，将其作为产品的核心诉求点，通过文字的阐述与概念的引导，最终形成独特的品牌文案，让用户由低认知模式进入高认知模式，从而取得品牌的竞争优势。

例一：借问酒家何处有，牧童遥指杏花村

对酒类品牌来说，原产地很重要，独特的地理环境往往能孕育好酒，因而地域是一个可以被用于品牌文案创作的好主题。杏花村酒的品牌文案直接借用了唐代诗人杜牧的两句诗。"杏花村"既是品牌名又是地名，山西汾阳杏花村是中国酒与酒文化的发祥地，其悠久的历史与独特的地理条件，无疑是酒品质的保证。

例二：双轮池酒，双轮发酵，滋味当然独特

独家的技术和加工工艺，成就了双轮池酒的绝佳优势。双轮池酒的品牌文案提到了"双轮发酵"这种新工艺，运用这种工艺酿造出来的酒自然就拥有了独特的口味。

3.4　新媒体文案创作思维

所谓"工欲善其事，必先利其器"，要想写好新媒体文案，新媒体文案人员需要拥有一套清晰的创作思维，只有掌握这些创作思维才能提高效率，写出优秀的新媒体文案。

3.4.1　用户视角

在文案写作的过程中，新媒体文案人员需要时刻问自己两个问题：用户看到我写的文案，会调用什么认知、记忆、情绪来理解？用户看完我写的文案之后，会产生什么样的心理感受，或者得出什么结论？

1. 用户认知

新媒体文案人员要明白一点：自己的认知与用户的认知在大多数情况下是两回事。如果新媒体文案人员停留在自己的认知中写文案，很可能会这么写：

"不是所有大自然的水都是好水"；

"我们灌装的不是地表水，而是拥有3000万年历史的长白山的原始森林深层火山矿泉"。

这两则文案背后的认知逻辑是：用户想喝好水，却不知道哪家的水好，于是新媒体文案人员告诉用户我们的水更好，请购买我们的水。但是从用户认知的角度来看，大多数用户都不清楚"地表水""长白山""原始森林""深层火山矿泉"的具体内涵，也不会因此联想到"好水"，更不会因此认为自己需要它。因此不如这样写："为什么你需要一杯真正的好水？"

新媒体文案人员从"自我视角"出发写作文案，容易高估用户对产品的理解，认为用户像自己一样了解产品，从而陷入"认知陷阱"，写出来的文案让用户看了不知所云。撰写文案的目的是引导用户的认知，让他们从不知道产品到了解产品、对产品产生兴趣，再到做出购买产品行为。

2．用户情绪

除了考虑用户认知，写作文案时也可以从用户情绪入手。在动笔之前，想一想文案要让用户产生什么样的感受和情绪，以努力达到预期效果。

例如，陈述事实的文案是这样的："10元钱可以听3次课。"

而要诉诸情绪，可以这样写："10元钱，在今天还能买到什么？但在××网站，你可以听3次课。"

这样，文案在用户心中留下了"10元钱可以听3次课，非常划算"的印象。

3．用户画像

新媒体文案人员不了解用户，用户不了解新媒体文案人员的需求，这是文案写作的两大痛点。此时，新媒体文案人员需要走到用户人群中去，成为他们中的一员，听他们说什么，观察他们在意什么、喜欢什么、讨厌什么，观察他们的日常生活和消费行为，并绘制用户画像。

例如，面对爱好二次元动漫文化的"90后""00后"用户人群，新媒体文案人员如果在文案里和他们谈"情怀"，他们很可能不会看；但如果能够在文案里说出"萌""天然"这类话语，他们可能就会把你当成拥有相同爱好的人。

📖 思考与讨论

为何说"用户思维才是每个新媒体文案人员都在该掌握的核心技能？"

3.4.2　讲好故事

爱听故事是人的天性。人们在读一个故事时，一般会经历这样一个过程：思维复述—角色代入—感情投入。这是一个心理模拟的过程，故事的吸引力和说服力就体现于此，它很容易激发人们大脑中与之相关的区域，让人产生代入感，实现"角色转换"。从传播的角度来看，最好的文案无疑是故事。

某品牌有着对品牌精益求精的"慢工"精神，它曾发布了一部《致匠心》的暖心宣传视频。该视频将某位音乐人亲手制作木吉他的过程和地球另一端鞋匠制作鞋子的过程关联在一起，讲述了匠人的专注和对技艺的热爱与追求，如图3-11所示。

图3-11 《致匠心》宣传视频

两个素未谋面的匠人，天各一方，制作的物品也不同，相同的是各自的匠心和对技艺的信仰。该视频的文案由音乐人口述，既朴实，也很动人。

人生很多事急不得，你得等它自己熟。

我二十出头入行，30年写了不到300首歌，算是量少的。我想一个人有多少天分，跟出什么样的作品并无太大的关联。天分我还是有的，但我也有能耐住性子的天分。

人不能孤独地活着，之所以写作品，是为了沟通。通过作品告诉别人自己心里的想法、眼中看到世界的样子、所在意的、所珍惜的。所以，作品就是自己。

所有精工制作的物件中，最珍贵、最不能替代的，就只有一个字——"人"。人有情怀、有信念、有态度。

世界再嘈杂，匠人的内心必须是安静的、安定的。面对大自然赠予的素材，我得先成就它，它才有可能成就我。

我知道匠人往往意味着固执、缓慢、少量、劳作。但是，这些背后所隐含的是专注、技艺、对完美的追求。所以，我们宁愿这样，也必须这样，也一直这样。

为什么？我们想要保留我们最珍贵的、最引以为傲的。一辈子总是还得让一些善意的执念推着往前，我们因此愿意去听从内心的安排。

专注做点东西，至少能对得起光阴岁月。其他的就留给时间去说吧。

所谓"致匠心"，是用一个匠人的心，向另一个匠人致敬。世界上有这样一些人，安静、专注、偏执，对待自己、对待生命、对待手中创造的作品都有着不可动摇的信仰——这种不会随着时代的发展而改变的"匠心"，正是使故事动人的力量所在。

故事型文案要善于用人性化和略带温度的文字，拉近与用户之间的距离，这样才能触碰到用户内心最脆弱、最柔软的部分，勾起他们藏在内心深处的记忆和向往。换言之，一个好故事就是一则好文案，故事越真实，文案越具有吸引力。

3.4.3 制造对比

用户往往需要在不同的产品之间做出选择，但目前许多产品的同质化比较严重，导致用户很难快速地做出决定。解决这一问题的办法就是制造对比、塑造差异，帮助用户减少思考所消耗的脑力和时间。

产品的质量、材质和服务等都可以作为制造对比的对象，新媒体文案人员应该从用户关心的角度出发，对可能引起用户关注的内容进行对比分析，从侧面突出产品的优点。例如，对于服装类产品，新媒体文案人员可以从做工、面料、质地、厚薄等方面来制造对比；对于食品类产品，新媒体文案人员可以从产地、包装、新鲜程度、营养成分等方面制造对比。

例如，某杂志的广告文案如下所示。

① 电子订阅：59美元。

② 纸质订阅：125美元。

③ 电子和纸质订阅：125美元。

同一本杂志有3种订阅方式，你会选择哪种？

结果是，当上面3个选项都存在时，用户会选择"电子和纸质订阅"；而当去掉125美元的"纸质订阅"时，大多数用户选择了最便宜的"电子订阅"。显然，"纸质订阅"选项的设置并不是无效的，它给用户制造了一个对比，用户通过对比会发现，混合订阅非常划算，从而他们会花更多的钱选择混合订阅。

3.4.4　善用数字

数字不仅是一种特别的语言，更是一种直观、简单、明了的传播符号。在信息海量、用户注意力稀缺的时代，善用数字能够产生很好的文案传递效果。

由于数字具有精准属性，在文案中加入数字会让用户更加信服文案。数字很容易塑造直观对比的效果；数字既区别于汉字和普通意义上的符号，在视觉上用户很容易跳脱出来，在平面设计上又具有一定的美术意义。在文案的写作中，添加数字既是一种常用的创意法则，也是一种常用的写作技法。

1. 单独的数字或数字组合

在文案中使用单独的数字或数字组合创造出一种唯一的、全新的概念，直接占领用户的心智。很多耳熟能详的品牌都使用了这种创意方法，如香奈儿五号、七喜、3M、711等。

通用汽车公司在文案中使用"0.29cd超低风阻"证明了其领先之处，如图3-12所示。

图3-12　通用汽车公司在文案中加入了数字

2. "排列式数字+文字"组合

"排列式数字+文字"组合就是用一组数字和文字进行表达的方式，层层递进，营造紧迫感。例如，某打车软件推出了两条30秒的广告，从宏观的数字入手，通过数字呈现发生在该打车软件司机身上的很多感人的小故事，突出一种震撼与温暖。其中一则文案是这样的：除夕夜，60万司机仍坚守岗位；台风来临前，广东有34万司机支援；××地区司机为您提供9亿次贴心服务。使用"排列式数字+文字"组合，能够很好地体现出文案的逻辑性，营造文案的气势。

3. 数字对比

数字具有直观、易理解的特性，只要用得合理，很容易就能营造出对比强烈的效果。例如，某手机品牌的经典文案是"充电5分钟，通话两小时"。

3.4.5 可视化表达

文案中的信息光具体还不够，还要再加上可视化表达，这样才可以让文案大放异彩。

同样是表达"遇到机会才能成功"，某CEO的"站在风口上，'猪'都能飞起来"的表述广为流传。他将一句很朴实的话加入可视化表达，让人只听一次就可以留下深刻的印象。

文案创作的目标是影响用户的行为和认知。因此，新媒体文案人员需要寻找具体的信息并将其进行可视化表达，寻找关键产品的特点并进行类比，这样往往能够快速影响用户的行为和认知。下面以某女装品牌的经典文案为例。

你写PPT时，

阿拉斯加的鳕鱼正跃出水面；

你看报表时，

梅里雪山的金丝猴刚好爬上树尖；

你挤进地铁时，

西藏的山鹰一直盘旋云端；

你在会议中讨论时，

尼泊尔的背包客一起端起酒杯围坐在火堆旁；

…………

有一些穿高跟鞋走不到的路，有一些喷着香水闻不到的空气，有一些在写字楼里永远遇不见的人。

该文案采用可视化表达，描绘出两种截然不同的生活场景，那么，你喜欢哪一种呢？其中提到的景点有阿拉斯加、梅里雪山、西藏、尼泊尔，提到的元素有鳕鱼、金丝猴、山鹰、背包客，活用的动词包括写、跃出、看、爬上、挤进、盘旋、讨论、围坐。该文案勾勒出很多幅生动的旅行画面，让用户在欣赏文案的同时，也认可了产品。

🎓 思考与讨论

仔细品味上述文案，并分析其使用的至少3种新媒体文案创作思维。

3.4.6 营造场景

创作新媒体文案时，营造场景非常重要。移动互联网时代，产品的使用场景可能出现在任何时间、任何地点。营造场景，就是给用户制造一个与品牌或产品相关的场景，让用户在相同或类似的场景下触景生情，从而联想到该品牌或产品，进而传达品牌的定位或价值，并提高产品的销量或使用率。

1. 场景代入胜过直接描述产品

销售一件衣服时，与其夸赞用户穿上很漂亮、很有气质，不如向她描述该衣服的使用场景："周末穿上这件衣服，再搭配一条围巾，约上闺密，逛个街、喝个下午茶，多美"。这样，用户会很自然地对场景产生联想，进而产生拥有产品的欲望。

新媒体文案人员不要一味直白地夸产品有多好，而是要通过场景代入，让用户自己意识到产品的好。例如，某家居品牌为落地灯所写的产品文案如下。

太阳早已落下，却不愿意将阅读停下，也不愿开大灯，通明的灯火会扰乱我的阅读。只好提来落地灯，以它专注的光亮，带我继续回到书中。很快，我忘却了适才的焦躁，忘却了周边的漆黑。只知道阅读的心，逐渐明亮通透。

想象如此场景，用户是不是很想将这盏落地灯买回家？

再来看芝华士的一则经典文案。

芝华士：父亲节

因为我已经认识了你一生

因为一辆红色的RUDGE自行车曾经使我成为街上最幸福的男孩

因为你允许我在草坪上玩蟋蟀

因为你的支票本在我的支持下总是很忙碌

因为我们的房子里总是充满书和笑声

因为你付出无数个星期六的早晨来看一个小男孩玩橄榄球

因为你坐在桌前工作而我躺在床上睡觉的无数个夜晚

因为你从不谈论鸟类和蜜蜂来使我难堪

因为我知道你的皮夹中有一张褪了色的关于我获得奖学金的剪报

因为你总是让我把鞋跟擦得和鞋尖一样亮

因为你已经38次记住了我的生日，甚至比38次更多

因为我们见面时你依然拥抱我

因为你依然为妈妈买花

因为你有比实际年龄更多的白发，而我知道是谁帮助它们生长出来

因为你是一位了不起的爷爷

因为你让我的妻子感到她是这个家庭的一员

因为我上一次请你吃饭时你还是想去麦当劳

因为在我需要时，你总会在我的身边

因为你允许我犯自己的错误，而从没有一次说，让我告诉你怎么做

因为你依然假装只在阅读时才需要眼镜

因为我没有像我应该的那样经常说谢谢你

因为今天是父亲节

因为假如你不值得送CHIVAS REGAL这样的礼物

还有谁值得？

文案中，"在草坪上玩蟋蟀""玩橄榄球""为妈妈买花""把鞋跟擦得和鞋尖一样亮""38次记住了我的生日"这些细节表达得很具体，能够引发用户的共鸣。

另外，这则文案的经典之处在于，选择具有"场景感"的细节，如描述玩蟋蟀和橄榄球的场景，而不是笼统地使用"玩耍"这个词；选择确定、精准的细节，如"38"这个数字，而不是说"你记得我的每一个生日"；选择有生活感的细节，如"一辆红色的RUDGE自行

车""去麦当劳",而不是说"你给我买玩具""去吃饭"。

因为细节描述得足够真实、精准,不由让人回想起当时的场景,所以可以使用户的情感油然而生。

2.营造场景的方法

(1)筛选用户。写作文案之前需要筛选用户,从中找出典型用户。

(2)展开与产品相关的画面想象。例如,筛选出来的典型用户之一是经常出差的白领,那么可以想象他生活和工作时的不同画面——在机场,在陌生城市的酒店,在办公室……然后找出这些画面和产品的结合点。

(3)勾勒使用场景。有了画面想象之后,就可以开始勾勒使用场景了。例如,用户在出差的路上如何使用产品?同时也可以展示一些用户在使用产品过程中可能出现的想法或自白。

素养小·课堂

《十四亿分之一》——新中国成立70周年公益广告文案

生长在中国,我们从一出生就注定,每一个"我"只是国家的十四亿分之一。十四亿分之一的我,相比日益强大的中国,可能会显得微不足道;但,我爱中国。虽然,我的爱只有十四亿分之一;我的努力,也只是十四亿份中的一份,我依旧会拼尽全力。因为,我知道,正是每一个"1"的努力,才成就了如今壮丽的中国。不同的年代有不同爱国的方式,我们对国家的深深眷恋从未改变。你虽普通,却精益求精做好每一件小事。你虽平凡,却满怀信心奔赴在每一条追求梦想的路上。十四亿个"1",在伟大的新时代奋力前行。十四亿个"1"的共同努力,便成就了今天的中国。功成不必在我,功成必定有我。祝福中国,也向每一个伟大的"1"致敬!

【综合实训】

(一)实训目标

训练新媒体文案创作思维,并开展成果考核。

(二)实训任务

1.描述新媒体文案的特点和创作思维。

2.根据布置的主题,每人撰写一篇运用了新媒体创作思维的文案。

3.汇报文案创作思路(或创意、策略),并由师生共同点评。

(三)实训步骤

1.教师布置写作主题,进行任务描述。

2.教师引导学生查阅资料,开展主题阅读。

3.小组内开展文案创意与讨论。

4.文案写作与修改。

5.个人汇报与点评。

根据学生完成情况,参考下面的评价标准打分。

评价项目	评价子项	学生自评	小组互评	教师评价
对主题的理解与把握10分	对主题的理解与把握10分			
资料阅读10分	资料阅读10分			
文案创意20分	整体创意10分			
	标题创意10分			
课堂交流与讨论10分	课堂交流与讨论10分			
文案质量30分	标题15分			
	内容20分			
汇报表现20分	仪态和语言5分			
	内容阐述15分			
总成绩				

【知识与技能训练】

一、单选题

1. 关于新媒体文案内容策划的说法正确的是（　　）。
   A．产品文案要说人人都懂的"大白话"
   B．产品卖点的提炼需要优先考虑产品自身的特色因素
   C．品牌文案具有强烈的销售色彩，往往能立即影响用户的购买行为
   D．活动文案首先要建立故事空间，让活动空间立体化

2. 按照投放目的分类，新媒体文案可以分为（　　）。
   A．销售型文案和传播型文案　　　　B．软广告和硬广告
   C．长文案和短文案　　　　　　　　D．朋友圈文案和微博文案

3. 下列关于新媒体文案创作的说法错误的是（　　）。
   A．讲故事式的新媒体文案创作能让人产生代入感，实现"角色转换"
   B．成功的洞察可以激发用户惊讶—共鸣—认同的三重应激反应
   C．从用户视角进行新媒体文案创作容易高估用户对产品的理解
   D．用户画像信息的获取越具体越好，这样创作出的文案才能吸引用户

4. 以下关于文案标题说法错误的是（　　）。
   A．数字型标题可以把内容具体化，消除用户的疑虑，还可以让用户产生紧迫感
   B．悬念型标题利用了用户的好奇心，引起用户探究的欲望，吸引用户阅读内容
   C．利益型标题应尽量既提供物质型利益，又提供精神型利益
   D．恐惧型标题主要针对用户的害怕落后心理和回避心理

二、多选题

1. 创作新媒体文案时，营造场景非常重要，以下说法正确的有（　　）。
   A．自夸产品有多好，不如给用户制造与产品或品牌相关的场景想象
   B．细节足够真实、精准，让人联想到具体的场景

C．文案营造场景之前，需要筛选用户，从中找出典型用户

D．展开与产品相关的画面想象之后，再勾勒使用场景

2．以下关于文案中加入数字的说法正确的有（　　　）。

A．数字很容易产生直观对比的效果

B．数字在视觉上很容易跳脱出来，在平面设计上具有一定的美术意义

C．数字或数字组合容易创造出一种唯一的、全新的概念

D．数字能在情感上博得用户的信赖和共鸣

三、简答题

1．新媒体文案的特点有哪些？

2．典型的文案标题有哪几种类型？

3．品牌文案写作策略有哪些？

4．哪些方法可以让新媒体文案产生代入感？介绍3种方法，并举例说明。

四、实训题

请你结合端午节，为粽子品牌——稻香村策划一则创意文案。

项目四

微博运营

学习目标

主要知识	了解微博运营流程
	熟悉微博运营的工作内容
	熟悉微博账号管理
	熟悉微博推广方法
	了解微博话题营销
核心技能	掌握微博"增粉"策略并加以应用
	熟练进行微博互动
	能够创建微博话题
素质目标	具备内容思维和创新思维
	具备团队合作意识

内容体系

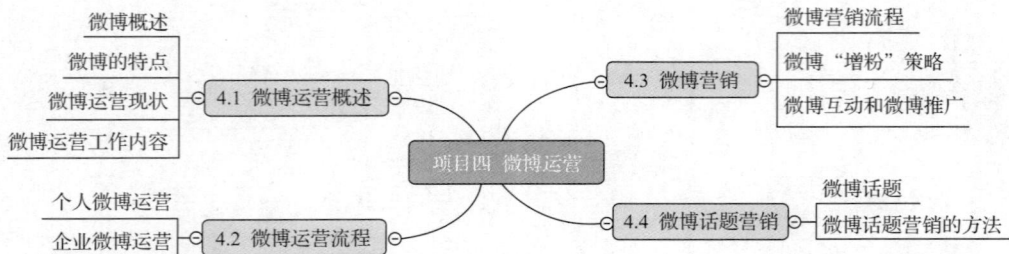

案例导入

小米公司的微博运营

小米公司坚持"为发烧而生"的产品理念，并不断通过互联网开展营销。据悉，小米手机有70%的销量是通过互联网完成的，剩下的30%则是由运营商完成，通过互联网销售的产品中有50%是通过微博、论坛等社会化渠道销售的。小米公司的微博运营主要包括以下几部分内容。

1. 建设微博运营矩阵，多账号运作

小米公司在微博平台拥有多个账号，每个账号的粉丝数基本都在300万以上，多账号协同运作。

2. 重视微博运营，全员参与互动

小米公司的几个创始人都很注重和用户之间的互动。公司高层通过微博与用户直接互动，让用户觉得亲切。小米公司还建立了小米矩阵团队，全员参与营销，有效地保证了与用户的零距离沟通。

3. 安排专业人士运营微博

小米公司的微博运营工作完全由自己完成。小米公司有20多名员工专门负责微博运营，且大多数都是精通技术、产品的员工，他们能在微博平台上及时发现用户反馈的问题并与之沟通。因此，小米的用户会觉得自己有了和小米公司直接沟通的渠道。

4. 策划微博活动，鼓励有奖转发

小米公司的官方微博账号几乎天天策划微博活动，鼓励用户参与转发抽奖活动，扩大微博活动的影响范围，吸引目标用户对产品的关注。

【案例思考】

小米公司是如何开展微博运营的？后期怎样才能保持良好的发展状态？

【案例启示】

微博作为互联网中最重要的平台之一，每天拥有千万级的流量，企业应当将其作为自己的运营渠道之一。小米公司通过微博平台与用户无缝互动，运营效果非常理想。

4.1 微博运营概述

4.1.1 微博概述

微博是一种通过关注机制分享简短、实时信息的广播式社交网络平台，因其互动性、即时性和开放性等优点为人们所熟知。

微博的出现具有划时代意义，它标志着个人互联网时代的到来。新浪微博自2009年8月上线以来，用户量就一直保持着爆发式增长。2010年10月底，新浪微博注册用户数超过5000万。2014年3月27日，新浪微博正式更名为微博；2014年4月17日，微博在美国纽约纳斯达克上市；2019年5月，微博月活跃用户数达4.65亿。在没有其他说明的情况下，下文中所提的微博均指新浪微博。

4.1.2　微博的特点

（1）使用简单，每个人都可以方便地使用微博，门槛低。

（2）内容短小精悍，便于传播。

（3）传播速度快。用户发布一条信息后，其所有粉丝都能看到，粉丝还可以一键转发给他人，实现裂变传播。其发布信息和传播的速度比传统纸媒及其他网络媒体快。

（4）收发便捷。用户可以通过多种手段，随时随地发布信息和接收信息。

（5）互动性强。微博作为社交平台，互动的方式有很多，包括"转评赞"、话题互动、抽奖互动、私信互动、打赏互动、橱窗互动等。

（6）影响力大。微博是开放媒体，拥有海量用户，其中包括很多"大V"，影响范围广，容易形成网络舆论。

4.1.3　微博运营现状

微博运营是指企业或个人通过微博平台开展的一系列运营工作。在微博平台上，企业或个人可以自主创建账号，定期更新内容，传播企业信息、产品信息，树立良好的企业形象和产品形象。

微博作为新兴媒体，自上线以来就一直是各大企业推广品牌和产品的首选阵地。其具有多样化的展现形式，可以图文并茂地描述产品，且信息传播迅速，是企业塑造品牌形象的重要网络阵地。

微博运营成为受到众多企业青睐的重要营销手段。目前，全国约有30余万家企业开通了微博账号。这些微博账号日趋活跃，每日更新大量资讯和商业信息。作为新媒体代表，微博还是政府、媒体发声的重要平台，也是用户对社会公共事务进行监督、表达意见、进行反馈的重要平台。目前，微博上约有政务账号17.64万个，认证媒体超过3.5万个。图4-1所示为部分企业微博账号。

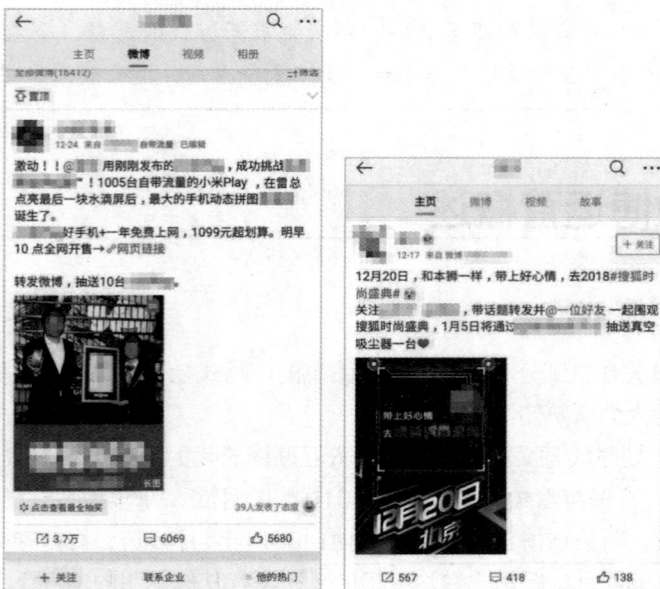

图4-1　部分企业微博账号

4.1.4 微博运营工作内容

作为新媒体和社交媒体的重要组成部分，微博坐拥过亿的用户流量，其强大的商业价值吸引了众多企业和个人注册微博账号。

各新媒体平台的运营工作大同小异，都围绕着内容运营、粉丝运营、活动策划等展开。微博运营的具体工作包括账号注册与"加V"认证、微专管理、微博内容规划、信息编辑与制作、微博运营矩阵搭建、话题策划、粉丝运营、活动策划、网络互动、用户服务等。

微博能给企业带来3个方面的价值：品牌传播、销售转化、用户维护。这3方面的价值是伴随着用户做出购买行为所经历的4个阶段产生的，即人识、熟悉、建立信任、购买。

4.2 微博运营流程

无论是个人、企业，还是政府机构等，都能利用微博进行信息的发布和账号运营，以达到不同的目的。这里主要介绍个人微博运营和企业微博运营两方面内容。

4.2.1 个人微博运营

微博为每个人提供了一个展示自我的平台，个人可以借助微博可以打造个人品牌，建设营销阵地，开展内容营销，吸引用户关注，探索商业变现。个人微博运营包括以下内容。

1. 账号注册与微博定位

个人微博运营的首要内容是进行账号注册与微博定位，这两者是相辅相成的。个人可以直接注册账号、登录账号，然后编辑、丰富个人资料，设置一个与所在行业相关的昵称。

微博定位要清晰，内容规划要明确，运营者要打造属于自己的个性化标签，提供独特的内容，为他人带来价值，这样才能吸引用户长期关注。

账号注册这一环节很重要，微博账号可以不绑定QQ、邮箱，但是一定要绑定手机号码。个人注册页面如图4-2所示。

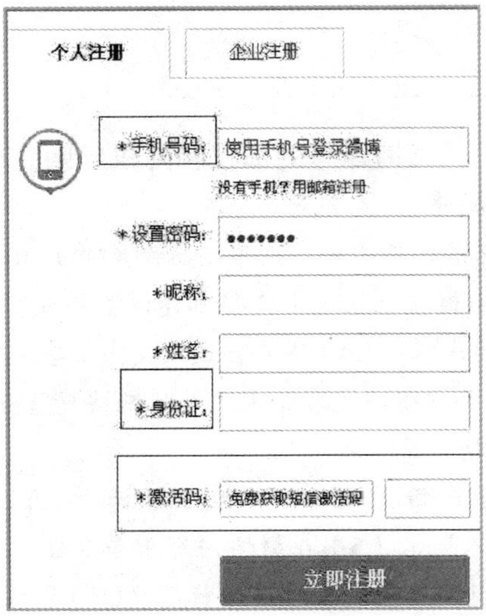

图4-2 个人注册页面

2. 微博账号认证

个人申请认证包含身份认证、兴趣认证、自媒体认证，机构申请认证主要是指官方认证。微博账号认证体系如图4-3所示。

图4-3　微博账号认证体系

3. 前期"养号"

新媒体运营者无论使用哪个自媒体平台开展营销，都需要"养号"。因为使用新号频繁操作，很容易被封号或降权。所谓"养号"，就是模拟正常用户"玩微博"的方式，利用自己的微博账号发一些优质、非广告的内容。

微博账号分为实时号与普通号。

实时号的博文可以在综合板块显示，可以"上热门"，成为热门文章；普通号的博文不会在综合和实时这两个板块显示，用户搜索关键词可能找不到账号所发的内容，而实时号的内容是能够被搜索到的。所以，新媒体运营者要想在微博平台上发布推广信息，一定要用实时号进行引流。

新媒体运营者要把个人账号从普通号"养成"实时号，需要了解微博账号的加权和降权规则。权重是微博账号的隐性指数，能影响账号的方方面面。账号的权重越高，账号质量就越高。

> **微博运营手册**
>
> **微博账号的加权和降权规则**
>
> **一、规避账号被降权的策略**
>
> （1）不要在微博内容中添加二维码，也不要提到与推广相关的内容。（2）不要在微博内容中放外网链接，任何外网链接包括淘宝链接都建议不要放。（3）同一账号不要发同样的内容，也不要抄袭别人的微博内容。（4）不要转发或发布谣言。（5）不要用纯文字发长微博，要图文相结合。（6）展示产品的微博内容如果不是从微博橱窗分享出来的，也会被降权。
>
> **二、增加账号权重的策略**
>
> （1）使用微博橱窗展示产品。（2）账号实名认证。（3）成为"橙V""蓝V""金V"。（4）成为微电商"达人"。（5）在微博内容中多配图。（6）在微博内容中带话题。（7）发微博视频时多设置与视频内容契合度高的标签。（8）尽可能获得更多博主、博主粉丝、实名认证用户的点赞。

微博账号发布的内容一定要有创意、有价值，这是吸引和留住粉丝最重要的因素。微博内容可以是本行业的发展动态、创意生活、生活贴士等，或者个人对行业、生活、社会的看法，对自己专业领域相关内容的总结分析。总之，微博账号需要进行长时间的内容积累。

社会化媒体的核心表现就是人人可以参与互动，所以互动是微博运营过程中非常重要的一环。互动形式包括@、评论、私信等。有些内容可以以@他人的形式分享出去；如果用户对某条内容感兴趣，可以发表自己的评论；对于不想公开的私有话题，用户可以借助私信进行一对一聊天。

4.2.2 企业微博运营

针对不同用户，微博推出了政务版、企业版、媒体版和教育版等多种版本。企业版微博功能有所增强，增加了友情链接，企业可以通过企业版微博发布视频、置顶微博、设置公告、设置子账号等。

企业开展微博运营一般以营利为目的，往往是通过微博来提升自身知名度，实现产品销售。企业开展微博运营应拥有自己固定的用户群体，与用户多交流、多互动，多做宣传工作。企业微博运营主要包括以下内容。

1. 明确定位

首先，企业需要明确企业微博账号所处的时期，不同时期企业开展微博运营的定位如图4-4所示。

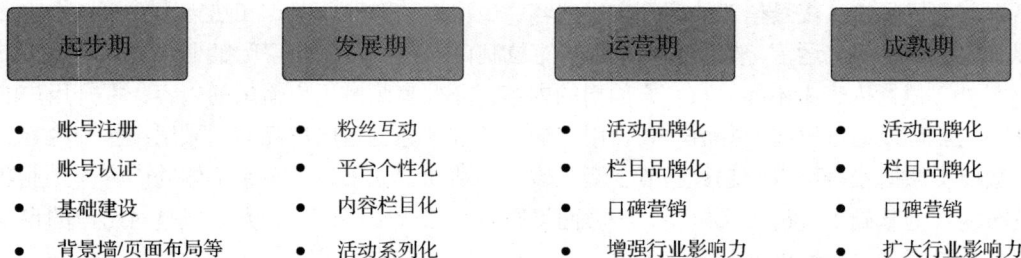

起步期	发展期	运营期	成熟期
• 账号注册	• 粉丝互动	• 活动品牌化	• 活动品牌化
• 账号认证	• 平台个性化	• 栏目品牌化	• 栏目品牌化
• 基础建设	• 内容栏目化	• 口碑营销	• 口碑营销
• 背景墙/页面布局等	• 活动系列化	• 增强行业影响力	• 扩大行业影响力

图4-4 不同时期企业开展微博运营的定位

其次，企业需要明确微博定位，是要做企业新闻窗口，还是要做一个有影响力的账号；发布的微博内容是面向企业用户还是个人用户。

最后，企业需要明确微博账号的用户群体，结合品牌和产品的特性，定位微博账号的用户群体。但是，企业也不要被品牌和产品的用户群体所限制，微博平台本身有自己的用户群体特性。例如，某企业微博账号主要发布科技数码类的产品信息，其用户群体以男性用户为主，用户的职业主要是学生和工作3年左右的年轻人，那么企业应根据这类用户的特性开展微博运营。

2. 基础运营

基础运营就是以运营产品的心态去开展微博运营，企业应把微博账号当作一个产品，保证微博账号的基础功能齐全、界面美观，做好账号构认证、互链优化、用户互动等工作。

企业开展人格化运营时，可以根据用户定位给微博账号起一个个性化的名称，以拉近与用户之间的距离。

微博内容要做到图文并茂，企业要发布正能量内容、新闻资讯、温馨提示、行业干货、行业资讯等，也可以泛化地介绍一些行业知识，适当地"蹭"一下社会热点。

企业要积极挖掘行业相关用户，主动与用户沟通，重视与用户之间的互动，尽量回复用户的每一条评论、私信。

企业还应保持合适的发文频率。例如，周一至周五每天至少发3条微博内容，周末以每天发3~5条微博内容为佳。据调查，最适合发布微博内容的时间段是每周三和周四的18:00—23:00，每周六和周日的13:00—14:00及17:00—20:00，这是增强用户互动积极性的黄金时段。

思考与讨论

有人说，一名微博运营人员要做得了设计，写得了文案，抓得住热点，谈得了时事，发得了内容，回得了评论……你认同这个说法吗？

3. 精细化运营

企业开展精细化运营主要包括以下几方面内容。

（1）内容运营

内容运营是新媒体运营的关键，优质的内容可以吸引大批用户。

企业首先要根据产品和用户特性发布用户喜欢的内容。例如，手机企业可以发布一些手机小常识、刷机须知、夜景拍照技巧等实用内容；也可以结合时间节点和热点事件策划内容；还可以开展微博栏目化运营，根据渠道和用户定位制订一些栏目，如"玩机小课堂"。

另外，微博内容中不能只有官方输出的内容，还要有刺激用户输出的内容，提升用户的参与感。企业可以通过发起一些活动吸引用户加入，或者通过与用户互动刺激用户生产内容。例如，数码类微博账号可以发起数码节、新机体验等活动，让用户发布新机体验内容。企业在用户发布内容的基础上进行二次包装，一方面可以进行二次传播，另一方面也是对用户的肯定，提升其成就感和参与积极性。

在微博平台，吸引用户的内容往往遵循"视频>图片>文字"的法则。视频、图片能让用户快速阅读并产生联想和记忆。视频、图片越精彩，越容易引起用户的关注和深入阅读，也越容易被记住和分享。所以，为了解决纯文字单调枯燥的问题，提高点击率，企业就要多发视频和图片，在做内容分享的时候也尽量通过视频和图片的形式进行。

（2）活动运营

开展微博线上活动是最快的"增粉"手段，开展大型营销活动有利于企业有效提升用户的活跃度。企业可以多参与微博发起的活动，这些活动相当于免费的广告资源，对增加粉丝、活跃粉丝非常有帮助。由于线上活动都会涉及奖品，在经费有限的情况下，企业设置奖品时要抓住用户的心理需求，争取"增粉"量和活动曝光量最大化。

在微博抽奖平台中发起一个完整的抽奖活动，包括发布活动、活动备案、活动抽奖、活动发奖4个步骤。

① 发布活动。直接发布一条带有活动规则、活动奖品、抽奖时间的微博内容，如图4-5所示。

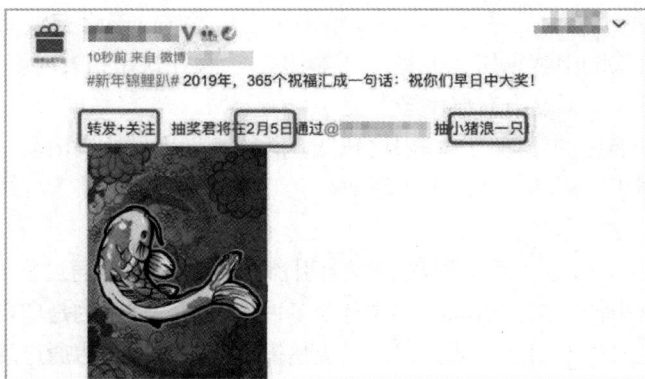

图4-5　发布活动

② 活动备案。企业可直接在微博内容中@微博抽奖平台，如图4-6所示。备案开始时间填写当前时间，奖品总额填写所有奖品的总价值，其他如实填写。

图4-6　活动备案

③ 活动抽奖。抽奖条件的设置必须与微博内容的描述完全一致，任何私自更改抽奖条件的行为均被视为违规抽奖。每次抽奖所设置的抽奖条件都要在抽奖结果页对所有用户公开展示。每次抽奖最多可抽3种奖品，用户一旦点击确认抽奖后就无法撤回，如图4-7所示。

图4-7　活动抽奖

④ 活动发奖。抽奖结束后系统将会自动给中奖用户发送一条含有活动链接、收货信息链接、违规活动举报链接的中奖私信，中奖用户需要在收到私信后的5天内填写收货信息，超过5天未填写视为放弃领奖，活动方有权不予发奖。

很多企业会苦恼自己的微博账号权限比较低，无法策划大型营销活动，但企业可以策划自己的营销活动，如周年庆活动、新品上市活动等。

（3）微博引流

微博引流分为线上引流和线下引流。线上引流主要是指企业通过官网、微信、QQ、贴吧、社区等渠道进行引流。线上引流的方式有很多种，企业较常用的是广告位引流，另外就是企业发起的一些有针对性的引流活动。线下引流是指企业在线下门店通过展示微博和微信二维码的方式进行引流。同时，企业可以考虑制作带有渠道二维码的精美小卡片，用户在线下门店购买产品时，可以随同赠送给用户。

企业还可以通过微博热搜参与话题实现引流。企业通过热搜榜找到与产品关联度高或舆情热度较高的话题，参与话题讨论或撰写一些有价值的观点。例如，企业可以在微博平台选择热门的微博文章，并对这些热门的微博文章点赞和评论，只要评论够专业、有价值，就能吸引有意向的用户查看自己的微博账号主页。热搜榜和话题榜如图4-8所示。

图4-8 热搜榜和话题榜

（4）微博"涨粉"

常见的微博"涨粉"方法有互粉"涨粉"、内容"涨粉"和活动"涨粉"。

① 互粉"涨粉"就是企业在群里、话题小组里发布"互粉"的言论，吸引用户关注，如图4-9所示。

② 内容"涨粉"就是企业首先进行用户精准定位，打造具有自己特色的内容。如果账号所发布的内容是市场所需要的，就容易被人转载，或被搜索引擎收录，从而带来很多粉丝。另外，企业要具备洞察力和热点跟进能力，善于跟踪实时热门事件并撰写相应的文章。

③ 活动"涨粉"就是企业通过策划有吸引力的活动，如转发抽奖，实现"涨粉"。微博的活动广场包含有奖转发、限时抢、有奖征集、免费试用4种玩法，通过这4种玩法，企业可以吸引很多用户参与自己的活动。因为活动广场是微博的二级入口，用户流量巨大，只要企业策划活动的方式和内容能够获得用户喜欢，就会吸引众多用户参与活动，如图4-10所示。

图4-9　互粉"涨粉"

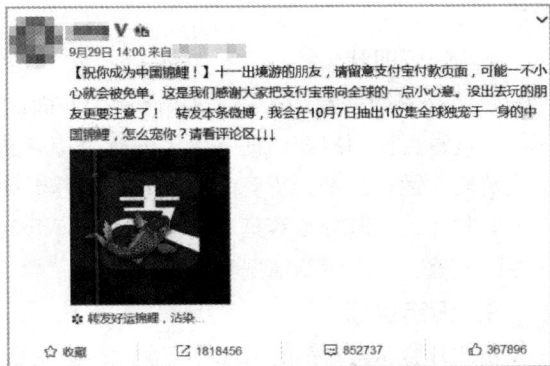

图4-10　活动"涨粉"

（5）数据分析

微博平台为企业提供了数据分析工具，且分析功能强大，支持企业通过后台数据分析用户的年龄、分布的城市等。企业可以对每天发布的微博内容进行数据统计，包括点赞数、阅读数、评论量和转发量，通过数据走势分析企业微博用户的活跃高峰时间段、用户阅读喜好等。

4.3　微博营销

微博营销是指企业将微博作为营销平台，每一个用户都是其潜在的营销对象，企业通过更新微博内容向用户传播企业信息、产品信息，树立良好的企业形象和产品形象，如图4-11所示。

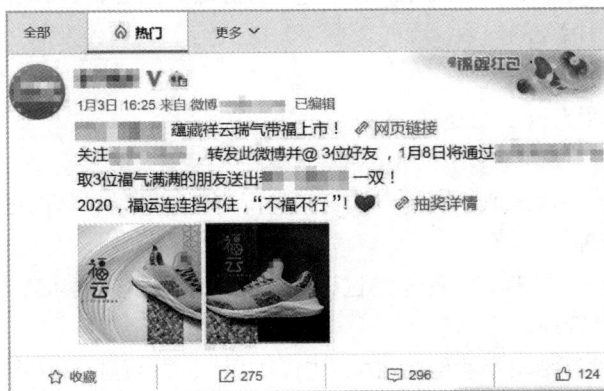

图4-11　企业利用微博开展营销

微博营销注重价值的传递、内容的互动、系统的布局、准确的定位。微博的快速发展也使其营销效果尤为显著，它能够使企业便捷、高效、低成本地达到提升自身知名度、推广产品或服务的目的。

4.3.1　微博营销流程

1. 确定方向

企业利用微博开展营销首先需要确定整体方向，即企业的商业目标、营销传播目标和目标用户。

2. 分析现状

企业开展微博营销至少需要分析4个方面的内容：一是微博平台的功能、前景和营销方式等；二是对目标用户在微博平台上的行为特点进行全面分析，了解其喜好，从而满足其需求，实现精准营销；三是分析竞争对手，可以分析竞争对手的粉丝数、关注数、微博内容总数、首次发博时间、话题分布等基本指标；四是分析企业自身情况，如微博内容发布24小时内的转发和评论情况、用户活跃情况等。

3. 设定目标

企业开展微博营销的目标要与企业的商业及整体营销目标保持一致，而且要遵循SMART原则，即具有明确性（Specific，S）、可衡量性（Measurable，M）、可实现性（Attainable，A）、相关性（Relevant，R）、时限性（Time-bound，T）。

4. 制订策略

企业开展微博营销的具体目标和关键绩效指标确定后，相当于"目的地"已经非常明确了，下一步就是要确定"如何抵达目的地"，即制订策略。策略主要包括两方面的内容，即关注策略和内容策略。

（1）关注策略

关注策略有两层含义，一层是如何吸引用户的关注，另一层是企业如何通过主动关注其他微博账号来实现自己的目标。

（2）内容策略

优秀的内容策略对微博营销的成功具有显著的推动效果。为实现营销目标，企业在发布微博内容时需要遵循三分原则：1/3的内容是对用户有价值的内容；1/3的内容是互动内容；1/3的内容是与品牌和促销相关的内容。

5. 运营规划

运营规划主要包括以下3方面的内容。

（1）粉丝管理

企业应该针对不同粉丝采取不同的方式与其进行沟通与互动，从而进行有效的粉丝管理。

（2）意见领袖管理

意见领袖管理是一个长期的、动态的过程。企业可以从相关度、影响力和合作机会3个维度对意见领袖进行综合管理。

相关度是指该意见领袖与企业传播目标和内容的相关程度；影响力是指该意见领袖在用户群体中的影响程度；合作机会是指企业与该意见领袖达成合作的可能性大小。

（3）微博活动

从是否涉及其他平台的角度，企业可以对微博活动进行以下几种分类。

① 仅通过微博平台开展活动。

② 整合线上活动：企业通过"微博+其他网络营销渠道"开展活动。

③ 整合活动：企业通过"微博+其他网络营销渠道+线下渠道"开展活动。

④ 整合营销传播活动：企业将其他营销形式进行整合，实现优势互补，共同为总体目标服务。

6. 实际行动

实际行动时，不同类型的工作需要不同的人员。例如，全年的微博营销战略规划需要策划方面的人才；日常微博内容的撰写、微博日程的规划等需要内容和文案方面的人才；而微博内容的图片处理需要美术设计方面的人才；等等。

7. 监测控制

企业在采取行动的过程中，持续的监测和控制是必不可少的。为了保证效果的不断优化，企业需要使用工具收集必要的数据。这里的关键就是对这些数据进行分析与挖掘，找出其中有价值和指导意义的内容，从而为接下来的优化进行指导。

拓展资源

常见的微博矩阵模式

微博矩阵模式	定义	营销作用分析
1+N矩阵	矩阵以一个母品牌的产品线为主导，在一个大的企业微博账号之下，再开设N个产品专项微博账号，构成完整的微博宣传体系	对于产品结构和品牌构成相对简单的企业，这种组合模式可以起到弱化品牌定位、强化产品卖点的作用，有利于旗下产品在用户心中形成鲜明的产品特色，精准影响自己的目标用户
AB矩阵	以品牌形象塑造、维护为主旨，通常以一个活动/形象微博账号和一个品牌微博账号的形式形成矩阵组合	一正一辅，两个账号同时发力，避免信息混乱、微博账号定位不清；一硬一软，品牌硬性信息输出加品牌软性诉求感化，两方面俘获用户
三维式矩阵	三维式矩阵即在企业名人、产品线、生活理念重塑3个维度上布局微博账号，最大限度地发挥企业内部资源优势的微博账号布局方式	首先借助企业名人的影响力吸引媒体关注，其次将产品本身所倡导的生活理念持续输出给用户，形成庞大的群体属性，增强品牌归属感

4.3.2 微博"增粉"策略

微博"增粉"策略主要有以下3个。

1. 微博账号认证

企业进行微博账号认证主要是为了确保信息真实、准确。微博账号认证通过后，企业可以设置一些个性化模式，使微博账号在内容发布和展示上也能占据优势，更容易获得用户关注。

2. 吸引用户关注

制订巧妙的用户主动关注策略是企业吸引用户的重要手段。企业吸引用户关注的方法大致有以下3种。

（1）自有媒体推广：企业在自己拥有的媒体平台上进行推广，吸引用户关注。

（2）付费媒体推广：企业通过付费实现粉丝的增长。

（3）免费的媒体报道推广：企业通过社交媒体进行推广，如通过高质量的内容吸引用户主动关注。

3．其他策略

（1）通过亲朋好友推荐快速获得第一批粉丝。

（2）通过关注同类人群"增粉"。

（3）通过其他平台导流"增粉"。

（4）通过外部平台导流"增粉"，包括直播平台、问答平台、媒体网站、视频平台、搜索引擎等。

（5）通过线上活动"增粉"。

（6）与"大V"合作，实现合作"增粉"。

（7）开展内容营销，通过原创内容"增粉"。

（8）通过线下活动"增粉"。

（9）通过相互推荐"增粉"。

（10）通过名人转发"增粉"。

（11）借势"增粉"。

4.3.3　微博互动和微博推广

1．微博互动

微博互动主要有两种形式，一是通过评论与粉丝进行互动，二是发布微博活动与粉丝进行互动。

（1）通过评论与粉丝进行互动

企业通过评论与粉丝进行互动，是微博互动最常见的一种形式，如图4-12所示。

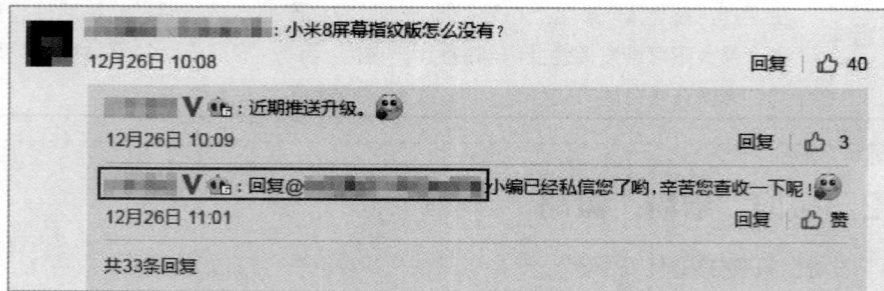

图4-12　通过评论与粉丝进行互动

企业通过评论与粉丝进行互动时，首先是有选择性地对粉丝进行回复，被选择为回复对象的粉丝所发的内容应具有良好的互动性、可回复性。具体回复时，应采用活泼、俏皮的语气，这样能在拉近与粉丝之间的距离的同时引发后续的互动，从而达到良好的引流效果，如图4-13所示。

（2）发布微博活动与粉丝进行互动

企业在微博平台能做的有效互动之一，便是发布微博活动，召集粉丝参与，并选取参与活动的部分粉丝给予一定的奖励。

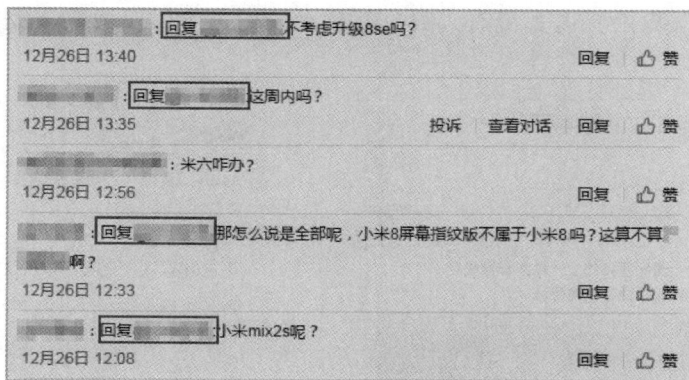

图4-13　回复引发后续的互动

例如，小米手机转发雷军发出的抽奖活动微博内容时留言："转发一下，我真的没有想要参与抽奖，我只是祝我们亲爱的老板生日快乐"。这就为雷军发出的微博抽奖活动进行了宣传。从直接数据上来看，原微博内容的转发数超过了94万，产生了良好的互动效果，如图4-14所示。

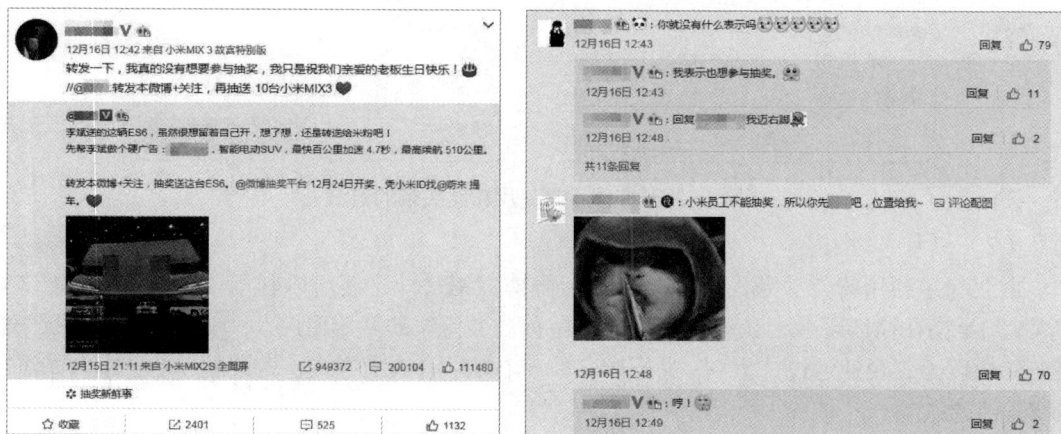

图4-14　发布微博活动与粉丝进行互动

此外，微博活动的设置要有一定趣味性，以吸引粉丝参与。这种互动形式有益于粉丝持续关注企业微博账号。

🎓 思考与讨论

> 学生分组讨论，作为微博用户，你最喜欢什么类型的活动，阅读什么类型的文章？

2. 微博推广

（1）粉丝头条

粉丝头条是微博官方推出的轻量级推广产品。企业为某条微博内容使用粉丝头条功能后的24小时内，该条微博内容将出现在所有粉丝微博首页的第一位，以增加该条微博内容的阅读量，提高微博内容的影响力。粉丝头条的使用时限为24小时，如果企业需要长时间进行推广，就必须每隔24小时购买一次。

在移动端，粉丝头条的使用方法：进入微博内容正文，点击界面右上方的"推广"按钮，进入"博文头条"界面，设置覆盖人数；然后点击"去支付"按钮，完成支付即可，如图4-15所示。

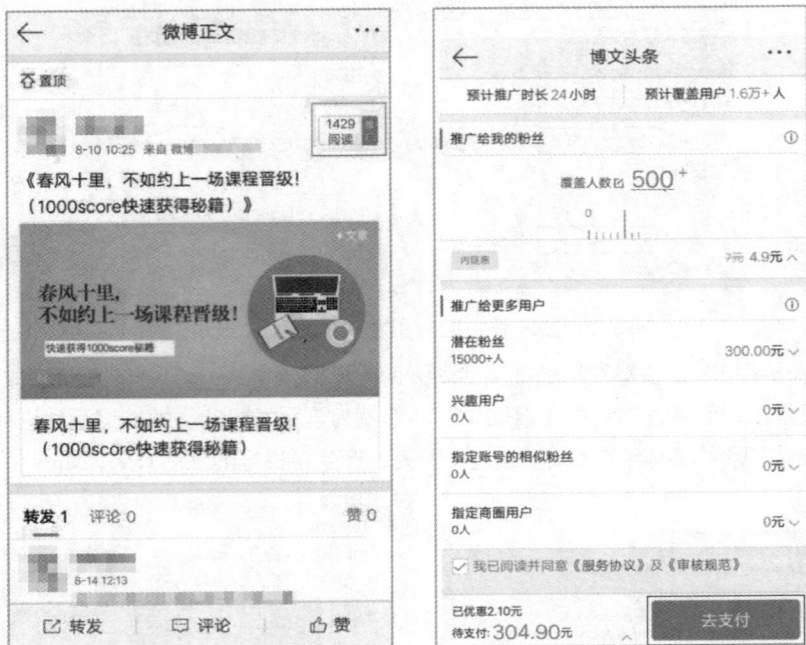

图4-15　在移动端使用粉丝头条的方法

（2）"大V"推广

企业除了利用粉丝头条的推广功能进行微博营销之外，还可以利用"大V"进行推广。"大V"是指在微博平台上获得个人认证并拥有众多粉丝的微博用户。"大V"的粉丝数一般都在50万以上，企业通过"大V"进行推广是一个非常有效的方式，尤其是在企业刚开始进行微博营销的时候。

4.4　微博话题营销

热门话题是微博的特色功能，也是最能引起用户关注的内容。企业了解用户感兴趣的热门话题并将其融入营销内容中，可以达到营销目的。

4.4.1　微博话题

"微博话题"就是用户搜索微博时使用的关键词，其形式是将关键词放在两个"#"之间，后面再加上想写的内容，即可形成一个微博话题。用户可以参与已有的话题与其他用户进行互动，也可以自己创建新话题。

创建话题或参与话题互动的方式很简单：进入"发微博"界面，点击"#"按钮，出现输入话题的界面，如输入"小i报新闻"；确定之后即可在内容前面显示"#小i报新闻#"，在后面输入要发送的内容并发布即可，如图4-16所示。内容发布后就已经参与到"#小i报新闻#"的话题讨论中，点击"#小i报新闻#"即可进入话题讨论界面，与其他用户一起讨论互动。

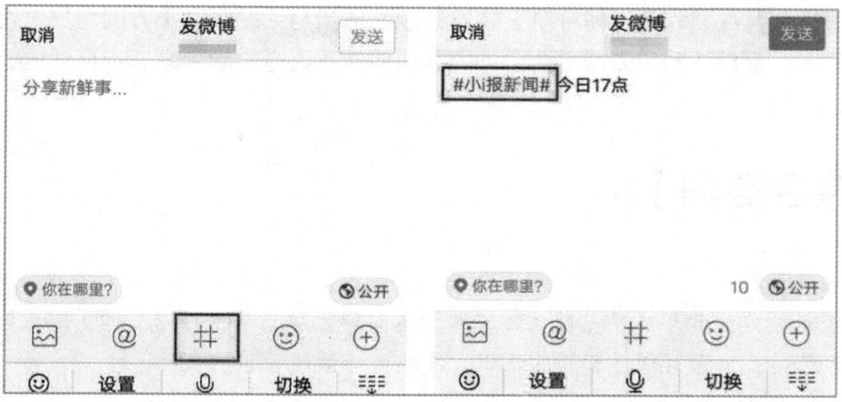

图4-16　参与话题互动

　　企业如果希望增强话题的吸引力，让更多对话题感兴趣的用户关注自己的微博内容，在设置话题词时就需要使用新鲜亮眼、亲切有趣的词语或短句，这样更能吸引用户进行互动，如#欠你一句对不起#、#各地霸气街名#。另外，话题词中间不能加入空格等符号，且长度需在4～32个字，否则无法发布生成话题页面，也无法申请话题主持人。

协作与训练

　　请大家查看微博热议话题，并回答以下问题。

　　排在最前面的5个话题是什么？＿＿＿＿＿＿＿＿＿＿＿＿＿＿＿＿＿＿＿＿＿＿＿＿＿

　　你最感兴趣的是哪个话题？＿＿＿＿＿＿＿＿＿＿＿＿＿＿＿＿＿＿＿＿＿＿＿＿＿＿＿

4.4.2　微博话题营销的方法

1. 选定一个"爆点"话题

　　微博平台更开放，用户更喜欢参与有意思的话题。通常越有意思的话题，越容易成为微博话题营销中的"爆点"话题。

2. 完善内容及执行细节

　　微博话题营销是一个跌宕起伏的过程，而微博"爆点"话题仅是其中一个元素，企业还需要结合其他内容及相关执行细节，才能将这个话题推向高潮。如果企业分不清蓄势阶段、起势阶段、旺势阶段，甚至收尾阶段，就很难做好微博话题营销。

3. 冲刺微博话题榜

　　企业对微博话题营销的内容策划得再好，如果不能将设计好的"爆点"话题推上微博话题榜，就很难取得好的传播效果。

　　在瞬息万变的网络世界中，什么样的话题能够跟上潮流，并能激发用户内心深处的渴望，点燃其参与热情，且具有现实意义，那么它就更容易成为当下的热门话题。而什么样的活动可以注重用户感受与体验，同时又能保护好用户的个人隐私，而且敢于突破常规、尝试新鲜，那它就更容易吸引用户的参与，更能引发真实的口碑传播。

　　企业要想提升微博话题的讨论量，首先要有效利用话题的导语和配图，提升话题介绍区的吸引力，增强话题的阅读性；其次要合理利用话题页面中的微博推荐模块和推荐用户模块，增强话题的引导性；再次要利用微博分享、转发话题，适当与话题页面下方的用户进行沟通，调动话题讨论氛围；最后要利用微博平台之外的其他网站及渠道主动分享、推广话题，引导其他用户参与话题讨论。

【综合实训】

（一）实训目标

学生已经对微博运营形成了基础认知，通过本实训活动，学生可以更加了解微博运营的流程、"增粉"策略，加深对微博营销的认识，掌握微博话题营销的技巧。

（二）实训任务

江西煌上煌集团食品股份有限公司（以下简称"煌上煌"）创建于1993年，是一家以加工畜禽肉制品为主要业务的食品加工企业。煌上煌的主要产品如图4-17所示。在互联网营销、新零售的冲击下，煌上煌紧跟时代变化，开展了以无人智能零售、多点位自动售卖机、线下实体门店、网络电商、外卖平台与线上商城为核心的6位一体全网营销模式，为企业带来了持续发展的动力。

图4-17　煌上煌的主要产品

请学生复习微博运营的主要知识，并以该企业为典型案例，分析其微博运营情况及典型的营销博文内容。

（三）实训步骤

1．教师引导学生复习微博运营的相关内容，学生完成对以下问题的回答及表4-1内容的填写。

问题：简述微博营销流程。

_____

_____

_____

表4-1　微博运营主要项目

微博内容建设	微博"增粉"策略	微博互动和微博推广方式

2．学生每四人为一组，对煌上煌的微博运营情况进行分析。

步骤一：分析微博运营概况，并填写表4-2。

表4-2　煌上煌微博运营概况

微博名称	
级别	
粉丝数	
文章数	
热门微博文章（选取具有代表性的1～2个）	
友情链接	
微博互动情况	

步骤二：分析煌上煌在微博平台发布的内容都有哪些主题？并分类统计。

步骤三：每组选取煌上煌比较典型的微博话题进行分析，完成表4-3内容的填写。

表4-3　微博话题

类型	内容	目标用户	分析（特点/营销策略）
微博话题			

【知识与技能训练】

一、单选题

1．微博营销传播目标设定应该遵循SMART原则，其中不包括（　　）。

A．明确性　　　B．相关性　　　C．风险性　　　D．时限性

2．微博营销现状分析不包含哪项内容（　　）。

A．营销手段分析　B．目标用户分析　C．企业自身分析　D．竞争对手分析

3．微博话题词一般不超过（　　）个字。

A．30　　　　B．32　　　　C．34　　　　D．36

4．微博营销策划需要确定整体方向，其中不包括企业的（　　）。

A．商业目标　　B．营销传播目标　C．目标用户　　D．竞争对手目标

二、多选题

1．微博能给企业带来的价值有（　　）。

A．打造IP　　B．销售转化　　C．用户维护　　D．品牌传播

2．微博话题营销的方法包括（　　）。

A．选定一个"爆点"话题　　　　B．完善内容及执行细节

C．建立微博矩阵　　　　　　　D．冲刺微博话题榜

3．常见的微博"涨粉"方法有（　　）。

A．互粉"涨粉"　B．付费"涨粉"　　C．内容"涨粉"　　D．活动"涨粉"

三、简答题

1．与其他新媒体平台相比，微博有什么特点？

2．请分析个人微博运营和企业微博运营的异同点。

3．利用微博抽奖平台开展活动，需要完成哪几个步骤？

4．微博"增粉"策略有哪些？

5．参与微博话题的步骤有哪些？

6．企业如何提升微博话题的讨论量？

四、实训题

1．任选一个知名企业，对其微博运营情况进行分析。

2．选择该企业的一个产品，为其设计一个微博抽奖活动。

项目五

微信运营

学习目标

主要知识	了解朋友圈运营
	了解微信公众号的类型
	熟悉申请微信公众号账号的流程
	熟悉微信公众号运营推广策略
	了解微信公众号活动策划
核心技能	能够开展个人微信运营
	掌握微信公众号账号申请方法
	掌握微信公众号运营推广方法
	能够分析微信公众号数据
素质目标	具备内容创新思维
	具备团队合作意识

内容体系

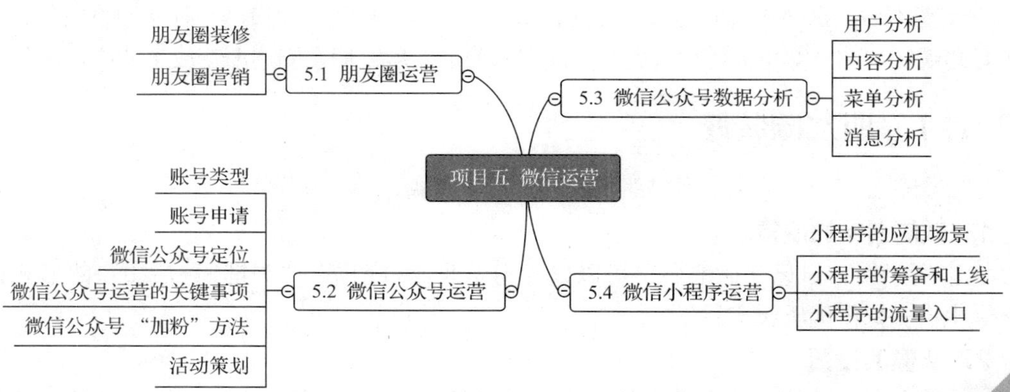

朋友圈装修
朋友圈营销 — 5.1 朋友圈运营

用户分析
内容分析
菜单分析
消息分析
5.3 微信公众号数据分析

项目五 微信运营

账号类型
账号申请
微信公众号定位
微信公众号运营的关键事项 — 5.2 微信公众号运营
微信公众号"加粉"方法
活动策划

小程序的应用场景
小程序的筹备和上线
小程序的流量入口
5.4 微信小程序运营

宝马M2朋友圈广告

宝马M2是一款个性极强的汽车，秉承了宝马品牌的运动精髓。宝马M2希望能以适当的推广形式，让用户真实感受到这款车以及宝马品牌的运动主张，并引发激烈的社交互动。

宝马公司邀请某超模作为代言人，她自带话题热度，因为她的粉丝多聚集在微信平台，所以宝马公司将宝马M2的广告投放到朋友圈。宝马M2的广告以文案搭配15秒创意短视频巧设悬念，吸引了大量目标用户的眼球，提升了品牌曝光量。引导用户点击广告后，宝马公司用H5结合短视频的形式取代了传统的长视频广告，让用户参与竞猜和预约试驾，有效缩短了营销路径。在朋友圈投放广告，宝马公司全方位、多角度地向用户传递了该款车型"速度与激情"的核心理念，使用户真正感受到了宝马M2打破常规的极致理念。

【案例思考】

企业如何通过朋友圈广告提升产品热度？

【案例启示】

企业利用朋友圈结合短视频，不仅扩大了优质内容的传播范围，还让广告创意活灵活现地呈现在用户眼前。宝马M2的广告经过朋友圈爆发式的互动传播，总曝光量达到1.17亿，总社交互动次数超过223万，宝马中国微信公众号粉丝增长量约为5万，参与竞猜人数达87万，试驾申请数近万条。朋友圈广告有效传递了宝马公司的品牌理念，提升了宝马M2的认知度。

微信是目前的主流社交平台，其月活跃用户数量巨大。微信提供朋友圈、群聊、公众号、小程序等功能，方便用户将内容分享给微信好友。

借助微信，个人和企业都可以实现社会化营销。为了挖掘微信中蕴含的庞大用户和流量，各行各业越来越重视微信运营。微信运营包括个人运营和企业运营两类，个人运营主要是指个人借助朋友圈、微信群、订阅号等开展运营，企业运营主要是指企业借助微信公众号、小程序、微信社群等开展运营。

5.1 朋友圈运营

朋友圈本质上是熟人之间的一种社交，是一个人展示自我的窗口。在社交网络时代，朋友圈也是营销窗口和社交电商阵地。尤其是随着微商的发展，朋友圈逐渐变成了"广告圈"。

5.1.1 朋友圈装修

朋友圈彰显了个人形象，所以朋友圈装修不容忽视。

1. 微信名字的设置

为了便于展示自己，微信名字可以设置为"职业+昵称""关键词+后缀"的形式，如"××电商—提供优质农产品"。

2. 头像的设置

运营者最好将微信头像设置为本人相片，这样能够在一定程度上消除交流的隔阂，让人更容易信赖，相当于给自己做了一次广告。一般不建议使用产品照片、店面照片等作为微信头像，因为这样的头像广告性质太浓厚，不怎么受欢迎。

3. 图片的布局

一条朋友圈消息最多支持展示9张图片，所以在发布朋友圈的时候运营者可以采取1张、4张、6张、9张图片的布局方式，这样图片排列更整齐，视觉效果更佳，如图5-1所示。单张图片由于尺寸较大，通常适用于强调细节；4张图片的优点是对齐后整体呈正方形，符合用户浏览习惯；6张图片的优点同样是排列整齐，适用于展示不同的场景，丰富营销内容；9张图片呈现为九宫格，适用于全面展示信息。

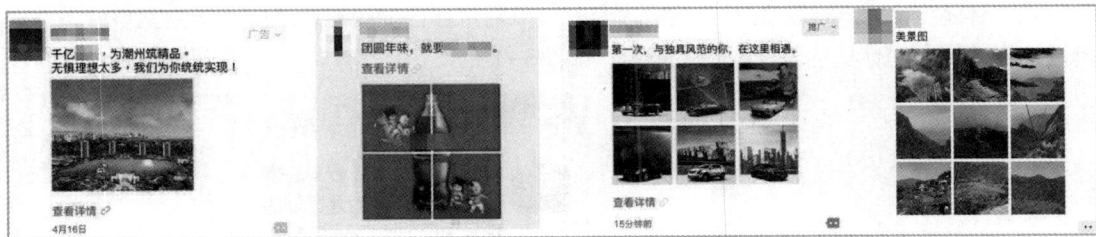

图5-1　朋友圈图片的布局

4. 内容的呈现

运营者在朋友圈发布的图片，其清晰度要高，确保画面清晰、风格一致，图文编排要整齐划一，不要杂乱无章，否则会影响用户的视觉体验，如图5-2所示。

图5-2　朋友圈内容的呈现

另外，运营者要尽量发布一些高质量的文章，利用文章树立自己在用户心中的地位与形象，加深用户对产品的认知。

随着微信好友的不断增加，朋友圈信息会不断更新，朋友圈内容往往只有2秒的生存时间，2秒过后要么被忽视，要么被关闭，要么被点击。所以，运营者要在2秒之内把要讲的事情讲完，确保内容简洁、信息呈现到位。

5.1.2　朋友圈营销

1. 添加微信好友

新媒体运营者可以使用批量添加手机通讯录中的朋友、扫二维码添加好友、在"发现"中寻找新的朋友、利用微信群添加好友等方法添加微信好友。

2. 做好内容营销

新媒体运营者开展朋友圈营销不要急于求成，频繁地发广告，这样会影响用户体验。每天在朋友圈发布的内容建议不要超过10条，主要内容包括以下几个方面。

（1）趣味性的内容

有趣的内容人人都爱看，工作中的趣事、同事之间相处的趣事，只要是与行业相关的有趣内容，都可以在朋友圈中发布出来。图5-3所示为一条幽默广告。

（2）专业性的内容

新媒体运营者编写或转发专业性的内容时可以附带自己的观点，这相当于给文章做备注，可以让微信好友对你更加信任或产生好奇，如图5-4所示。

图5-3　一条幽默广告

图5-4　专业性的内容

（3）社会热点

社会热点是用户关注的内容，也最能吸引用户。新媒体运营者结合热点推荐某些产品或服务，往往更容易被用户接受。如果针对热点话题阐述自己的观点，而用户又认同这些观点，则很容易获得用户的好感，进而促成产品的销售。

（4）用户见证

新媒体运营者开展朋友圈运营时，可以在成交时与用户拍张合影，写上简短的说明发到朋友圈；或是写一篇文章，介绍这一单是如何谈成的，解决了用户的什么问题，这会让其他用户产生很大的信任感。

（5）自己的成长故事

新媒体运营者写自己的成长故事时，可以重点说明自己经历困难并坚持面对困难的成长过程，这样会让用户产生认同感，从而促进产品的销售。

（6）用户的反馈

运营的重点在于用户的反馈，也就是用户使用产品后产生了怎样的效果。展示用户好的反馈是展示产品实力的一种方式。

3. 策划互动营销活动

新媒体运营者可以利用朋友圈策划互动营销活动，让用户参与并主动将活动转发到自己的朋友圈，以此扩大传播范围。比较常用的互动营销活动有以下3种

（1）集赞

微信集赞活动的优点是操作简单、可行性强，获得用户的成本低，如图5-5所示。

（2）转发

转发活动可以让用户自动转发活动信息，从而提升活动的影响力和关注度，如图5-6所示。

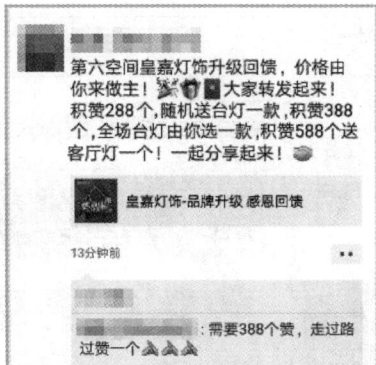 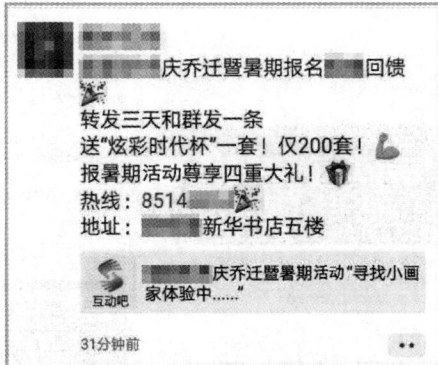

图5-5　集赞　　　　　　　　　图5-6　转发

（3）发红包

新媒体运营者可以利用红包吸引用户，这个方法的门槛很低，用户只要关注指定的微信公众号就有可能获得红包，看到的用户通常会去尝试。

5.2　微信公众号运营

微信公众号属于自媒体，也是新媒体的一种。目前，越来越多的企业意识到微信公众号的重要性，纷纷借助微信公众号开展营销。

5.2.1　账号类型

目前微信公众平台的账号类型分成订阅号、服务号、小程序和企业微信（原企业号）4种类型，如图5-7所示。

订阅号为媒体和个人提供了一种新的信息传播方式，其主要功能是新媒体运营者利用微信向用户传达资讯，功能类似于报纸、杂志，主要传播新闻信息或娱乐趣事。

服务号为企业提供了强大的业务服务能力与用户管理能力，其功能主要偏向于服务类交互，提供会员绑定、服务交互、在线交易等具体功能。

小程序是一种不需要下载安装就可使用的应用，用户可以在微信平台便捷地使用小程序，小程序类似于功能更强大和访问更稳定的手机网站。订阅号、服务号和小程序在移动端的展示效果如图5-8所示。

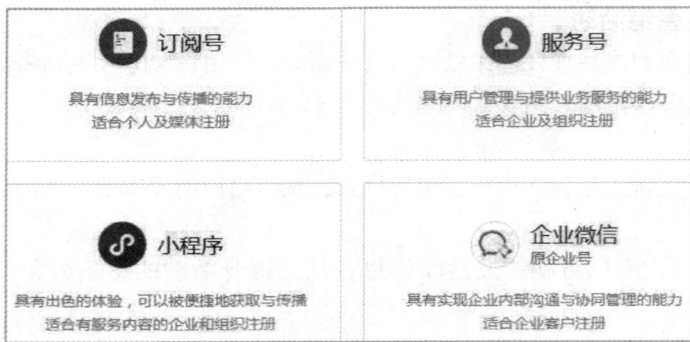

图5-7　微信公众平台的账号类型

图5-8　订阅号、服务号和小程序在移动端的展示效果

企业微信是一款高效及专业的移动办公管理工具。

订阅号和服务号是企业开展微信运营时经常用到的，两者的差别如表5-1所示。

表5-1　订阅号和服务号的差别

功能权限	订阅号	认证订阅号	服务号	认证服务号
消息显示在好友对话列表中			√	√
消息显示在"订阅号"文件夹中	√	√		
每天可以群发1条消息	√	√		
每个月可以群发4条消息			√	√
基本的消息接收/回复接口	√	√	√	√
自定义菜单	√	√	√	√
九大高级接口				√
可申请开通微信支付				√

新媒体运营者可以对这两种账号类型进行个性化开发，如为订阅号开发菜单，为服务号申请自定义菜单。

5.2.2 账号申请

1. 需要准备的材料

注册不同主体类型的微信公众号需要提前准备的材料不同，具体如表5-2所示。

表5-2　注册微信公众号需要准备的材料

个体户类型	企业类型	政府类型	媒体类型	其他组织类型	个人类型
个体户名称	企业名称	政府机构名称	媒体机构名称	组织机构名称	—
营业执照注册号/统一信用代码	营业执照注册号/统一信用代码	组织机构代码	组织机构代码/统一信用代码	组织机构代码/统一信用代码	—
运营者身份证姓名	运营者身份证姓名	运营者身份证姓名	运营者身份证姓名	运营者身份证姓名	运营者身份证姓名
运营者身份证号码	运营者身份证号码	运营者身份证号码	运营者身份证号码	运营者身份证号码	运营者身份证号码
运营者手机号码	运营者手机号码	运营者手机号码	运营者手机号码	运营者手机号码	运营者手机号码
已绑定运营者银行卡的微信号	已绑定运营者银行卡的微信号	已绑定运营者银行卡的微信号	已绑定运营者银行卡的微信号	已绑定运营者银行卡的微信号	已绑定运营者银行卡的微信号
—	企业对公账户	—	—	—	—

新媒体运营者在选择注册微信公众号的主体类型时，可以参考《组织机构代码证》上的机构类型。

2. 个人注册微信公众号的步骤

打开微信公众平台官网，在页面右上角点击"立即注册"，具体步骤如下。

（1）选择账号类型。个人注册只能选择"订阅号"。

（2）设置邮箱。填写邮箱信息，设置密码；然后查看激活邮件，填写6位验证码，阅读并同意《微信公众平台服务协议》。

（3）信息登记。选择个人类型之后，填写主体信息，如图5-9所示。

（4）填写公众号信息。公众号信息包括账号名称、功能介绍、运营地区等，如图5-10所示。注册成功之后就可以开始使用了。

3. 企业注册微信公众号的步骤

（1）选择账号类型。企业注册时选择"服务号"。

（2）设置邮箱。填写邮箱信息，设置密码；然后查看激活邮件，填写6位验证码，阅读并同意《微信公众平台服务协议》。

（3）进行信息登记时，企业用户需要选择"企业"，然后进行主体信息登记，填写企业名称、营业执照注册号，并选择验证方式。

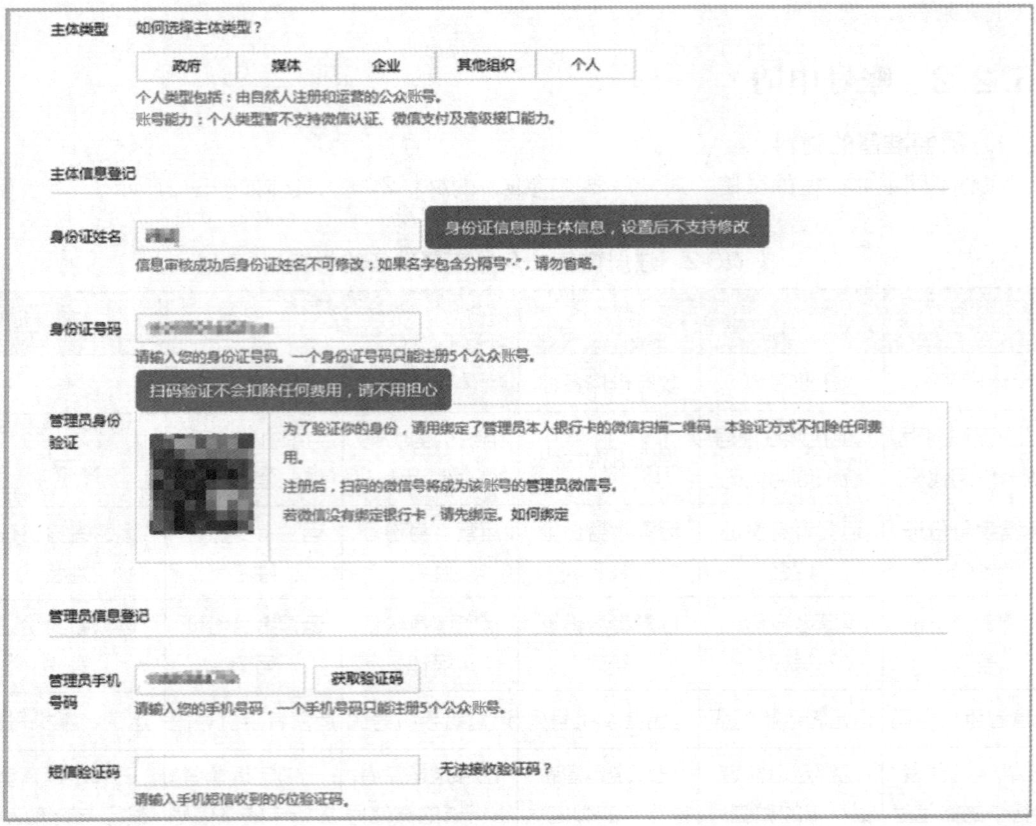

图5-9　填写主体信息

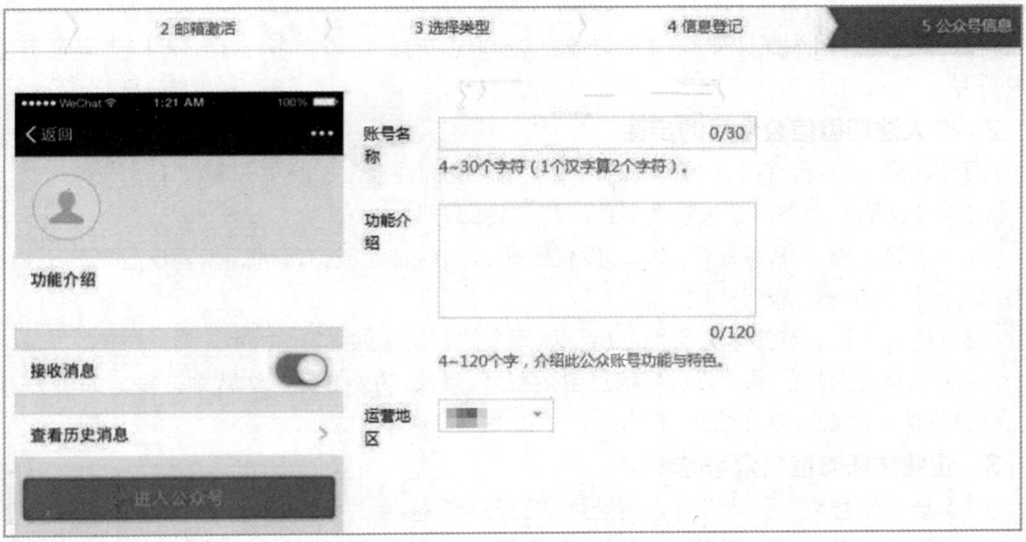

图5-10　填写公众号信息

（4）填写法定代表人信息，并扫码验证。

（5）进行管理员信息登记，将法定代表人设置为管理员，如图5-11所示。

图5-11　将法定代表人设置为管理员

为方便账号的日常管理，也可以设置其他人为管理员。

（6）填写微信公众号信息，包括公众号名称和功能介绍等。

4. 微信认证

微信认证是微信公众平台提供的确保微信公众号信息的真实性、安全性的服务。新媒体运营者可以选择支付验证注册方式或微信认证注册方式。

微信认证后，账号将获得更丰富的高级接口，如拓展广告主、卡券、客服等功能，可以向用户提供更有价值的个性化服务。用户可以在微信中看到微信公众号具有微信认证特有的加"V"标志，点击账号主体可以查看认证详情。

服务号审核完成之后，运营者就可以登录后台进行操作了，后台界面比较简洁，运营者可以在此编辑和发布图文消息、管理自己的粉丝、策划活动等，微信公众平台服务号的后台界面如图5-12所示。

图5-12　微信公众平台服务号的后台界面

5.2.3 微信公众号定位

定位清晰的微信公众号可以快速获得用户，使变现更容易。

1. 用户定位

新媒体运营者无论要推广什么产品或服务，都需要对用户群体进行定位。例如，"十点读书会"主要针对热爱读书、热爱学习的用户。

2. 行业定位

新媒体运营者可根据自己的产品或服务进行行业定位。只要新媒体运营者定位准确、运营出色，往往就能实现微信公众号的商业价值。

"茶业复兴"是茶行业中极少数坚持输出原创内容的微信公众号。多年来，该微信公众号凭借持续的内容创造，输出新的概念与观点，成为最具传播力与影响力的茶行业自媒体之一，已拥有20000多名用户及近300个微信功能群。

3. 地域定位

地域定位主要针对地方性的自媒体。新媒体运营者可以将微信公众号名称设置为"城市名+服务"的格式，让用户一看就知道微信公众号的内容和方向，使其商业模式具有较强的生命力与可持续性。

例如，"福州微生活"微信公众号的定位是为福州市民提供服务，福州微生活生态农业有限公司是该微信公众号的运营者，主要从事绿色有机稻的种植、鸡鸭的生态放养、无公害蔬菜的种植生产与农产品的销售和配送。"福州微生活"微信公众号通过向福州市民推送福州生活服务信息与本地化精品内容，吸引了大量福州市民的关注，最后通过流量变现为福州市民提供生态农产品的"餐桌配送"服务。

4. 产品定位

产品定位是指企业对自己的产品、服务进行定位，这样做的优势有3点：一是原产品、服务本身已有一定的品牌知名度，这有利于微信公众号的前期推广；二是微信公众号定位在产品或品牌上，有利于产品、服务的推广营销；三是有利于微信公众号后期实现商业变现或电商运营。例如，九阳股份有限公司的微信公众号已成为其产品展示、用户互动、品牌宣传的一个窗口。

5. 功能定位

功能定位是指微信公众号的内容要以满足用户的某些需求为主。这类微信公众号更容易从各色人群中找到有共同需要、共同爱好的用户，容易做大；且这类微信公众号具有较大的商业价值，因为用户都是为满足某种需要才关注微信公众号的，新媒体运营者只要设计一个合适的产品，就能引起用户的共鸣。

6. 内容定位

内容定位是指微信公众号持续为用户提供某类优质内容，以吸引用户长期关注和阅读。例如，"丁香医生"微信公众号是丁香园旗下的健康管理平台，该微信公众号的运营者邀请了专业医生、营养学家和研究人员为用户答疑解惑，提供可靠、实用的健康资讯和医疗信息。

🎓 思考与讨论

请策划和创建一个微信公众号并进行合理定位，并说明定位的理由。

5.2.4 微信公众号运营的关键事项

1. 图文编辑

在微信公众号中发布图文信息的步骤如下。

（1）打开微信公众号"素材管理"界面，如图5-13所示。

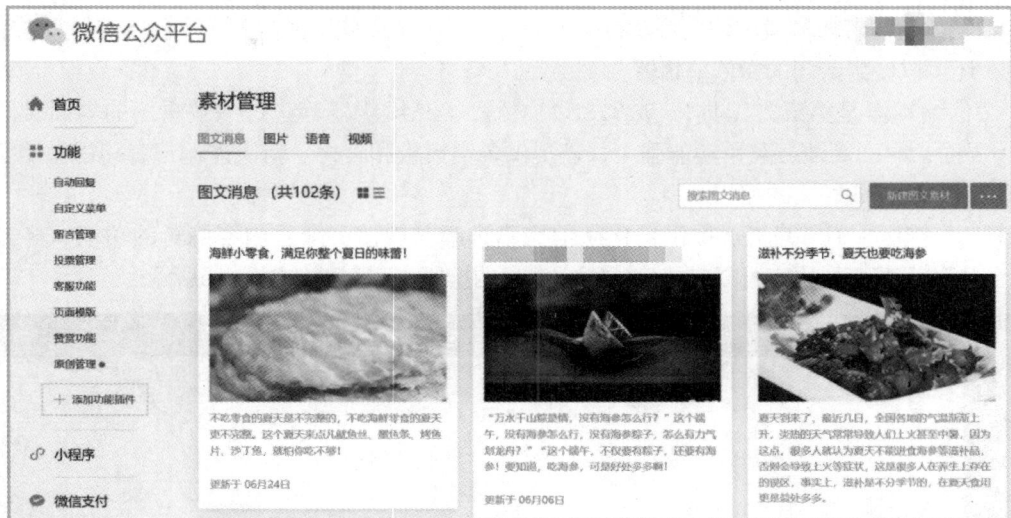

图5-13 微信公众号"素材管理"界面

（2）新建图文素材。单击图5-13所示的"新建图文素材"按钮，点击"图片"选项，可以看到有"本地上传"和"从图片库选择"两个选项，通过此功能可以把所需图片从本地上传到图片库，为了使用方便，新媒体运营者可以对图片进行分类，图片上传和分类工作完成之后，单击所需图片插入文中即可，如图5-14所示。

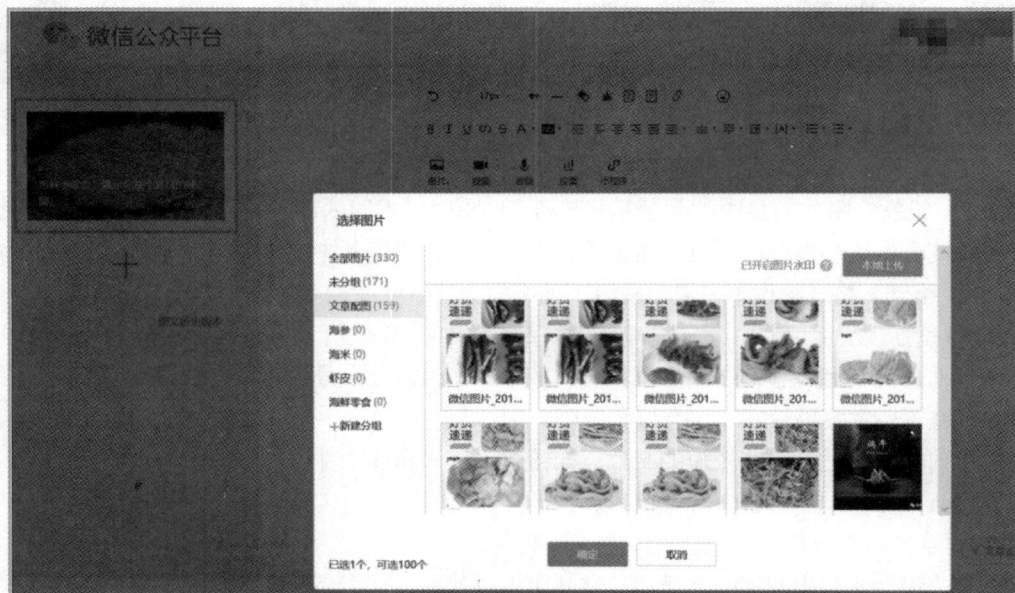

图5-14 选择图片

（3）添加视频。首先，新媒体运营者将所需视频上传到腾讯视频平台进行审核，文件大小需在20MB以内。审核通过之后，打开微信公众平台—"管理"—"素材管理"—"新建图文信息"—"多媒体视频"—"视频链接"，将通过审核的视频链接粘贴到文中即可。

2. 微信编辑器的使用

新媒体运营者通过微信公众号发布图文信息，除了可以使用微信公众平台自带的文本编辑功能，还可以使用专门的微信编辑器。

微信编辑器是第三方工具，包括135编辑器、365编辑器等。这些编辑器的界面类似于Word界面，界面简洁，菜单功能强大，还提供各类模板和素材。新媒体运营者利用微信编辑器可以高效地完成图文的编辑。

（1）排版。135编辑器提供美化微信文章排版与微信公众号内容编辑的功能，样式丰富，新媒体运营者利用它可以轻松完成图文消息的排版，其界面如图5-15所示。

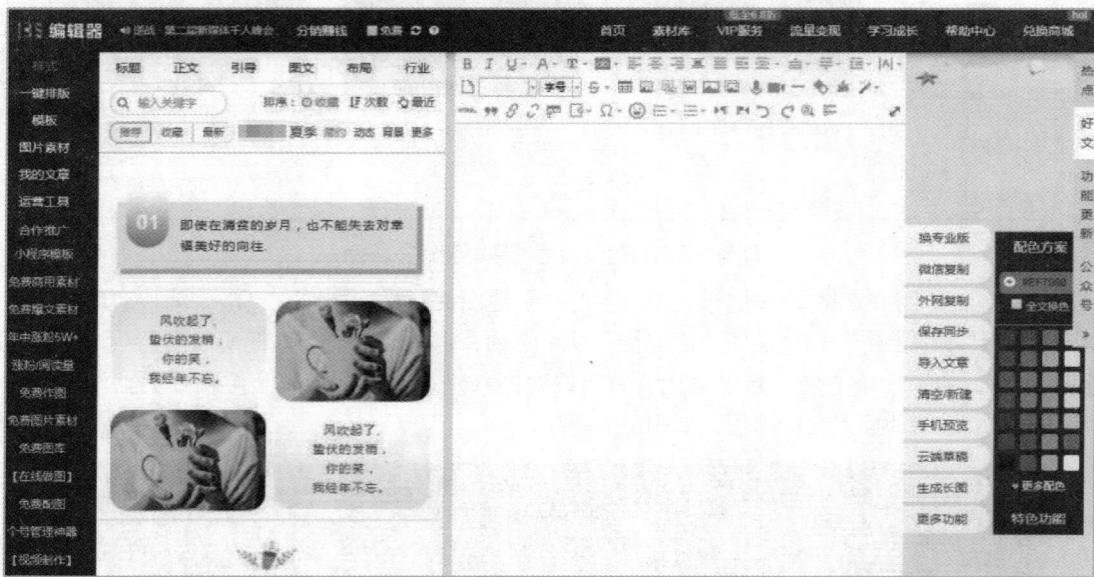

图5-15　135编辑器的界面

（2）配色。图文信息中的颜色尽量不要超过3种。不同的颜色传达了不同的情感，如红色代表权威、热情、喜庆；黑色代表正式、神秘；白色则代表纯洁、干净、简约、优雅。

（3）格式。格式的设置主要包括以下几方面。

① 对齐方式。常用的对齐方式有两端对齐和居中对齐。

两端对齐能够避免字符之间出现难看的空隙，在微信公众号中使用这种对齐方式可以保持文章的规整，视觉效果较好。

居中对齐比较适合一些较短的文章，如诗歌、资讯和娱乐性质的内容，一行字不要太多，尽量不要断行。

② 间距。间距包括字间距、行间距、段间距。

一般来说，文章中文字的字号小，字间距相对就大，文字易于识别，但是字间距过大又会导致文章传递信息的速度降低。因此，一般建议使用0.5～1.5倍的字间距。

行间距是指一段中相邻两行之间的间隔。1倍行间距太过"拥挤"，会让读者在换行时产生困扰，影响阅读体验。所以，一般建议使用1.5倍或1.75倍的行间距。

段间距是指相邻两个段落之间的间隔，应当比行间距大，以使文章更有层次感。一般建议设置段前距为15，段后距为15，这样效果会比较好。

③ 两端留白。微信公众号文章要善于在两端留白，使内容居于视觉的核心区域，这样可以让文章看起来既整齐又具有凝聚力，用户读起来更轻松。

3. 微信公众号运营工具

（1）西瓜助手。西瓜助手是一款基于数据挖掘的内容推荐引擎，可以为新媒体运营者提供专业的内容检索及推荐服务。西瓜助手拥有庞大的文章素材库，每日更新超过百万篇文章，覆盖各个行业及其垂直领域，可以帮助新媒体运营者快速查找或创作优质内容。西瓜助手内置智能编辑器，提供图文多号复用、定时群发等功能，可以帮助新媒体运营者高效完成公众号内容的创作与发布，帮助新媒体运营者轻松运营微信公众号。西瓜助手的界面如图5-16所示。

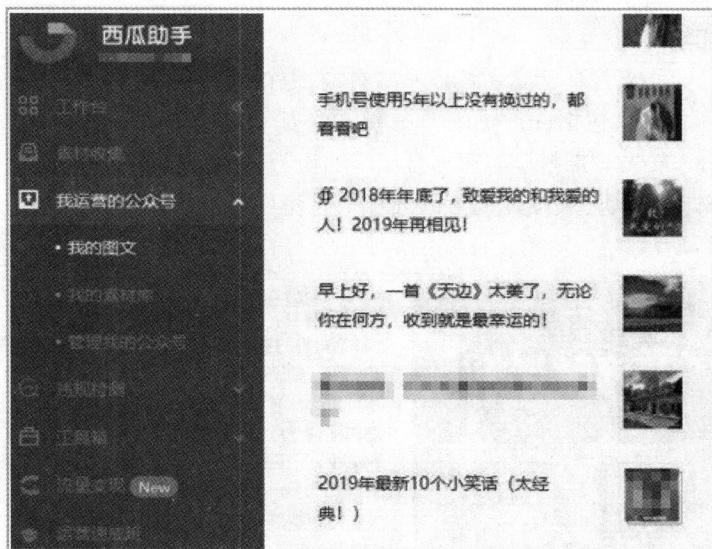

图5-16 西瓜助手的界面

（2）微小宝。微小宝是一款移动端管理微信公众平台的管家软件，其能详细展示微信公众号的各项数据，图文消息等也一目了然，可以帮助新媒体运营者随时随地管理多个微信公众号，为新媒体运营者提供一站式运营服务，其拥有"爆文"推荐、图文快速合成、定时群发、数据分析等功能。

5.2.5 微信公众号"加粉"方法

相较于微博，微信更具私密性，所以微信公众号的粉丝数量和质量是运营的关键。

1. 内容"加粉"

内容"加粉"是指新媒体运营者通过长期输出精准且原创的内容获得优质的粉丝。

微信公众号的优质内容来自细分领域中的原创文章、独家首发内容、系列内容、权威发布内容、原创性干货文章合集、授权转载的优质内容等。新媒体运营者可以搭配不同类型的文章，满足用户的不同需求。

2. 热点"加粉"

热点是指在某个时段内用户讨论较多、关注度较高的话题。热点本身就是一个巨大的流量池，新媒体运营者"追热点"可以比较容易地获取流量，也可以在流量中获得粉丝。

新媒体运营者一旦找到热点，就要及时撰写与热点相关的文章，制作海报、漫画、表情包、小视频等，开展借势营销，并且努力把自己的品牌和产品与热点结合起来，这样做往往可以获得不错的流量和不少的粉丝。

热点文章可以从事情的原因、详情、某方观点、各方评论、专家意见、官方态度、身边人的说法、可能的后果等角度去写。

协作与训练

根据上面所学，结合当前某个热点，请尝试撰写3～5个文章标题。

3. 互动"加粉"

互动"加粉"是指新媒体运营者策划一些有趣、有吸引力的活动，以引起用户的关注和访问。互动"加粉"的形式包括H5"加粉"、测试类互动"加粉"、砍价接力"加粉"、投票集赞"加粉"、分享转发"加粉"、每日打卡"加粉"、小游戏"加粉"等。

例如，新媒体运营者开展的"高考时光机""牵妈妈的手"活动就是采用互动方式"加粉"的，如图5-17所示。

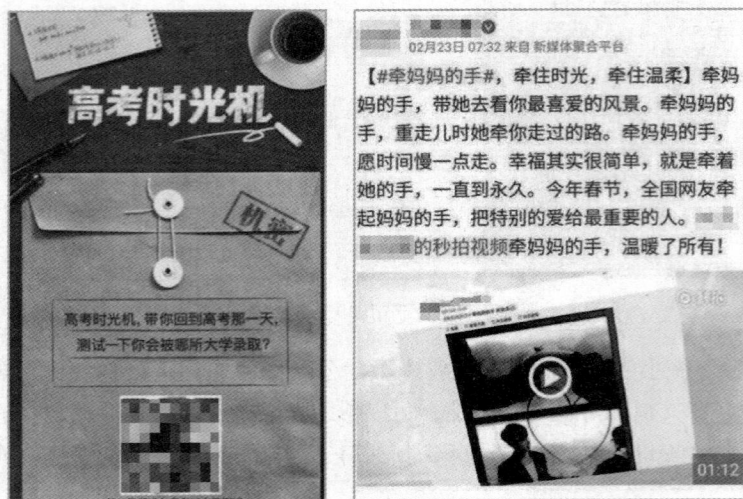

图5-17　互动"加粉"

4. 微信群"加粉"

新媒体运营者可以组建微信群并请专人运营，提升微信群的活跃度。而新媒体运营者可以在微信群中发布图文消息，引发用户讨论，促进用户关注和转发。

5. 外推"加粉"

外推"加粉"包括公众号互推、大小号导流、官网或App导流、知乎豆瓣等垂直网站外推

"加粉"，以及短视频平台"加粉"、直播"加粉"、文库精品文章"加粉"、腾讯广点通付费"加粉"等。

6. 线下"加粉"

线下"加粉"包括微信签到"加粉"、微信打印机"加粉"、扫码得优惠"加粉"、展会"加粉"、会场抽奖"加粉"、印刷品二维码"加粉"等。

5.2.6 活动策划

微信公众号的运营离不开活动策划。策划一个好的活动不仅能带来巨大的流量，同时也能提升用户活跃度，维护忠实用户群体。接下来介绍几种微信公众号的活动策划方案。

1. 留言回复有礼

根据当前的社会热点和近期节日庆典等，新媒体运营者可以预先准备一个话题，让用户在活动时间内在图文留言区留言，然后随机筛选或按照点赞数排序等规则选取中奖用户。另外，还可以征集报名类的留言，使留言与其他的活动相关联，如通过留言获取参与其他活动的资格。

这种活动简单易操作，用户参与度较高，可控性较强。但是用户也容易产生心理疲倦，因而对话题的互动性要求较高。

2. "晒照"有礼活动

新媒体运营者可以设定照片类型，如亲子照、全家福、婚纱照、造型照、风景照、美食照、萌宠照等；或者其他趣味的照片类型，如手机里的第三张照片、个人最怪表情照片、收到的礼物照片等。然后，让用户将照片发至微信公众号后台，进而按照活动规则评选（或抽选）中奖用户。

该活动的互动性更强，能与运营目标密切结合，但用户参与难度更高。因为收到的照片只能在微信公众号后台保存5天，所以新媒体运营者要及时收集用户发布的照片。

3. 红包抽奖活动

在微信公众号互动活动中，发红包是最受欢迎的活动之一。新媒体运营者可以设置关注抽奖或线下扫码抽奖，参与抽奖的用户将有机会获得现金红包或实物礼品。例如，新媒体运营者利用八城平台的大转盘抽奖功能设置抽现金红包，也可以设置抽商城代金券、礼品兑换券和话费充值码等。

4. 游戏互动活动

微信公众平台提供了很多免费的互动游戏，这些小游戏通常与一些之前流行的单机版游戏类似，如连连看、消消乐、切水果、跑酷、跳一跳等，用户可以通过小小的游戏获得乐趣，同时也有机会赢取奖励。

此类活动的娱乐性强，能够带给用户一定的新鲜感和提升用户的参与兴趣。

5. H5互动

曾经风靡一时的H5包括以下两种类型。

（1）生成器型H5。用户在H5页面中输入指定信息，即可生成趣味的工资单、证件、微信对话、图片、海报、匿名评论等。

（2）测试型H5。用户通过回答H5中指定的问题进行智商测试、情商测试、专业度测试等，或者用户通过H5设置好问题让自己的朋友回答，测试朋友对自己的了解度、真情度、信赖度等。

此类互动的趣味性较强，创意新颖，用户的参与度较高，是活动快速传播的有效方式，如图5-18所示。

6. 投票评比活动

投票评比活动的开展形式一般是比赛制，新媒体运营者通过设立大奖吸引用户报名，然后利用微信公众号进行投票，根据最终票数决定中奖者（获胜者）。

微信公众号中比较常见的投票评比活动一般是萌宠比赛、儿童作品比赛、员工工作评比等，通过微信群和朋友圈的互动传播，用户的参与范围较广，活动效果较好。

在设置这类活动投票规则时要简单易操作，同时需要防止"刷单"作弊，确保结果公平、公正；投票评比活动的目的如果是吸引用户关注，那么运营者必须要设置用户关注之后才能投票的条件。

7. 有奖调研/问答活动

新媒体运营者进行有奖调研，有助于了解和采集用户的态度、观点等有用信息；开展问答活动则能够促进用户对产品的了解、认知和思考。活动形式一般是新媒体运营者根据需求设置好调研问卷或问答题目，用户参与活动并填写信息，即可获得指定奖励。用户完成调研（问答）之后，新媒体运营者可直接发放奖励，以提升用户的参与度。

新媒体运营者采取此类活动形式，一定要充分考虑目标用户群体的特点和需求，以及企业推广产品的特点，做有目的性、有针对性的有奖调研/问答活动。

8. 有奖征文活动

此类活动的形式一般是设定文稿的写作方向，如梦想清单、某节日主题的文章、微信公众平台的宣传口号等，鼓励用户进行创作。用户创作的内容可以在微信公众平台进行推广和发布，同时给予用户一定的奖励，微信有奖征文活动如图5-19所示。

图5-18　H5互动

图5-19　微信有奖征文活动

5.3 微信公众号数据分析

微信公众号后台的数据分析功能包括6种——用户分析、内容分析、菜单分析、消息分析、接口分析和网页分析，其中前4种比较常用。

通过用户分析，新媒体运营者可以了解用户增长趋势及用户属性特征，顺利勾勒出用户画像。通过内容分析，新媒体运营者可以了解文章阅读量的变化，了解用户的喜好，从而可以更精准地推送相关内容。通过菜单分析，新媒体运营者可以看到用户对哪些产品或哪方面的内容更感兴趣。消息分析可以帮助新媒体运营者分析用户黏性，只有真正认可了企业，用户才会愿意评论并互动留言。

5.3.1 用户分析

1. 基础数据

用户分析模块包含新增人数、取消关注人数、净增人数和累积人数4个项目。累积人数直接反映了微信公众号的整体运营情况。如果新增人数和净增人数的趋势基本一致，说明运营情况整体良好。

净增人数如果短时间内突然增多，可能是前一天推送的内容或举办的活动起到了一定的作用，接下来新媒体运营者可以继续尝试推送此方向的内容或活动，在多次实践中摸清用户的喜好、偏爱和习惯。相反，取消关注人数如果短时间内突然增多，新媒体运营者需要反思是否是前一天推送的内容或活动令部分用户反感，继而深入了解问题出自何处，并及时补救。

2. 关注来源

在"新增人数"这一栏里，可以查看关注来源，如图5-20所示。

图5-20 关注来源

（1）搜一搜，即用户通过搜索关键词或微信公众号的名称进行关注。这类微信公众号一般具有一定的知名度，或定位足够精准，或广告宣传足够到位。通过搜索关键词或搜索微信公众号的名称这种方式进行关注微信公众号的，一般属于精准用户。

（2）扫描二维码，该类用户中的大部分是新媒体运营者做线下或线上推广时，用户通过扫码关注微信公众号的。

（3）图文页右上角菜单，图文消息右上角菜单中有个"查看公众号"的子菜单，但很多人没注意过，所以通过这个方式关注微信公众号的用户占比很低。

（4）图文页内公众号名称，即图文消息标题下的蓝色字样。一般微信编辑器模板中都有点击关注的样式，新媒体运营者可以将其添加到文中，提醒用户点击蓝色字样关注微信公众号。这是较为常见的一种关注方式，而且很方便，用户点击一下蓝色字样即可看到弹出的关注页面。

（5）名片分享，即用户使用微信直接分享名片。这种关注方式一般是通过微信好友或微信群实现的。通过此种方式关注的用户占比越高，说明微信公众号的质量越好，受欢迎程度越高。

（6）支付后关注，即当用户使用微信支付成功后，右下角会出现一个是否关注该微信公众号的选项，一般是默认勾选。

通过以上分析，新媒体运营者可以得知从哪个渠道新增的用户较多，从而合理地利用该渠道有针对性地进行活动策划和电商运营，这样可以节省人力物力，在有效的渠道上设计增长机制，实现用户增长。

3. 用户属性

在"用户属性"中可以查看用户的性别、地区、手机型号等数据，用户属性对于内容运营来说具有指导作用。

如果用户的性别和地区等数据明显偏向某一部分人群，新媒体运营者在进行内容策划时就可以进行有针对性的营销。

5.3.2 内容分析

内容分析主要包含群发数据和视频数据，这里主要分析群发数据，该数据主要分为两种——全部群发和单篇群发。

1. 全部群发

全部群发中的数据类型包括"日报"和"小时报"，日报展示了微信公众号一天的总体流量情况，新媒体运营者可以选定时间范围，查看相关图文的阅读总数和阅读来源，如会话、好友转发、朋友圈和历史消息页等渠道。日报数据分析如图5-21所示。

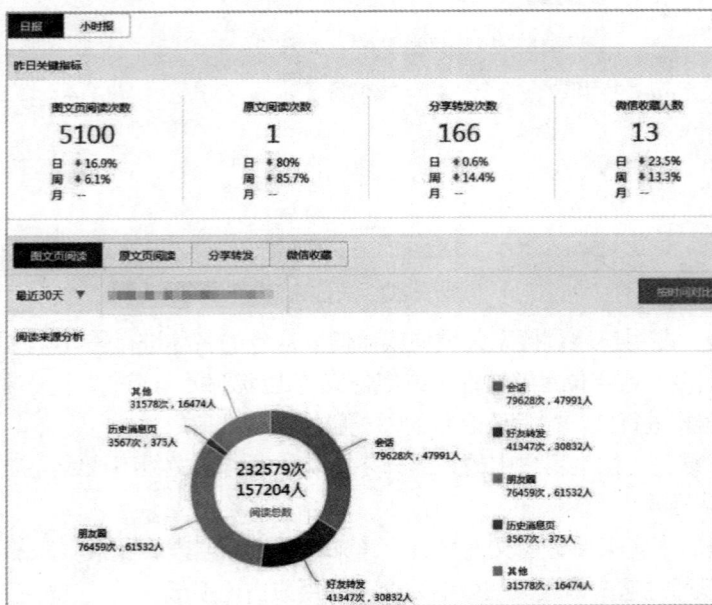

图5-21 日报数据分析

小时报展示了一天24小时内微信公众号的各小时流量情况，通过查看小时报，新媒体运营者可以看到每一个小时的流量趋势。小时报数据分析如图5-22所示。

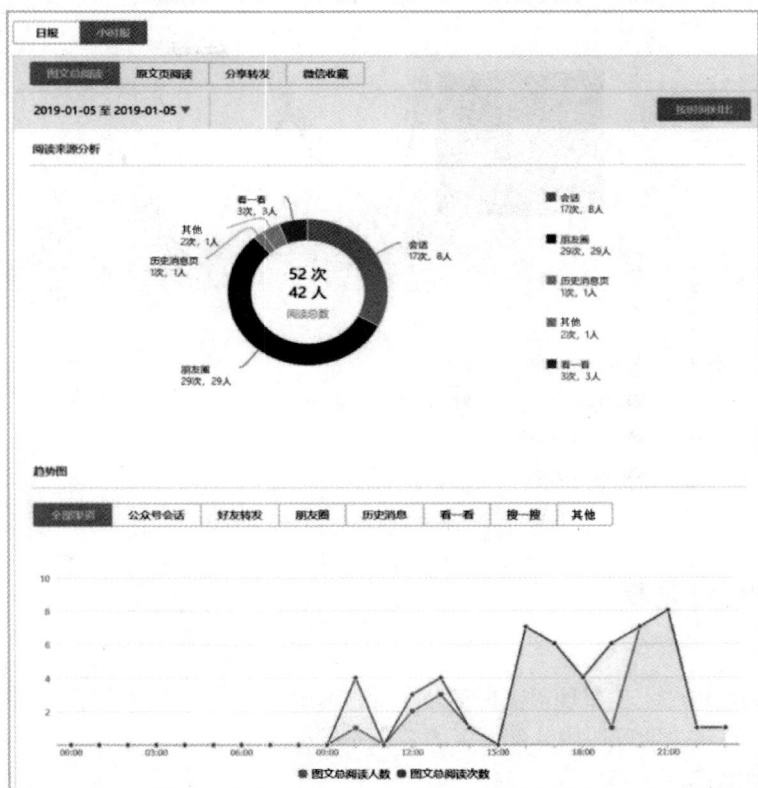

图5-22　小时报数据分析

在分析数据变化的过程中，新媒体运营者首先要明确常量，再用变量进行对比，这样才能找出规律。分析一个时期的运营数据时，先观察每天24小时的数据，得出每一天的关键流量节点。然后将每一天出现的关键流量节点分别标注出来并做成表格。最后通过关键流量节点进行测试，从而找出最适合发布图文的时间。

2. 单篇群发

新媒体运营者可根据需要选择时间范围，并单击每篇图文后的"数据情况"或"详情"来查看相关阅读来源分布、多媒体数据情况、图文消息转化率、图文页阅读人数和次数的趋势图、用户分布等。

5.3.3　菜单分析

微信公众号的菜单栏可以定位为公众号的功能属性窗口。如果是购物类的公众号，如京东、唯品会、幸福西饼，其菜单栏就是一个购物的入口，新媒体运营者可以利用此菜单栏进行网站的产品分类，便于用户选购。其他类型的公众号，新媒体运营者可以根据个人喜好设置自己认为重点的，想要让用户经常看到的，或者能够增强用户黏性的内容。

菜单分析可以帮助新媒体运营者了解不同时间不同菜单的访问量对比情况，还有助于新媒体运营者了解某段时间内的访问量变化情况。某旅游公众号的菜单分析如图5-23所示。

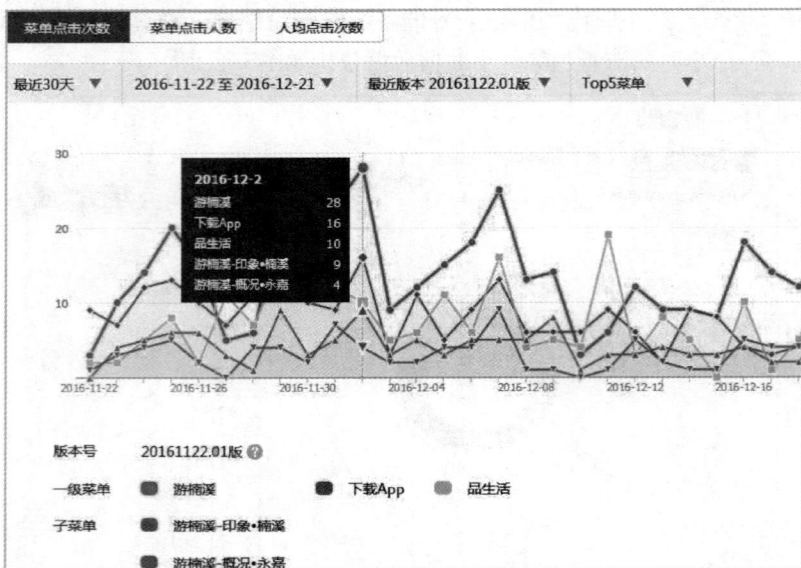

图5-23 某旅游公众号的菜单分析

5.3.4 消息分析

1. 小时报

对于服务类如金融、投资理财类微信公众号，新媒体运营者可以通过小时报查看用户的集中访问时间段，在这个时间段内分配更多的客服人员。

2. 消息关键词

在"从消息关键词"中，新媒体运营者可以分别查询以7日、14日、30日为周期的消息关键词详细数据。如图5-24所示。

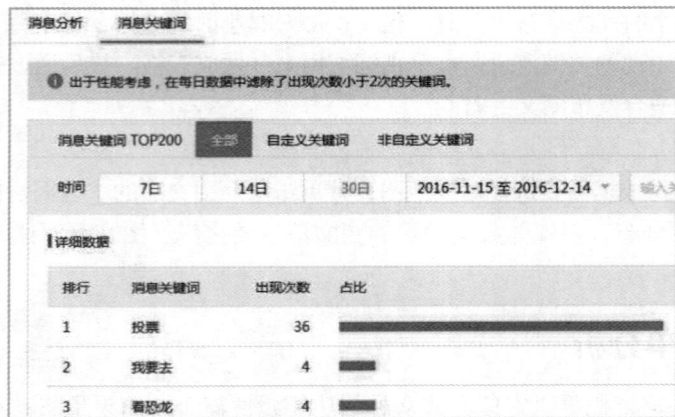

图5-24 消息关键词

消息关键词分析有助于新媒体运营者了解用户与平台互动的频率、平台某项互动的用户回复率，以及小互动在哪一环节后让用户产生了怠倦感而停止互动——这有利于新媒体运营者在之后设计互动项目时加以改进。

综上所述，数据分析主要从以下4个方面入手。

用户分析：找到关键用户属性，找到主要流量来源。

内容分析：找到关键流量节点，找出内容规律。

菜单分析：找到用户感兴趣的内容，合理设置菜单，并与产品充分结合。

消息分析：找到用户集中访问的时间段，找到消息关键词。

协作与训练

请大家登录教师（或个人）指定的微信公众平台，从用户、内容、菜单、消息这4个方面进行数据分析，并得出结论。

5.4 微信小程序运营

微信小程序不需要下载安装就可以使用，用户利用微信扫一扫或搜索即可打开小程序。它体现了"用完即走"的理念，用户不用担心安装太多应用而导致内存空间不足的问题。

5.4.1 小程序的应用场景

微信小程序的商业应用场景有很多，如小程序商城、小程序分销商城、点餐小程序等，它们都是以轻便、丰富、强大、新潮的营销功能为企业或品牌营造消费新生态。目前，微信小程序的商业应用场景主要有以下几种。

1. 企业名片小程序

微信小程序可以作为企业咨询、品牌宣传的入口，用于帮助企业打造高端的品牌形象，可以让用户更便捷地了解企业，是企业对外展现的窗口。

2. 在线服务小程序

很多企业利用小程序为用户提供某些线上服务，以提升用户体验。例如，微信发票助手小程序可以帮助用户快速登记发票信息，全民K歌小程序可以帮助用户点歌、唱歌、配音等，微软听听文档小程序支持用户转发和分享带语音内容的文档。

3. 电商企业小程序

很多电商企业开发了小程序，利用微信公众号将用户带到小程序中进行消费。有线下门店的电商企业可以给小程序添加门店地点信息，向附近的用户展示，如图5-25所示。

4. 餐饮服务小程序

餐饮服务小程序多是餐饮连锁企业打造的在线订餐与提供外卖服务的平台，以便直接为用户服务。

5. 游戏直播小程序

游戏直播小程序能满足用户交互娱乐、获得良好视觉体验的需求，可以营造新的商业模式和应用场景，将更多的线上服务与线下场景相结合。

6. 社区生活小程序

很多社区服务企业也开发了小程序，提供团购、生鲜、上门服务等业务，方便企业获取用户信息，开发新用户，深度维系与留存用户。

图5-25　电商企业小程序

5.4.2　小程序的筹备和上线

1. 设计小程序名称

（1）小程序的名称要明确。用户的需求点往往很明确，越明确的小程序名称吸引到的用户越精准。例如，小程序"递名片"可以帮助用户制作和分享自己的电子名片；小程序"图片文字识别"可以帮助用户提取图片中的文字。

（2）小程序一定要足够垂直，能够解决细分领域中的常见问题。例如，如果做程序员技能培训，小程序的名字最好别叫"技术培训"，不妨将"技术培训"拆分成"PHP培训""Python培训""Swift培训"等，即通过关键词拆分形成小程序矩阵。小程序矩阵案例如图5-26所示。

图5-26　小程序矩阵案例

（3）新媒体运营者可以根据百度指数选择用户搜索频次较高的热词，并将其放入小程序名称中。

2. 注册小程序

注册小程序的主体是企业主体或个体工商户，其需要提供营业执照、管理员邮箱、姓名和身份证号码等相关信息。注册审核一般需要1～5天。

3. 添加项目组成员

在微信后台，新媒体运营者可以添加项目组成员，并赋予不同的项目组成员登录、数据分析等权限。

4. 设置服务通知消息模板

服务通知类似于App中的消息通知，统一在微信聊天页的"服务通知"模块中展示。在开发过程中，可以为每个小程序添加25个消息模板，消息模板可以从现成的模板库中选用；如果没有现成的消息模板，开发者可以申请模板。如果选用的模板库中没有自己需要的字段，也可以申请添加字段。

5. 开通微信支付

小程序中的支付接入工具主要有小程序支付、代金券和立减优惠、现金红包、企业付款。不同类别的商户，微信支付所收取的手续费也有所差异。

5.4.3 小程序的流量入口

小程序中没有"粉丝"概念，它缺乏有效的用户留存机制，也缺乏用户唤醒手段，这导致小程序很难像微信公众号一样有稳定的流量。其流量入口主要有以下几个。

1. 附近的小程序

新媒体运营者在小程序后台添加地点之后，用户可以在小程序界面中通过"附近的小程序"查找小程序。

2. 服务通知

服务通知主要是给用户推送小程序通知，所有的微信小程序入口都在微信聊天页的"服务通知"模块中，用户点击"服务通知"可以进入小程序主页或需要跳转的界面，这是小程序重要的入口。

3. 小程序码分享

小程序的推广离不开分享。新媒体运营者可以将小程序码分享到朋友圈里，印在小礼品、商品的外包装上。只要小程序有足够的吸引力，裂变方法得当，效果往往很不错。

4. 与微信公众号关联

如果企业有微信公众号，可以在小程序后台将小程序与微信公众号相关联，这样就可以把微信公众号中的用户精准地导流到小程序中。

5. 社群转发

新媒体运营者可以找到一些包括目标用户的微信群（或自建微信群），把小程序推荐给他们。同时配合现金红包和立减优惠，鼓励用户二次转发。

6. 社交"立减金"

用户在小程序内完成支付后，新媒体运营者可向用户赠送购物"立减金"，用户只有分享给好友后才能领取，好友领取之后可进行新一轮的消费。

7．卡券+小程序

新媒体运营者将卡券与小程序相结合，可以满足"送礼"这个场景，达到较好的裂变效果。比较有代表性的是星巴克的"用星说"，用户在小程序中购买星享卡后，可以赠送给好友，吸引其打开小程序。

8．营销工具实现裂变

新媒体运营者可以通过第三方提供的分销、拼团、砍价、秒杀等营销工具来刺激用户消费，激励用户邀请用户，实现快速裂变，并给予其相关的优惠和奖励。

素养小·课堂

不信谣、不传谣、不造谣

六翅肯德基怪鸡、康师傅地沟油、娃哈哈肉毒杆菌……近年来网络上经常出现一些食品谣言，这些未经核实的内容被一些微信公众号推送和转发之后，给部分企业带来了较大的经济损失。对此，娃哈哈、康师傅、肯德基等企业曾联合将涉嫌传谣微信公众号背后的运营公司告上法庭，要求其赔偿经济损失。由此可见，新媒体运营者一定要遵守相关法律，核实信息来源，不乱发未经核实的信息，不能编造、散布谣言。广大微信用户也要保持冷静理性，通过权威新闻媒体了解真实信息，自觉做到不信谣、不传谣、不造谣，共同维护良好的网络环境。

【综合实训】

（一）实训目标

学生已经掌握了朋友圈、微信公众号、微信小程序等的运营方法，通过本实训活动，学生可以深入领会微信运营中的内容建设、微信"加粉"、社交推广等工作，加强对微信运营的理解和应用。

（二）实训任务

1．教师介绍企业项目（案例）。

2．根据企业项目编辑1～3篇朋友圈图文消息，并且使用所学的营销策略。

3．根据企业项目的营销需要，注册微信公众号并运营。

4．根据所学的文案撰写策略，撰写1～3篇微信文案。

5．借助135编辑器编辑1～3篇图文消息，并将其发布到微信公众号中。

6．策划一场关于微信小程序的推广活动。

（三）实训步骤

1．教师演示装修朋友圈，学生练习装修自己的朋友圈，并在朋友圈中发布2条有关企业项目的内容。

2．教师演示微信公众号的申请、管理和运营，演示如何利用微信编辑器编辑图文消息。学生根据企业项目的营销需要，练习自行注册微信公众号并运营。要求学生在微信公众号中发布1～3篇图文消息，熟练掌握135编辑器的使用，使微信公众号拥有超过100位用户。

【知识与技能训练】

一、单选题

1．微信公众平台的账号类型不包括（　　　）。

    A．订阅号　　　　　B．服务号　　　　　　　C．小程序　　　　　　D．个人号

2．通过（　　　）分析，新媒体运营者可以了解文章阅读量的变化。

    A．内容　　　　　　B．用户　　　　　　　　C．菜单　　　　　　　D．消息

二、多选题

1．微信公众号的"加粉"方法有（　　　）。

    A．内容"加粉"　　B．热点"加粉"　　　C．互动"加粉"　　　D．外推"加粉"

2．微信小程序的商业应用场景包括（　　　）。

    A．企业名片小程序　　　　　　　　　　B．在线服务小程序

    C．餐饮服务小程序　　　　　　　　　　D．社区生活小程序

三、简答题

1．什么是朋友圈运营的"343原则"？

2．服务号与订阅号有哪些不同？

3．微信公众号"加粉"的方法有哪些？

4．请介绍几种微信公众号活动策划的方案。

5．微信公众号数据分析包括哪些功能？

四、实训题

请举出3个知名度较高的微信公众号，并分析其从事的主要领域、主要内容、粉丝数量及运营方式。

公众号名称	主要领域	主要内容	粉丝数量	运营方式

项目六

今日头条运营

学习目标

主要知识	了解今日头条的功能与特点
	熟悉头条号的后台功能
	熟悉微头条、头条图集等产品
	了解悟空问答的特点与功能
核心技能	具备运营头条号的能力
	掌握西瓜视频的运营策略
	掌握悟空问答的运营方法
素质目标	提高团结协作的意识
	具备对自媒体热点的敏感度
	提高新媒体内容创作素养

内容体系

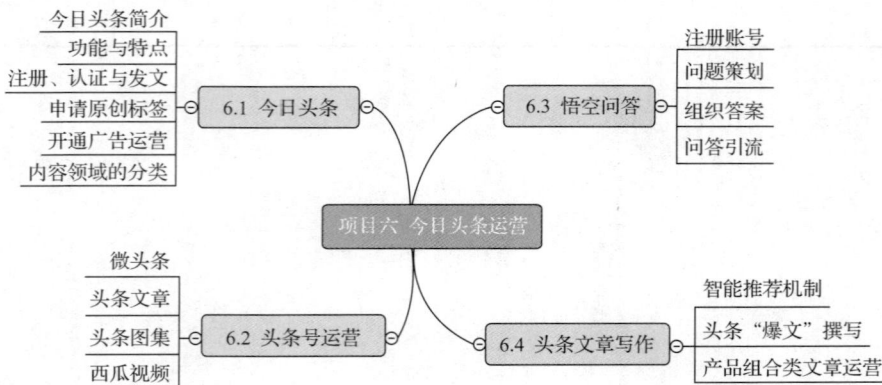

太平洋保险×幻幕广告

随着金融科技时代的到来，传统金融陷入营销乏力、品牌认知度和市场辐射力减弱的窘境。这是因为传统广告投放不够精准、素材普通，很难打动目标用户。

太平洋保险深谙传统广告投放的缺陷，明白在移动碎片化阅读时代，必须利用广告与用户接触的"黄金3秒"迅速打动用户，延长用户与广告的"亲密接触时间"。据统计，用户对幻幕广告的停留时长较普通落地页有30%以上的提升，于是，太平洋保险选择了今日头条的幻幕广告。

此次太平洋保险以"爱值得被爱"为主题，通过讲述"上班族"救助城市里流浪猫的故事，折射出保险行业"付出与回报"背后的温情和安全感。

幻幕广告融合今日头条信息流广告优势，在资讯场景中与用户建立连接，在播放视频的同时将用户带入太平洋保险的价值立意，使用户达成品牌认同。同时，幻幕广告花样互动、无缝拼接的特点，使广告主的营销创意可以在多媒体的内容环境中更生动地演绎，提升营销价值。

此次太平洋保险采用幻幕广告进行营销，总曝光量高达5100万，总点击量为142万，点击到达率约为2.75%，视频完播率高达10%，人均广告展示次数为2.9次，页面平均停留时长达65.25秒，停留时长比普通落地页提升了220%。

【案例思考】

什么是广告的"黄金3秒"？太平洋保险为何选择今日头条作为广告传播媒体？

【案例启示】

"黄金3秒"是指在移动媒体中，用户注意力停留的时间很短，可能只有2~3秒，所以广告要向用户展示他们最感兴趣的内容，以吸引用户点击或观看。

今日头条作为新媒体时代的自媒体传播平台，用户数量多、访问量大，平台中的内容推荐算法先进，内容往往能激起用户的兴趣，所以营销效果好，是当前主流的网络广告平台。

6.1 今日头条

6.1.1 今日头条简介

今日头条是北京字节跳动科技有限公司开发的一款基于数据挖掘的推荐引擎产品，为用户推荐信息，提供连接人与信息的服务，是我国移动互联网领域成长较快的网站之一。

今日头条不是传统意义上的新闻网站，它没有采编人员，不生产内容，运转核心是一套由代码搭建而成的算法。算法会记录用户在今日头条上的每一次行为，从用户的行为中分析用户感兴趣的内容，并将这些内容精准地推送给用户。

截至2020年6月，今日头条累计激活用户数已达7亿，日活跃用户数超过1.75亿。据统计，今日头条创作者发布文章的平均字数为845字，视频长度平均为3分钟。这些内容在今日头条平台上收获了良好的分发效果，平均每150篇文章中就有一篇阅读量超过10万。

今日头条还推出了开放的内容创作与分发平台——"头条号"，这是针对媒体机构、国家机构、企业等推出的专业的信息发布平台，致力于帮助内容生产者在移动互联网上高效率地获得更多的曝光和关注。由于今日头条的访问流量比较大，新媒体运营者一般可以将其作为内容的首发平台，以保证文章的曝光度。

6.1.2 功能与特点

1. 头条号

头条号是今日头条为摆脱内容原创性不足、避免侵权而打造的自媒体创作平台。今日头条借助头条号能实现用户和广告商的连接，形成一个更加稳定、持续发展的内容生态体系。当前，今日头条致力于扶持优质的原创内容，希望培养有潜力的创作者。截至2019年12月，头条号平台上的账号数量已超过180万个，其中包括一些国家机构、媒体机构和企业开设的官方账号，它们每天发布约80万条内容，创造超过50亿次内容消费。头条号的界面如图6-1所示。

图6-1 头条号的界面

2. 微头条

2017年4月，今日头条上线了新功能——微头条，支持用户快速地发表最新动态和热点资讯。

微头条本质上是今日头条的UGC产品，其内容生产是一种低门槛和低成本的创作方式。目前，平台主要邀请了一些名人、垂直领域的"达人"、知名媒体机构、各级政府部门、知名企业入驻。微头条的界面如图6-2所示。

3. 西瓜视频

西瓜视频是今日头条旗下独立的短视频App。2016年5月，西瓜视频的前身——头条视频正式上线；2017年6月，头条视频正式升级为西瓜视频；截至2019年7月，西瓜视频日活跃用户数达到5000万，月活跃用户数达1.31亿。

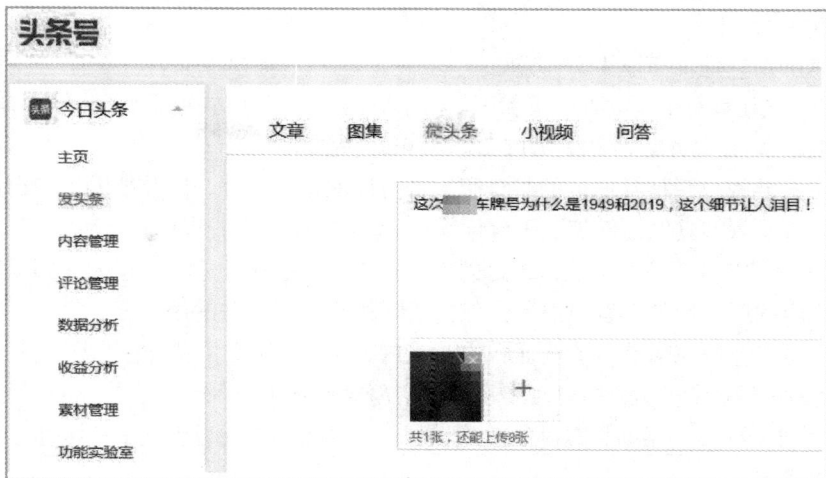

图6-2　微头条的界面

4．头条指数

头条指数是今日头条推出的一款数据公共服务产品。不同于微信指数、百度指数和微指数等指数产品，头条指数是基于今日头条智能分发和算法推荐所产生的海量内容数据得出的。

头条指数基于今日头条大数据分析，反映了用户在智能分发下的阅读及互动行为。新媒体运营者可以使用头条指数捕捉用户的兴趣和关注点，监测社会舆情，为精准营销、舆情应对乃至学术研究提供重要的数据参考。作为内容生产、传播、营销、舆情监控的重要工具，头条指数致力于用数据服务个人和机构，提供丰富、及时的数据。

6.1.3　注册、认证与发文

1．账号注册

今日头条的账号与旗下的相关服务或App是共享的，一个账号可以在多处使用。

新媒体运营者一般需要用自己的手机号进行注册，并将其作为网站账号，然后通过手机验证码验证自身的真实性。当然，新媒体运营者也可以借助QQ或微信等第三方平台的账号登录。账号注册界面如图6-3所示。

图6-3　账号注册界面

2. 账号认证

今日头条的账号认证有以下3种方式。

企业用户需要用计算机浏览器打开今日头条的认证界面，并登录今日头条账号，提交认证所需的资料，支付认证审核服务费。平台预计在2个工作日内完成审核。

个人用户需要提供手持身份证的半身照、身份证的正面照片，以及能够证明自己身份的资料，如工作证、盖章的其他证件等。平台预计在7个工作日内完成审核。

个人用户还可以申请兴趣认证，成为创作者。申请兴趣认证的个人用户必须是在某个领域内持续贡献内容的用户。创作者申请条件包括清晰的头像、合法的用户名、绑定手机号、在微头条发布过内容。考核规则是申请认证后的30天内，要贡献4条本领域的优质回答。

新媒体运营者通过考核后会拥有独家标志，彰显独特的身份；平台将会优先推荐新媒体运营者发布的内容，增加曝光度，帮助其实现快速"涨粉"，而且新媒体运营者还享有其他的专属特权。

3. 发文规范

新媒体运营者在今日头条发布文章需要遵守平台的内容管理规定，且发布的文章需要通过平台的审核。文章进入审核流程后，如果被审核程序确认为内容重复，则不予推荐。不予推荐的内容将退回新媒体运营者修改，直至内容合规。

常见的被审核程序拦截的情况包括：标题全部为外文或含有繁体字；全文有大段乱码；标题含特殊/敏感信息；标题冒用头条名义；标题不雅甚至恶俗；内容含有二维码、电话号码、网址链接等信息；内容低质、不完整、不丰富；等等。

6.1.4 申请原创标签

今日头条平台鼓励创作者发布原创内容，原创内容可以受到相应的保护，而且推荐次数及广告费都会相应增加，这也是新媒体运营者非常想获得的一项特权。

新媒体运营者要想申请开通图文原创，账号主体需是个人、群媒体、新闻媒体或企业；账号在前期已实名认证；账号入驻时间超过30天；最近30天内已发文超过10篇，且没有图文原创标签审核记录；账号无违规处罚记录；账号内容原创且优质。

今日头条平台为鼓励创作者发布原创内容、优质内容，先后出台了"青云计划""千人万元签约计划"等，努力构建良好的内容生态。

今日头条于2018年6月推出了"青云计划"，平台每天奖励至少100篇优质文章，每篇文章奖励300元。截至2019年3月，"青云计划"奖励文章数突破了5万篇，7426个优质头条号累计获得了超过2000万元的现金奖励。获奖文章覆盖了53个垂直领域，既有文化、科技、体育等常见领域，也有宠物、摄影、家居等小众领域。

协作与训练

请查询相关资料，仔细研究"青云计划""千人万元签约计划"各自的内容和主要目的。

新媒体运营者要想申请原创标签，需要先登录头条号，进入"个人中心"后点击"我的权益"，点击"账号权限"，即可在功能列表中申请"图文原创""视频原创""连载功能""千人万元"，以及设置或申请"头条广告""自营广告""外图封面"等功能，如图6-4所示。

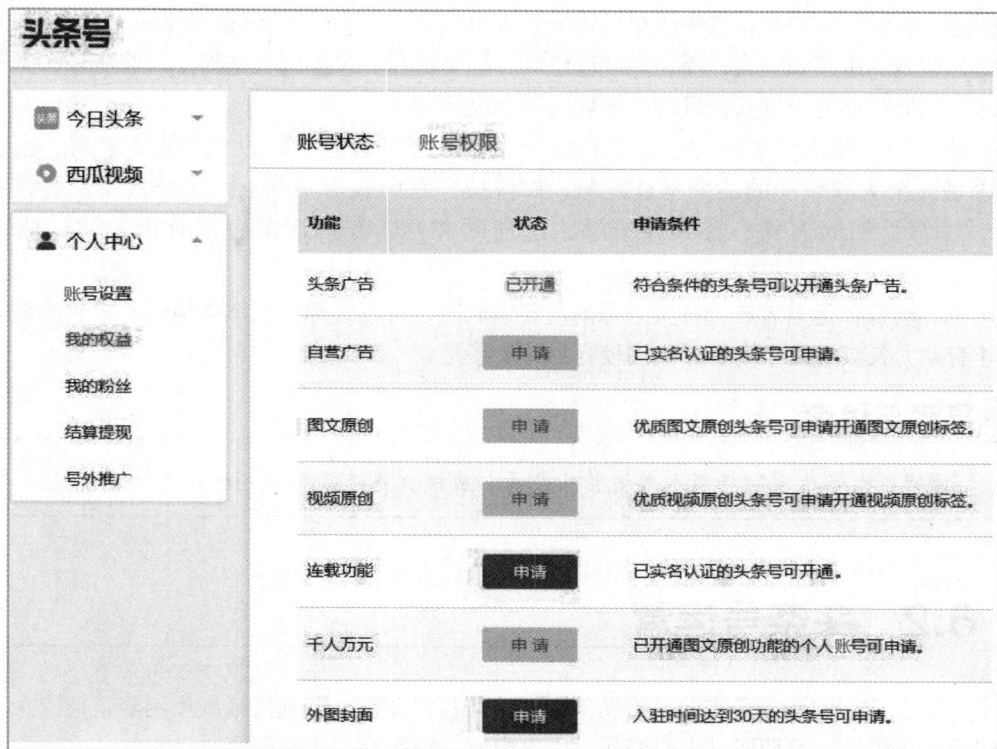

图6-4　申请原创标签

6.1.5　开通广告运营

作为一个移动资讯平台，今日头条的主要赢利方式是广告费和平台补贴，其中广告费分为头条号广告收入和自营广告收入。

第一是头条号广告收入。新媒体运营者在今日头条平台的主要收入为头条号广告收入。头条号界面中设有广告位，广告的阅读量与新媒体运营者的广告收入成正比。

第二是自营广告收入。自营广告相当于新媒体运营者自己的广告空间，新媒体运营者在此既可以宣传自己的内容，也可以与广告商合作。发布自营广告需要拥有相关资格。例如，如果账号代理某产品，则必须获得制造商的合法授权。新媒体运营者在头条号广告和自营广告两者之间只能选择一个。

第三是平台补贴。当前，来自今日头条官方的补贴逐渐成为新媒体运营者的主要收入来源之一。自2015年9月起，头条号平台先后推出了"千人万元计划""礼遇计划""千万粉末计划""青云计划"等，这都是为了鼓励新媒体运营者创作出优质内容。例如，"千人万元计划"用以支持1000名头条号创作者，保证每人每月可获得至少10000元的收入。

6.1.6　内容领域的分类

今日头条通过小视频、内容分发、问答等方式布局资讯矩阵，并不断涉足细分垂直领域，努力打造内容"帝国"。

当前，今日头条中热门的内容领域主要包括历史、娱乐、军事、时尚、育儿、社会、游戏、情感、旅游、影视等，其中历史、娱乐、军事这3个内容领域的阅读量排在平台的前3位。这些内容领域的用户规模大，潜在的阅读量高，但是流量竞争也比较激烈，一些账号占据领先位置后，其他账号很难进入，且容易出现内容重复等情况。

一些冷门领域的竞争压力小、平台扶持少，对新媒体运营者的专业度要求高。这些领域可以是一个大领域中的某个垂直方向，如科技、职场等。还有一些特殊领域，如健康、财经、法律、新闻事件、公共政策等，这通常需要新媒体运营者拥有相关的职业资质证明。

所以，新媒体运营者在选择头条号的内容领域时，可以选择自己感兴趣的、擅长的领域，这样才有动力长久地发布内容，也比较容易寻找素材。

🎓 思考与讨论

请问，大学生或职场新人要运营头条号，应该优先选择哪些领域，为什么？

⦿ 6.2　头条号运营

个人或企业运营头条号主要是借助头条号这一自媒体平台持续传播优质内容，树立企业形象，吸引用户关注，后期通过内容变现、广告投放、导购等方式实现商业目的。

6.2.1　微头条

微头条是今日头条旗下的一款轻资讯阅读平台，它基于数据技术聚合社交媒体热点内容。新媒体运营者可以通过微头条找到自己喜欢的内容，如搞笑、健康、萌宠、美食等内容。

1. 运营策略

微头条平台上的内容形式主要以文字和图片为主，篇幅不宜太长。主要运营策略包括以下几个方面。

（1）篇幅。篇幅以200～300字为宜，如讲清楚一件事情、讲好一个故事、通告一篇新闻。

（2）作用。新媒体运营者可以利用微头条与用户互动，在互动的过程中提升用户的好感度，让用户直接关注。

（3）福利。新媒体运营者可以巧妙利用微头条进行福利放送，如用户转发微头条内容并关注账号，就可以获得免费的课程或福利，以福利引导用户关注。

（4）问候用户。新媒体运营者利用微头条对用户发送问候，可以提升用户的好感度和信任度。

（5）"蹭"热度。众所周知，名人一向不缺话题，也是大众关注的焦点，新媒体运营者可以关注名人的动态，在名人的微头条评论中占据前排位置，从而在其他用户阅读名人动态时，提升新媒体运营者发布内容的曝光量，提升"加粉"的效率。

（6）配图。新媒体运营者在微头条平台发布内容时可以搭配相应的图片，或者直接发图片帖（图集），以进一步加深用户对资讯内容的直观认知，如图6-5所示。

图6-5 在微头条平台发布内容时搭配相应的图片

2. 微头条内容要素

一篇优质的微头条内容一般具备以下5个要素。

（1）垂直度。新媒体运营者所写的内容主题最好与自己从事的领域一致，这样更能获得用户的认同，彰显自己的专业性，从而吸引用户关注。

（2）原创度。原创内容有利于获得系统的推荐，一个没有原创内容的微头条账号很难持续提升影响力。

（3）差异化。微头条账号最好要有自己的品性和风格，差异化程度越大的内容越容易被用户识别，从而快速积累影响力。

（4）健康度。任何时候，新媒体运营者都不要违反平台规则，不要投机取巧，利用低俗、违规话题引发用户关注。要想长期健康运营，新媒体运营者发布的内容与配图必须符合平台内容的要求。

（5）传播性。好的微头条内容要具备传播性，不管是内容创意还是配图，都应该激发用户的阅读欲望，从而扩大内容的传播范围。

6.2.2 头条文章

1. 发表文章

新媒体运营者发表头条文章时，需要先设置文章标题，标题长度一般在30个字以内。正文支持图文混排，一篇文章最多可以有20000字，但合适的字数为1000～1500字。

新媒体运营者在编辑文章时，可以选择直接插入图片，图片可以是本地图片或素材图片。头条文章还支持插入文章链接、小视频、音频、小程序、投票等，以提升文章的互动性，编辑文章界面如图6-6所示。

图6-6　编辑文章界面

　　为了增强文章的吸引力，优化用户阅读体验，新媒体运营者发表文章时可以自己设置封面图片，选择单图、三图、自动3种模式，图片可以从正文所有配图中选择或从素材库中选择。设置封面界面如图6-7所示。

图6-7　设置封面界面

2.文章的结构

　　移动互联网时代是快速阅读时代，大多数用户都有碎片化阅读的习惯，因此头条号文章要尽可能做到图文并茂，以增强文章的可读性、阅读的便利性，缩短用户阅读时间，确保用户可以快速浏览完整篇文章，避免因为繁多的内容、杂乱的排版让用户失去耐心、退出页面。

所以，新媒体运营者对头条文章进行排版时，要确保标题新颖、文章简短、分段合理、排版规范、内容连贯。

新媒体运营者写文章时一般采取"三段式"结构。所谓三段式，就是将一篇文章按照三段的写作模式来谋篇布局：第一段开门见山，提出要解决的问题和自己的观点，或者把时间、地点、人物和主要事件及时点出；第二段要摆出事实或提出论据，或者把事情发展的经过详细写出来；第三段得出结论或原因。

文章的"三段式"结构如图6-8所示。

文章既要有大标题，还要有小标题。大标题要概括全文，吸引用户阅读；小标题介绍段落主要内容，给用户继续读下去的理由，确保文章前后衔接、内容连贯、结构清晰、过渡自然，用户根据大、小标题便可略知全文，如图6-9和图6-10所示。

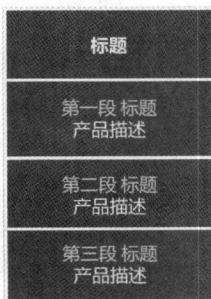

图6-8　文章的"三段式"结构

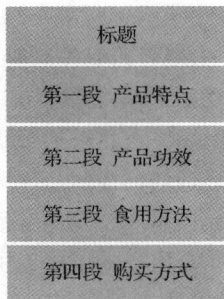

图6-9　文章结构

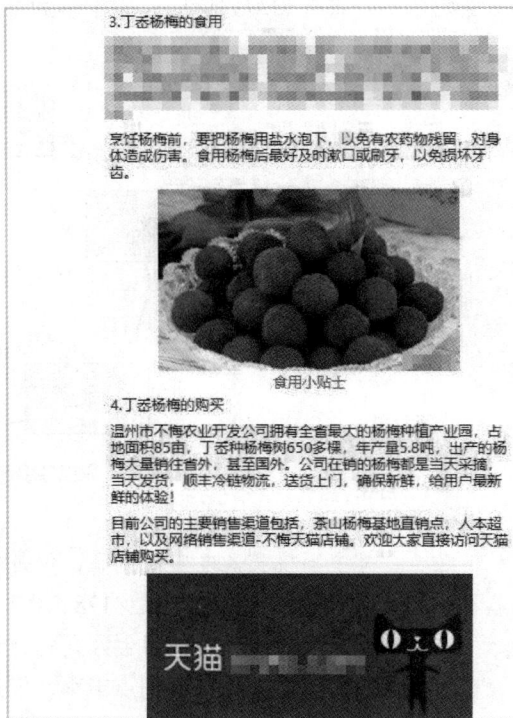

图6-10　例文

3. 图文编辑策略

新媒体运营者开展头条号运营，都希望写出阅读量"10000+"的"爆文"，要想达到这个目的，就要先了解头条文章的推荐机制。

为了让受欢迎的内容被更多用户看到，不受欢迎的内容不占用过多推荐资源，头条号在推荐文章时会分批次将文章推荐给可能对其感兴趣的用户。文章首先会被推荐给一批最有可能对其感兴趣的用户（用户的阅读标签与文章标签重合度最高，被系统认定最有可能对该文章感兴趣），这批用户产生的阅读数据将对文章下一次的推荐起到决定性作用。阅读数据包括点击率、收藏数、评论数、转发数、读完率、页面停留时长等，其中点击率的权重最高。

文章的首次推荐如果点击率低，系统会认为该文章不适合推荐给更多的用户，从而减少二次推荐的推荐量；如果点击率高，系统则认为该文章受用户喜欢，将进一步增加推荐量。以此类推，文章新一次的推荐量都是以上一次推荐的点击率为依据。此外，文章过了时效期后，推荐量将明显衰减，时效期节点通常为24小时、72小时和一周。

头条号的这种扩大推荐机制使新媒体运营者要想使文章获得更多的阅读量，就必须努力把各维度阅读数据维持在高水平。具体方法可参考以下几个方面。

（1）标题和封面图具有足够的吸引力，表意清晰，以提高文章的点击率。

（2）图文并茂、通俗易懂，从而增加用户的平均阅读时长。

（3）内容翔实，让用户感到内容很充实，以增加文章的收藏数和转发数。

（4）观点鲜明，有自己的风格，引发用户讨论，以增加文章的评论数和转发数。

其中，至关重要的是文章的点击率，因此文章标题和封面图至关重要，这是在用户注意力稀缺时代，文章获得广泛传播的关键要素。

新媒体运营者要想写好标题，最重要的是激发用户的情感，而激发用户情感的标题写作思路如图6-11所示。

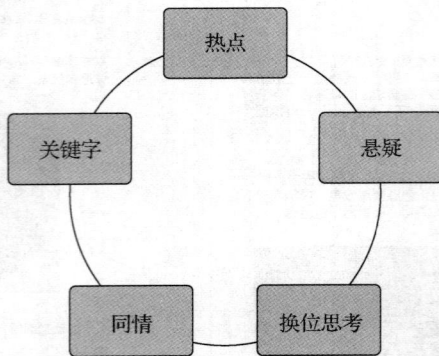

图6-11　激发用户情感的标题写作思路

具体案例如下。

《中国机长》电影看完了，但是你知道挡风玻璃为什么会碎吗？

中国服装销量一年减少178亿件！中国人不爱买衣服了？

穿越千年！看看中国古人是怎样过重阳节的

有吸引力的标题能提高文章的点击率，但这并不意味新媒体运营者要成为惯用夸张标题的"标题党"。恰恰相反，"标题党"会被平台通过技术手段识别并打压，缩减其推荐量。另外，用户举报较多、负面评论过多、无效异常点击、时效期已过等都会缩减文章推荐量。

封面图最好是清晰、新颖、美观的，且与文章内容关联密切，图片分辨率不低于172像素×120像素。新媒体运营者可以选一张用户一看就有点击欲望的图片作为封面图。

✍ **拓展资源**

今日头条算法推荐系统原理

今日头条算法推荐系统主要涉及3个维度的变量。一是内容特征，图文、视频、UGC、问答、微头条等，每种内容都有自己的特征，需要分别提取。二是用户特征，包括兴趣标签、职业、年龄、性别、机型等，以及很多模型刻画出的用户隐藏兴趣。三是环境特征，不同的时间、不同的地点、不同的场景（工作、通勤、旅游等），用户对信息的偏好也有所不同。结合这3个维度的变量，今日头条算法推荐系统可以判断出这个内容在这个场景下推送给这个用户是否合适。

6.2.3　头条图集

头条图集是今日头条内容的重要组成部分，它以高质量的图片和配文为主要内容，吸引用户阅读。新媒体运营者可通过图集介绍新闻资讯、热销产品、社会百态、美文美景等，从而吸引用户、带来流量。

1. 发布图集

（1）登录头条号，然后单击界面左侧菜单中的"发头条"选项，再单击界面上方的"图集"选项，如图6-12所示。

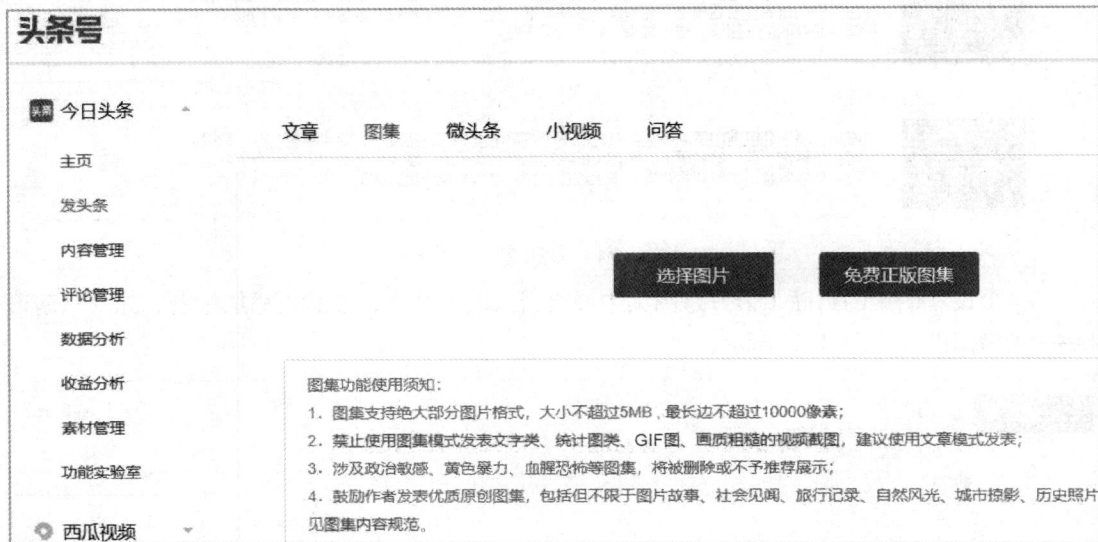

图6-12　发布图集

（2）选择要插入的图片，新媒体运营者可以自己上传，也可以使用免费正版图片或图库、素材库中的素材。图片应不少于3张，要足够清晰，不能带水印，不能包含较多推广信息。新媒体运营者也不能发布不实内容和违背相关政策与法律法规的内容，如图6-13所示。

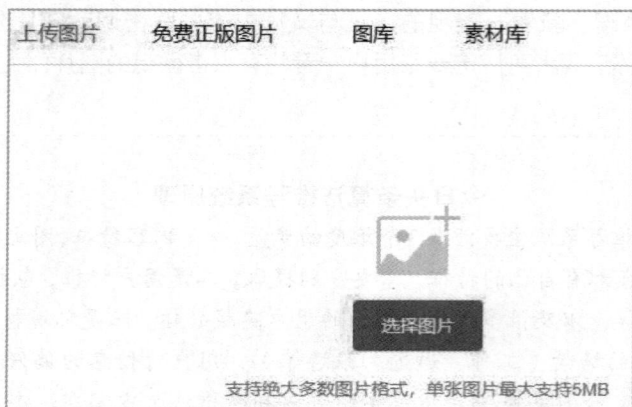

图6-13 上传图片

（3）上传图片之后，可以在图片右侧添加图片说明，如图6-14所示。

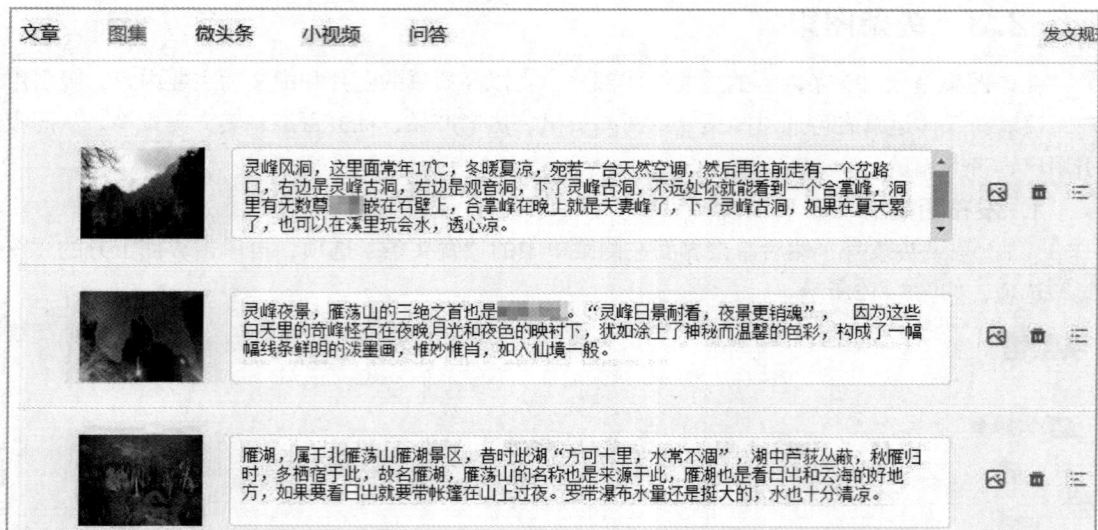

图6-14 添加图片说明

（4）设置图集的封面（最好是图集中最吸引人的图片），然后再添加标题，如"东南形胜——雁荡山"，如图6-15所示。

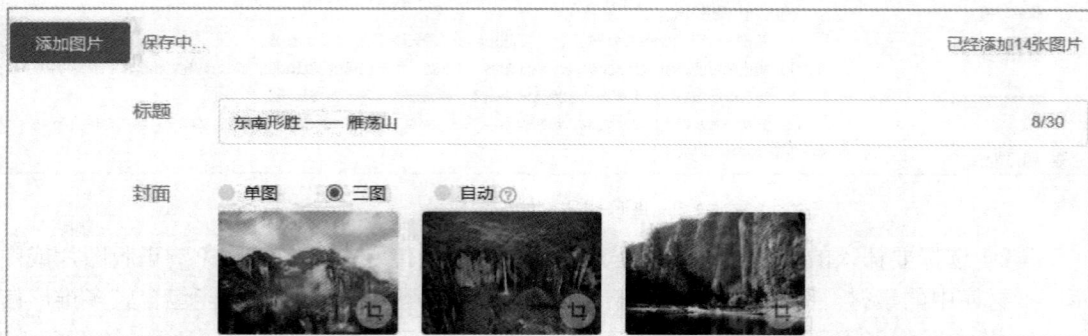

图6-15 添加标题和封面

（5）设置投放广告，设置完成后即可发表。

2. 策划图集主题

图集的优势是给用户提供连续阅读的机会，全面介绍一个主题，便于用户从不同角度加以理解，如"炎炎夏日，让这5款连衣裙带给你清凉感！"从而可以逐一介绍这5款吊带连衣裙的风格、款式、颜色、材质、上身效果等。

图集中还可以包含多个人物、事物、产品、情景等，便于用户进行对比分析。例如，在"四驱越野车如何选购？"图集中，新媒体运营者可以将丰田、大众、通用、长城等几家企业的越野车进行对比，分别介绍各自的优缺点，这样便于用户全面掌握信息。

新媒体运营者策划图集主题时需要为其准备6～10张图片，图片最好是自己拍摄的，且足够清晰，没有水印；每张图片可以配以100字左右的解说（图释），且不要有错别字；图片设置的前后顺序要准确、逻辑关系要清晰。

思考与讨论

请思考可不可以利用图集做两个产品的对比分析？如果可以，说说应该怎么做？

3. 商品号图集运营

新媒体运营者在头条号平台还有一个更方便的盈利方式——销售商品，俗称"带货"。为此，头条号平台开通了商品号。

当前，开通头条商品号的条件为账号的粉丝数量达到2000，头条号指数达到650。

商品号图集运营策略如下。

（1）选品。新媒体运营者在头条号平台销售的商品要经过平台审核，平台对部分商品类别会有所限制。例如，保健药品、管制刀具、美容器械等都不能在头条号平台进行销售。

（2）图片。新媒体运营者需要拍摄和展示商品的高清大图；图片内容一定要健康、规范，不能出现一些导向不良的内容；图片的数量一般控制在10张左右，因为用户没有耐心看太多的图片。

（3）内容。图集的标题不要过于夸张，能够吸引用户就好。新媒体运营者不需要为图集写太长的介绍，但在撰写介绍的内容时应尽量体现商品的特色。

6.2.4 西瓜视频

西瓜视频是今日头条旗下的独立短视频App。它基于人工智能算法为用户进行短视频推荐，能让每一位用户发现新鲜、好看并且符合自己兴趣的短视频。其视频分类包括音乐、影视、社会、农人、游戏、美食、儿童、生活、体育、文化、时尚、科技等。目前西瓜视频已与央视新闻、澎湃新闻等多家知名媒体机构达成版权合作，其界面如图6-16所示。

目前，西瓜视频中的内容以PGC为主，定位是个性化推荐的聚合类短视频平台。其分发模式：通过算法分析用户的浏览量、观看记录、停留时长等数据，然后为用户进行短视频推荐。西瓜视频非常注重内容平台的建设。西瓜视频的价值不仅在于其能提供资源，还在于它是新的流量入口。

图6-16　西瓜视频界面

1. 主要功能

（1）视频主页

新媒体运营者可以从头条号直接进入西瓜视频主页，主页中主要展示了短视频运营的核心数据，包括粉丝数、视频播放量、发布的视频总数等，并会展示当前平台正在开展的"创作活动"。

（2）发布视频

新媒体运营者如果想发布视频，可点击"发布视频"，将自己准备好的视频上传到平台。新媒体运营者既可以发布单个视频，也可以创建和发布视频合辑，如图6-17所示。平台会审核新媒体运营者发布的视频，违反相关政策和法律法规的内容，违反公序良俗、含有违禁、敏感信息的内容，不实的内容等，都无法通过审核，且有可能会被平台处罚。

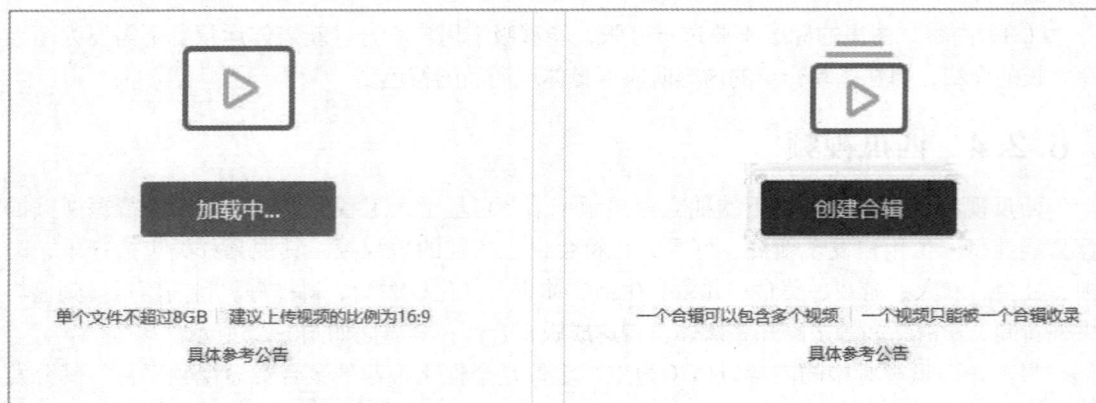

图6-17　发布视频

发布视频时需要填写视频标题和简介，标题长度在5~30个字。标题和简介不要简单堆砌关键词，最好能准确概括视频内容，以突出主题、展现特色。

发布视频时还需要填写视频简介，简介最多可以填写400个字。新媒体运营者通过视频简介可以较为详细地介绍某个场景、某个产品、某个故事，让用户感受到视频视角独特，情节新颖有趣，内容有价值。新媒体运营者也有必要介绍视频的深层含义，引发用户思考并参与讨论，如图6-18所示。

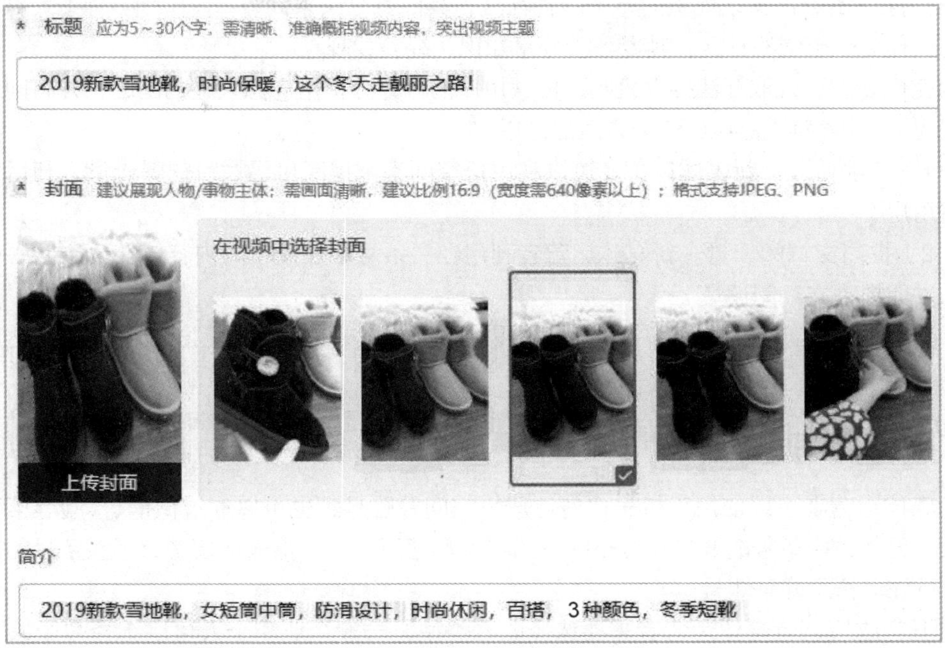

图6-18　填写视频标题和简介

2. 运营策略

（1）明确目标

新媒体运营者首先要明确自己的运营目标是打造品牌，还是提高访问量。

（2）找准领域

新媒体运营者制作短视频时最好找准领域，如美食、旅游、校园、职场等。只要发现了自己感兴趣并擅长的领域就可以稳定产出，从而提升影响力。

（3）要素分析

短视频有三大要素，分别是核心元素、差异化内容和价值观。只有融入了这些要素，短视频才具有生命力，才能够快速脱颖而出。

① 核心元素。核心元素是指短视频想要突出的重点，是人物还是产品？要做产品推荐，新媒体运营者就要将产品在短视频中加以强调突出；要打造个人品牌，新媒体运营者则应该担任整个短视频的主角。短视频的核心元素要确保统一，以便不断加深在用户心中的印象，从而提升影响力。

② 差异化内容。网上每天都有大量的短视频被创作出来，如果短视频不具备差异性，就很难获得传播。新媒体运营者制作短视频时一定要体现差异化和稀缺感，从而使短视频在用户心中占据一席之地。

③ 价值观。短视频要想传播得更广、更深入人心，一定要体现价值观。短视频所传播的价值观可以是有趣的，可以是美好的，也可以是善意的，提醒用户注意什么、改善什么、领悟什么。只有这样，短视频才能引起用户的共鸣和自主传播，提升短视频的影响力。

6.3　悟空问答

悟空问答是今日头条提供的一个问答社区，其前身是头条问答，2017年6月正式更名为悟空问答。作为一个问答社区，其专注于分享知识、经验、观点。

悟空问答主要采取算法推荐机制，根据用户的行为分析用户感兴趣的问题，并将问题推送给相关用户。悟空问答有以下3个方面的作用。

（1）"涨粉"。新媒体运营者可以利用悟空问答来提高自己栏目的曝光量，利用优质问答吸引用户。

（2）提高文章阅读量。新媒体运营者利用在头条号中已发布的内容，在悟空问答中提出问题，进而提高文章阅读量。

（3）获得收益。悟空问答中有多种获得收益的方式，如问答红包、成为问答"达人"，成为签约作者。

6.3.1　注册账号

新媒体运营者可以使用手机号快速注册悟空问答账号，也可以通过微信、QQ等第三方账号登录。另外，头条号的账号和悟空问答的账号是通用的，新媒体运营者有了头条号的账号就无须另行注册悟空问答账号。

注册完成后，新媒体运营者需要选择账号类型，一般企业和个人可以选择"个人"，报纸、杂志、电视、电台等可以选择"媒体"，中央及各级地方行政机关、行政机关直属机构、党群机关等可以选择"国家机构"。

新媒体运营者需要设置悟空问答账号的头像、签名，选择回答领域。头像最好有特色、易记；签名要体现自己关注的领域；选择回答领域时一定要注重垂直度，便于将来成为这个领域的问答"达人"。

6.3.2　问题策划

新媒体运营者在悟空问答开展运营的首要工作是回答问题，但在回答问题之前要先学会选题。由于时间有限，没有人可以把平台中的所有问题回答完，也不是所有问题的答案新媒体运营者都了解。新媒体运营者选择回答的问题应该是问题本身描述清楚、语义表达清晰、传播度高的，以及自己擅长的领域。

例如，人力资源管理总监可以回答面试常见问题"面试官问你期望的薪酬是多少时，实际上是在问什么？"大学老师可以回答问题"××专业是否有好的发展前景？"等。

新媒体运营者在悟空问答不能只回答问题，也要提问。提出的问题一定要有实用性、逻辑性、讨论性等，是用户感兴趣的、具有指导意义的或辩论性较强的问题。

6.3.3　组织答案

新媒体运营者在悟空问答开展运营，内容的原创性和内容质量是关键。只有内容做得足够精湛，才有可能获得较多的阅读量。高质量的答案需要满足3个要素：权威性、客观性、准确性。

（1）答案尽量简单明了、通俗易懂、条理化，字数要在300字以上、800字之内，最好配上合适的图片。因为图片比文字更容易吸引用户，所以新媒体运营者要善于选择一些热门的、有创意的图片作为配图或封面图。

（2）新媒体运营者也可以自问自答。例如，新媒体运营者先用其他账号提出多个有意思的问题，然后自己提交专业回答，营造出账号的专业性。

（3）新媒体运营者在一个时间段内最多可以回答6个问题，不要在答案发布后再进行优化和修改，这很容易导致账号的权重被降低。

（4）新媒体运营者在悟空问答有效回答问题后，平台会不定期地邀请其回答一些相同领域的相关问题。这时新媒体运营者要根据平台的指示去做，回答好这些问题，因为这是成为签约作者的关键。

（5）新媒体运营者也可以将自己的文章配图制作成PPT，或进一步制作成视频。在悟空问答，视频往往能够获得较高的推荐量，这样的答案很容易被评为优质答案。

6.3.4 问答引流

悟空问答提供了一种互动营销模式，新媒体运营者可以通过该平台直接与用户互动，从而达到宣传企业和产品的目的。问答引流的好处就是答案长期有效，几年前撰写的答案可能现在仍然有人在阅读。

悟空问答的推荐机制类似于头条号的推荐机制：先将某人的回答内容推荐给一部分用户看，如果这些用户看的时间比较长（有效阅读），并且做出了点赞或评论的行为，那么接下来该回答内容就会推荐给更多的用户。

为此，新媒体运营者可以采用以下几种方法进行问答引流。

（1）多搜索自己所在的垂直领域的关键字寻找问题，找到问题后，整理核心内容并输出答案，这样可以帮到用户并引起用户的兴趣，进而使用户关注账号。

（2）通过问答引流要以自己的特长和优势为依据，提出与企业或产品相关的问题，并做出一定的分析，然后引出其他用户的回答，并与之进行互动、交流，借机输出富有价值的内容，吸引用户的关注。

（3）新媒体运营者可以在问答内容中合理植入链接和带水印的图片，为自己的头条号或微信公众号引流。

6.4 头条文章写作

新媒体运营者进行头条文章写作时，需要注意以下几个方面。

6.4.1 智能推荐机制

今日头条通过机器分析用户的阅读习惯，不停地给用户贴上标签，然后根据标签进行内容的分发。例如，今日头条通过获取用户阅读过的文章来给用户推荐相似的文章；基于用户阅读了某城市的新闻，推荐该城市的热门文章；通过匹配用户阅读的历史文章的关键词进行匹配推荐；基于社交好友关系的阅读习惯进行推荐；基于用户长期标签进行推荐；基于相似用户习惯的列表进行推荐等。为了提高推荐量，新媒体运营者可采取以下策略。

（1）要想使内容获得高推荐量，新媒体运营者需要加强对内容质量的把关，并尽量将内容放在今日头条平台首发。

（2）保证图片的清晰度和内容符合规范。保证图片在不失真的前提下，大小不超过500KB，图片分辨率控制在600像素×360像素左右，确保图片美观、清晰，并且与文章主题切合，不能涉及违规内容。

（3）保证账号的活跃度，每天准时准点推送内容，培养用户的阅读习惯。每天产出有用的内容，增强头条内容的权威性。

（4）提高互动性，新媒体运营者要在评论区多回复用户的问题，与用户互动。

（5）新媒体运营者发布文章的专业程度要高。

头条运营手册

影响头条文章推荐量的8个因素

1. 点击率及完读率：点击标题并读完文章的人越多，推荐量越高。
2. 分类明确：文章分类越明确，推荐量越高。
3. 文题一致：文章标题与正文内容越一致，推荐量越高。
4. 内容质量：文章内容质量越好，推荐量越高。
5. 账号定位明确：文章题材随意、宽泛的账号，得到推荐的概率更低。
6. 互动数、订阅数：用户越活跃，推荐量越高。
7. 站外热度：在互联网上热度越高的话题，推荐量越高。
8. 发文频率：发文频率越高，推荐量越高。

6.4.2 头条"爆文"撰写

文章的推荐量直接影响其阅读量，推荐量提升了，阅读量也会相应提升。今日头条推荐文章时考核的指标主要有3个，分别是阅读进度、跳出率、平均阅读速度。为此，新媒体运营者要做好以下几方面的工作。

（1）给文章起一个好标题，标题应具有价值性、有趣性。

（2）在标题、首段、末段、图片注释处添加关键词，让平台更容易识别文章。

（3）合理利用标签。"爆文"中经常使用标签，这些标签背后的用户量是巨大的。新媒体运营者在创作内容时使用这些标签，或者针对这些标签创作内容，可以在一定程度上使内容具备"爆文"的特质。

（4）"蹭"热点，将文章内容和热点关联起来，增强用户的点击欲望。

6.4.3 产品组合类文章运营

有些企业希望通过今日头条推荐自己的系列产品，那么就可以策划一篇产品组合类文章。策划时要注意以下几点。

（1）文章中要展示3~5款产品。

（2）正文要合理分段，形成多个要点（小标题），这样逻辑更清晰。

（3）要有与产品相关的干货，可以是产品故事、用户使用感受，新媒体运营者还可以为每个产品添加推荐理由，以增加文章的看点。

（4）如有条件，可以为产品分别提供链接，把产品链接插入文章。

（5）准备产品配图，注意产品配图中不能出现Logo或水印，形成一个产品对应一张图片、一个产品链接、一个推荐理由的格式。

（6）发布文章时选取一张醒目的封面图。

素养小·课堂

自媒体平台不可有低俗违规内容

2018年10月，国家互联网信息办公室会同有关部门，针对自媒体账号存在的一系列乱象，开展了集中清理、整治专项行动，依法依规处置多个自媒体账号。

据悉，这些被处置的自媒体账号有的诋毁英雄人物；有的制造谣言，传播虚假信息，扰乱正常社会秩序；有的肆意传播低俗色情信息，违背公序良俗，损害广大青少年的健康成长；有的肆意抄袭侵权，构建虚假流量，破坏正常的网络传播秩序。这些自媒体违法违规，损害了人民群众的利益，破坏了良好的网络舆论生态，社会对此反映强烈。

相关负责人指出，自媒体平台绝不是法外之地，绝不允许自媒体平台成为某些人、某些企业违法违规牟取暴利的手段；欢迎广大用户、媒体和社会各界共同维护网络传播秩序，营造风清气正、积极向上、健康有序的网络空间。

【综合实训】

（一）实训目标

学生已经基本了解和掌握了今日头条运营的相关知识，通过本实训活动，学生可以了解企业如何开展今日头条运营，如何在今日头条平台开展内容创作和内容营销，实现产品展示和品牌推广。

（二）实训任务

1．登录温州名购网网站，分析网站在售产品，选择一种产品作为推广对象。

2．分析产品的特点，撰写产品简介，拍摄产品图片和短视频。

3．根据头条号运营规则，撰写推广"软文"并在头条号中发布图文，在西瓜视频中发布产品的短视频。

4．运营悟空问答，围绕温州名购网中的产品提出几个问题，开展问答引流，并积极引导用户参与讨论和交流。

5．连续3天在今日头条中推送图文消息、短视频、问答消息，然后分析运营数据，总结引流结论。

（三）实训步骤

1．熟悉今日头条平台的几项核心功能。

2．选择推广的产品，撰写推广"软文"，制作产品图、短视频等素材。

3．教师讲解典型案例，让学生熟悉今日头条运营的策略、技巧、创意与互动。

4．教师和学生代表点评各组（学生）的作品，并选择优秀作品予以展示。

5．分析各项运营数据，总结存在的问题，制订精准化的营销策略。

【知识与技能训练】

一、单选题

1. 西瓜视频的主要功能包括（　　）、分析数据、视频直播等。
   A. 管理视频　　　B. 发布视频　　　　C. 品牌　　　　　D. 广告

2. 短视频有三大要素，即（　　）、差异化内容和价值观。
   A. 视频大小　　　B. 核心要素　　　　C. 视频创意　　　D 环境要素

3. 悟空问答中，新媒体运营者在一个时间段内最多回答（　　）个问题。
   A. 3　　　　　　B. 5　　　　　　　C. 6　　　　　　D. 8

4. 开通头条商品号的条件是粉丝数量达到（　　）人。
   A. 1000　　　　B. 2000　　　　　C. 3000　　　　D. 5000

二、多选题

1. 头条号包括（　　）等产品。
   A. 头条文章　　　B. 头条图集　　　　C. 微头条　　　　D. 西瓜视频

2. 在今日头条发布内容中，（　　）等信息不予发布。
   A. 被机器确认为重复文章　　　　　　B. 标题全部为外文
   C. 文章转自其他自媒体　　　　　　　D. 内容低质、不完整、不丰富

3. 要使头条文章获得更多的阅读量，（　　）等指标需要重视。
   A. 点击率　　　B. 页面停留时间　　C. 收藏数、评论数　D. 转发数

三、简答题

1. 请描述头条文章的推荐机制。
2. 发布头条图集需要经历哪些步骤？
3. 试分析什么样的内容更容易吸引今日头条平台的用户？
4. 悟空问答有哪些作用？
5. 如何写出一篇优秀的头条"爆文"？

四、实训题

"北美风"是一家时尚服装企业，该公司应如何做好头条号的运营？请你提出可行的方案。

短视频运营

学习目标

主要知识	了解各类短视频平台的特点
	熟悉抖音的拍摄方法
	熟悉抖音的运营方法
	学会短视频传播与引流的方法
核心技能	掌握抖音短视频的制作技巧
	掌握抖音的运营与推广技巧
	掌握短视频平台的数据分析方法
素质目标	具备运营抖音的能力
	具备数据分析能力

内容体系

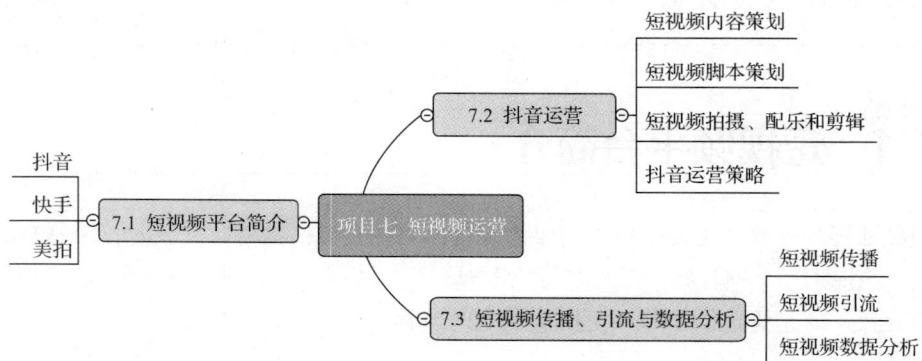

火爆的摔碗酒

因为抖音，西安永兴坊的摔碗酒变得全国闻名，并成为人们在西安旅游的"打卡"地点之一。花几元钱买一碗米酒，一口饮尽，再大喊一声"碎碎平安"，重重地将陶碗摔碎，游客在体验了一把豪爽之余，顺手拍一条抖音短视频，就能获得大量的点赞。由于摔碗短视频在抖音上爆火，原来门可罗雀的店铺现在动辄排起长队。一年下来，永兴坊摔了20多万只陶碗，不仅自家生意兴隆，还让价值0.5元的陶碗升了值。

摔碗酒起源于土家族，花鼓词里唱：摔碗一上手，山斗抖三抖；喝了摔碗酒，家里啥都有；摔碗整一地，桃园三结义。今天的摔碗酒已经成为豪爽和友谊的象征，如图7-1所示。

图7-1　摔碗酒

【案例思考】

一条抖音短视频"带火"一个景区、一种小吃，这背后的"魔力"是什么？

【案例启示】

短视频时代，有趣的内容和灵魂是吸引大众关注的法宝。摔碗酒这种带有丰富文化体验的活动，越来越被人们推崇，加上互联网的病毒式传播，这些景点"想不火都难"。

7.1　短视频平台简介

短视频即短片视频，主要是指将新媒体平台作为主要传播渠道，播放时长控制在3分钟以内的视频。短视频是一种有异于图文和传统影视的新兴传播载体，其在内容形式上具有短小和碎片化的特征。接下来，介绍几个常见的短视频平台。

7.1.1　抖音

1. 平台简介

抖音是一款音乐创意类短视频社交软件，于2016年9月上线。用户可以通过这款软件选择歌曲，拍摄音乐短视频，形成自己的作品，还可以通过调整短视频的播放速度、添加特效等技术让短视频更具创意。

抖音平台用户以年轻人为主，早期以展现潮流音乐、舞蹈为主，强调有节奏感的呈现方式。目前，抖音短视频已经拥有生活、搞笑、美食、人文、亲子、萌宠等多元化内容，这也吸引了不同年龄段的用户。个性化推荐和人工智能图像识别技术为抖音提供了技术支撑，前者帮助用户在抖音中迅速找到自己喜爱的内容，后者则为新的玩法提供了创意基础。

2. 人群分析

截至2020年，抖音日活跃用户数突破3亿，月活跃用户数突破5.5亿。抖音用户每日的活跃高峰时间段有3个：12:00—13:00的午高峰、18:00—19:00的晚高峰、21:00—22:00的夜高峰。

抖音的使用人群大部分是"90后""00后"，他们追求潮流时尚，更愿意表达自己，所以抖音的流量是较为个性化和中心化的。抖音平台上70%的高活跃度用户来自于一二线城市，他们活跃、开放，有消费需求和消费能力。

3. 品牌推广

品牌主可以利用抖音开展品牌推广活动，拍摄高质量、有创意的宣传短视频，通过抖音营销获取粉丝，如图7-2所示。抖音平台上的短视频曝光量极大，每天的播放量在20亿次左右。抖音继承了今日头条的算法优势，可以使广告的投放真正做到千人千面，让广告投放更为精准。

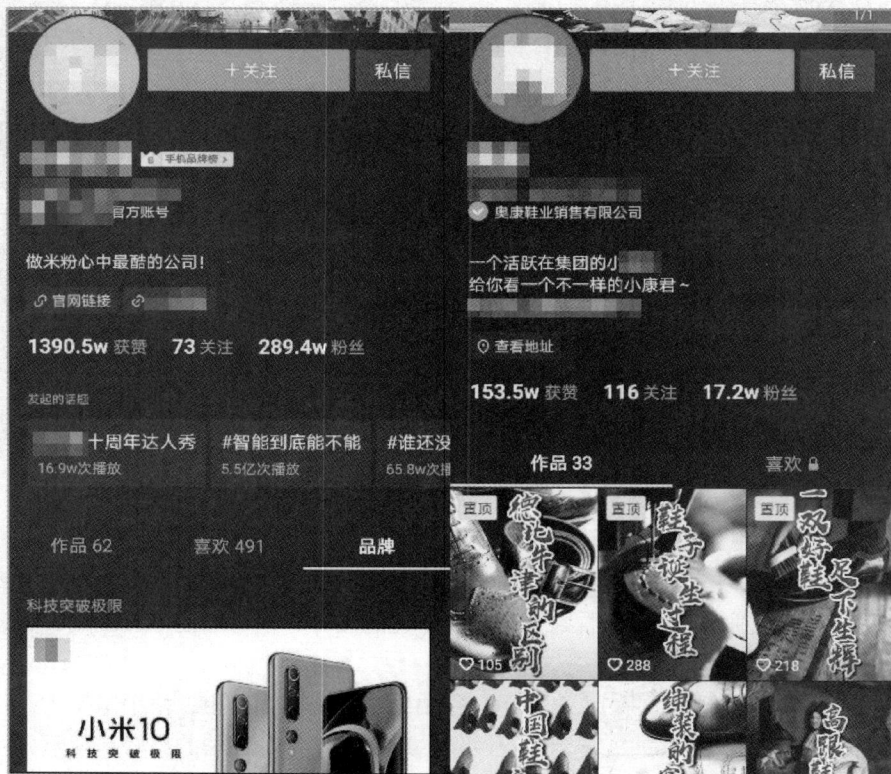

图7-2　在抖音平台开展品牌推广

4. 推荐机制

在抖音平台上，影响短视频曝光量的因素主要有点赞量、评论量、转发量、完播率等。

在抖音平台上，每个短视频诞生初期都在初级流量池内，短视频会被推荐给那些最有可能对短视频感兴趣的用户，然后系统根据第一批用户对短视频的行为反馈，会生成用户对短视频质量的评价，从而决定短视频是否可以进入下一级流量池以获得更大的流量。

如果短视频在初级流量池内表现不好，就无法进入下一级流量池。如果流量较少，新媒体运营者可以合理地运用"DOU+"（抖音的付费推广工具）增加短视频流量，但前提是短视频内容要足够优质，如果短视频内容质量不高，新媒体运营者使用任何工具都难有效果。

7.1.2 快手

快手是北京快手科技有限公司旗下的产品。目前，快手已经从纯粹的工具应用转型为短视频社区，被用户用于记录和分享美好生活。随着智能手机的普及和移动流量成本的下降，快手迎来了在短视频市场的快速发展。截至2020年6月30日，快手月活跃用户数为4.85亿，日活跃用户数为2.58亿，其网站首页如图7-3所示。

图7-3　快手网站首页

在快手平台上，用户可以用短视频记录自己的生活点滴，也可以通过直播与用户实时互动。快手平台上的内容覆盖生活的方方面面，用户遍布全国各地。在这里，用户能找到自己喜欢的内容，找到自己感兴趣的人，看到更真实、有趣的世界，也可以让世界发现真实、有趣的自己。

快手的用户定位是"社会平均人"，用户主要分布在二三线城市，快手坚持的一条主线就是"专注普通人的生活，给普通人展示自己的舞台"。快手推荐算法的核心是理解，包括理解内容的属性、理解人的属性。快手根据用户和内容的历史交互数据，然后通过一个模型预估内容与用户的匹配程度。

> 请大家拿出自己的手机，下载抖音 App 和快手 App，了解它们的特点和使用方法。你觉得这两个平台有何不同？

7.1.3 美拍

美拍是一款支持用户开展直播、制作小视频的软件，于2014年5月上线。2016年1月，美拍推出直播功能，同年6月推出"礼物系统"功能。新媒体运营者不管是利用美拍拍摄短视频，还是开展直播，都可以接受用户的在线"送礼"，美拍迅速成为具有代表性的娱乐直播平台。

截至2020年1月，美拍用户创作的视频总数达6亿条，日人均观看时长为40分钟；美拍的直播功能上线半年，累计直播场次已达952万场，累计观看用户达5.7亿人次。美拍网页版界面如图7-4所示。

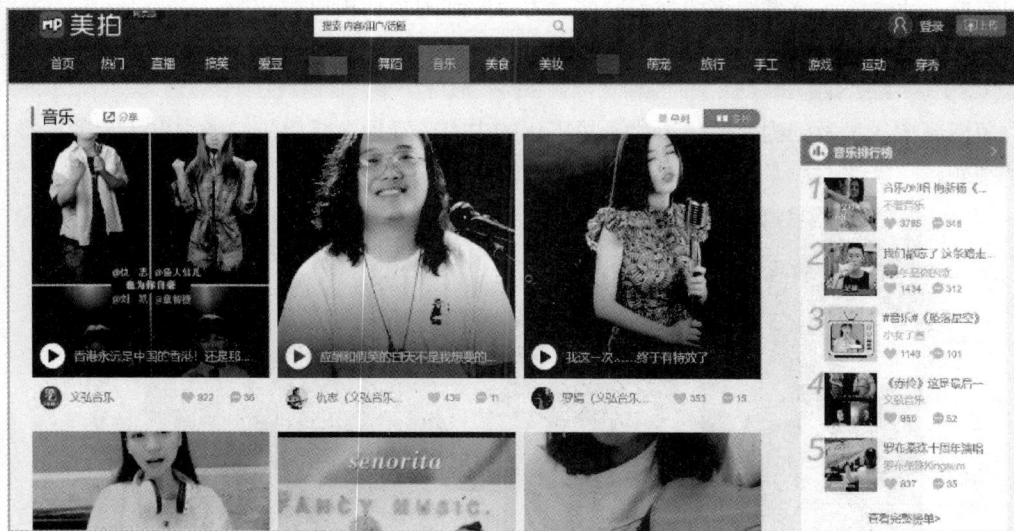

图7-4 美拍网页版界面

抖音、快手、美拍等都是具有社交功能的短视频平台，它们的共同特征是用户广、操作简单，具备即时性、分享性、娱乐性、互动性。新媒体时代也被称为"用户时代"，这些短视频平台以用户为中心，及时有效地向用户传播内容。

7.2 抖音运营

抖音运营的核心是内容运营，内容有价值是一切运营工作的根本。

7.2.1 短视频内容策划

1. 内容类别

抖音平台上数量较多的短视频内容类别包括搞笑类、萌宠类、表演类、技能类、知识类等。

新媒体运营者开展抖音运营一般会选择其中一个或几个内容类别进行尝试，当然还需要整合一些外部资源，这样才能制作出好的短视频作品。

2. 内容策略

（1）内容原创化

短视频内容最好是原创的，且持续更新，即新媒体运营者要持续生产优质的原创内容。当前是UGC时代，优质原创内容对用户更具吸引力。

如果内容创意是模仿过来的，那新媒体运营者不妨进行再创作，植入新的故事和桥段，如改变短视频的情节、主人公、拍摄场所、所用道具，甚至可以植入品牌、产品信息。

（2）内容多元化

新媒体运营者确定内容创作方向后，就要朝着单一方向开拓多元化的内容。新媒体运营者可以聚焦于技能类、知识类、产品使用类短视频，并持久做下去，从而确保内容的关联性。内容的关联性是指创作的内容要与品牌或产品有一定关联，品牌或产品要处于其中的一个比较重要的位置。新媒体运营者通过增强关联性，力争做到内容和用户相匹配，从而提升内容的引流和"带货"能力，这样取得的营销效果才比较好。

（3）内容故事化

短视频要尽量做到内容的故事化，故事化的内容可互动、易模仿，能引发用户的兴趣。

例如，"陈翔六点半"发布的短视频都有完整的故事情节，如图7-5所示。

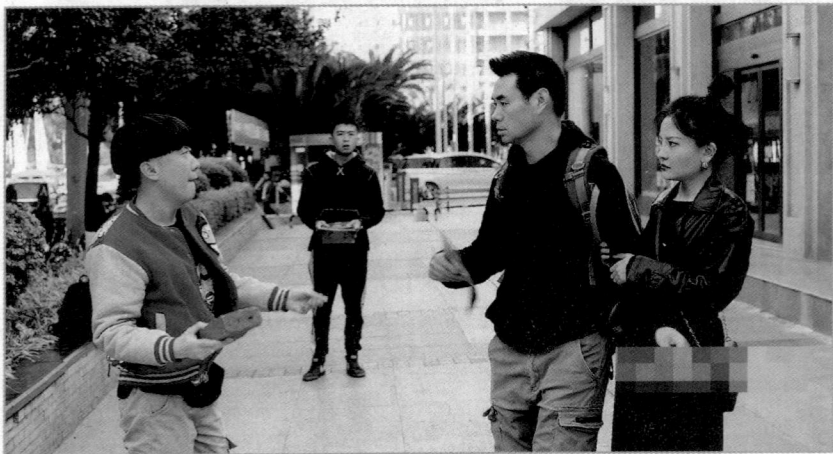

图7-5 "陈翔六点半"发布的短视频

区别于微博、微信等平台，更碎片化、视频化的抖音，能够支撑起更加故事化的内容，从而帮助新媒体运营者高效、直接地与用户互动。

3. 内容定位

（1）符合平台偏好

抖音平台上的短视频，搞笑娱乐的短视频占据大部分，这类短视频让用户利用碎片化的时间得到了消遣、放松，容易得到用户的点赞和抖音平台的优先推荐。

（2）内容领域要垂直

新媒体运营者首先要确定短视频内容主要聚焦哪个领域，是时尚、旅游、美食，还是其他领域。明确今后短视频内容的输出方向，这样有利于短视频获得更多的推荐、播放和点赞。内容领域越垂直，抖音账号的权重就越高，短视频的点击率也就越高。

（3）符合用户喜好

抖音平台的用户主要是年轻人，内容极具娱乐性，背景音乐也能为用户营造某种期待感。抖音"记录美好生活"的口号，激发了用户的创作能力，让"玩"成为一种商业价值。

所以，新媒体运营者在抖音平台进行内容创作时要以年轻用户为主，体现清晰的人物性格和特点，对热点要敏感，呈现多元化内容。抖音平台热门短视频账号如图7-6所示。

图7-6　抖音平台热门短视频账号

（4）作品风格要鲜明

抖音平台上有创意的短视频很容易被模仿，为此新媒体运营者发布的短视频一定要风格鲜明。一个短视频账号主打某一类具有鲜明特色的人物群体，关注某个特定场景的故事，如职场故事、校园生活、街头趣事等，这样有助于新媒体运营者制作出风格鲜明的短视频。短视频可以被复制，但风格很难被人模仿。

例如，李子柒在带有诗意的田园场景中制作各种美食，用一餐一饭让四季流转与时节更迭具备美学意义，其发布的短视频就有很鲜明的风格。

4. 内容创意

创意指新意、不同，新媒体运营者策划短视频内容创意时可以借鉴组合理论、迁移理论、发散思维、类比思维等。

策划短视频内容创意的常见方法包括反差法、反转法、误会法、二次创作法等。

（1）反差法

反差法是指将不同事物或同一事物的不同方面进行对比，体现出差异程度。一般差异越大，短视频的戏剧效果越好。例如，《过年回家前后》短视频表现了城市时尚"白领"回到农村老家后在形象上的反差，营造出了诙谐感。

（2）反转法

反转法是指将情节或情境转换为相反状态，以颠覆用户已有的认知，增强情节推进的戏剧化程度，制造意外感。例如，《媳妇别省钱》短视频，点菜时媳妇先小心翼翼地报低价菜的菜名，看起来是为家里省钱，最后却是排除这些低价菜，要点剩下的高价菜，具有较强的反转效果。反转可以是关键信息反转、结局反转、人物形象反转等。

（3）误会法

误会法是指事情没有说明白或被曲解。人们在生活中经常会遇到一些误会，这往往会使故事情节朝着不可控的方向发展。例如，《广场书法》短视频中，一群人围观老人练书法，看到他连写两个"滚"字，误认为老人在骂人，引发了冲突；后来才明白，老人写的是"滚滚长江东逝水"。

（4）二次创作法

二次创作法通常是指在某个公开作品的基础上进行改造提升的过程。

7.2.2　短视频脚本策划

1. 短视频脚本

虽然短视频时长只有几分钟甚至十几秒，但是优质短视频的每一个镜头都经过精心设计的，就像导演拍摄电影一样，需要有拍摄脚本。脚本是指表演戏剧、拍摄电影等所依据的底本，短视频脚本则是指拍摄短视频所依据的大纲底本。

总的来说，短视频脚本大致分为以下3类。

（1）拍摄提纲

拍摄提纲是指为拍摄一部影片或某些场面而制订的拍摄要点。它只对拍摄内容起提示作用，适用于一些不容易掌控和预测的内容。当拍摄过程中有很多不确定性因素，导演及摄影师就需要根据拍摄提纲在现场灵活处理。它适用于拍摄新闻纪录片、故事片等类型的作品。

（2）分镜头脚本

分镜头脚本是指用文字描述出用镜头直接表现的画面，它通常包括镜号、景别、镜头运用、时长、画面内容、音效等，在一定程度上已经是"可视化"影像了。分镜头脚本十分细致，要求每一个画面都在掌控之中，包括每一个镜头的内容和细节。表7-1所示为分镜头脚本实例。

表7-1　分镜头脚本实例

镜号	景别	镜头运用	时长	画画内容	备注	音效
1	全景	定	10秒	起床	镜头置于房间角落	欢快的音乐
2	特写	跟	5秒	穿衣服	—	环境音
3	近景	推	15秒	房间	—	环境音
4	远景	拉	5秒	窗外	—	平静的音乐

（3）文学脚本

文学脚本不像分镜头脚本那么细致，适用于不需要剧情的短视频。文学脚本中只需要规定人物需要做的任务、说的台词，以及所选用的镜头和短视频的时长。文学脚本除了一些不可控因素，其他场景的安排尽在其中。

总的来说，新闻类的短视频适合用拍摄提纲，故事性强的短视频适合用分镜头脚本，不需要剧情的纪录片等适合用文学脚本。

2. 脚本策划

（1）框架搭建

一个短视频脚本中的核心要素包括主题、故事线索、人物及人物关系、场景选择、结局安排等。

（2）主题定位

主题定位是艺术表达的核心，新媒体运营者需要思考故事背后的深意是什么？想反映什么样的主题？应该选择什么样的内容表达形式？等等。

（3）人物设置

新媒体运营者需要思考在短视频中设置哪几个人物？他们的形象与性格分别是什么样的？他们承载表达主题的哪一部分使命？

（4）场景设置

拍摄地点和场景的选择非常重要，新媒体运营者需要提前确定好拍摄场景是室内、室外，还是绿幕前？有些短视频的拍摄还需要切换场景。

（5）故事线索

很多短视频需要有故事情节，因此新媒体运营者需要先策划好故事线索。剧情如何发展？是从人物从小讲起，还是采用倒叙的方式从人物长大后讲起？有时候还需要采用两个事件交织的方式来推动故事的发展。

（6）影调运用

短视频表达的是一种什么样的主题情绪，是悲伤、喜悦、怀念，还是搞笑？新媒体运营者要根据不同的主题情绪选择采用不同的影调。

（7）背景音乐

在一条短视频中，符合气氛的音乐是渲染剧情的绝佳手段。例如，拍摄传统文化的短视频需要选择慢节奏的音乐；拍摄运动场景的短视频，就要选择节奏、鼓点清晰的音乐；拍摄育儿和家庭剧的短视频可以选择轻音乐。

（8）镜头运用

镜头画面是电影视觉流程中最基本的单位，它同样是构成短视频的基本要素。拍摄时运用不同的视距（即摄影镜头与拍摄对象之间的距离），可以产生不同的景别。

📖 **短视频运营手册**

影视镜头

1. 远景：把人物和环境包含在画面里，常用来展示事件发生的时间、环境、规模和气氛，如一些推动剧情发展的大的环境背景。

2. 全景：比远景的范围小，把人物的整个身体展示在画面里，用来表现人物的全身或人物之间的关系，是对人物所在空间、建筑局部、人物所处环境的介绍。

3. 小全景：拍摄人物膝盖下方到脚踝上方，用于交代人物的肢体语言，具有一定的刻画人物的功能。

4. 中景：拍摄人物膝盖至头顶的部分，不仅能够使用户看清人物的表情，而且有利于展示人物的肢体动作。

5. 近景：拍摄人物胸部至头顶的部分，有利于表现人物的面部表情、神态。

6. 特写：单独对人物的眼睛、鼻子、嘴、手指等部分进行拍摄，适用于表现需要突出的细节。

7. 大特写：对任何部位的局部特写。

3. 拍摄脚本实例

下面以康师傅方便面广告为例，介绍分镜头脚本的具体内容，如表7-2所示。

表7-2　康师傅方便面分镜头脚本（部分）

镜号	摄法	时长	画面内容	画面要求	音乐	备注
1	采用全景，背景为昏暗的楼道，机器不动	4秒	两个女孩A、B忙碌了一天，拖着疲惫的身体爬楼梯	背景是傍晚昏暗的楼道，凸显主人公的疲惫	《有模有样》插曲	拍摄女孩侧面，女孩距镜头5米左右
2	采用中景，背景为昏暗的楼道，机器位置随着两个女孩位置的变化而变化	5秒	两人刚走到楼梯口就闻到了一股泡面的香味，飞快地跑回宿舍	昏暗的楼道与两人飞快的动作相呼应，突出两人的饥饿	《有模有样》插曲	两人刚到楼梯口时拍摄两人正面，两人跑步时拍摄侧面，一直到拍摄两人的背面
3	采用近景场景为宿舍，机器不动，俯拍	1秒	另一个女孩C在宿舍正准备吃泡面	与楼道外飞奔的两人形成鲜明的对比	《有模有样》插曲	俯拍，被摄主体距镜头2米
4	采用近景场景为宿舍门口，平拍，定机位拍摄	2秒	两个女孩在门口你推我攘地不让彼此进门	突出两人的饥饿，与窗外的天空相匹配	《有模有样》插曲	平拍，被摄主体距镜头3米
5	采用近景场景为宿舍，机器不动	2秒	女孩C很开心地夹着泡面正准备吃	与门外的两个女孩形成对比	《有模有样》插曲	被摄主体距镜头2米

再分析短视频"我的身瓶经历"的分镜头脚本，如表7-3所示。可以看到，该短视频以第三方视角展示了一个空瓶子的经历，表达出了环保的主题，立意较高。剧中人物非主角，基本不露脸、无对白，以旁白打造瓶子被不公正对待的悲剧色彩，通过黑场显示字幕的形状体现故事的转折。剧中景别以中景、远景为主，显示周边环境，再配合部分特写；运动镜头不多，大部分场景是固定镜头拍摄，作品的配乐、道具也不复杂。

表7-3 "我的身瓶经历"分镜头脚本（部分）

镜号	时长	画面内容（故事）	镜头变化	对白（旁白）	字幕	角色1	角色2	配乐	道具
1	10秒	一个人在路上扔了一只空矿泉水瓶	从侧面拍摄场景，画面转向矿泉水瓶，镜头跟随拍摄	从他扔下我的那一刻起，我便开始漂泊了	旁白内容	扔矿泉水瓶的人A	矿泉水瓶	安静舒缓的音乐	手机、矿泉水瓶
2	9秒	矿泉水瓶被行人踢到马路中央	画面对准瓶子，在街道上拍摄矿泉水瓶，采用固定镜头	我穿过了街道，流浪于城市的多个角落	旁白内容	行人B	矿泉水瓶	安静舒缓的音乐	手机、矿泉水瓶
3	7秒	矿泉水瓶被风吹动，最后掉到河里	画面对准矿泉水瓶，采用固定镜头；画面转到河里拍摄矿泉水瓶，采用动态镜头	我被冷漠、无视，最终漂流至此	旁白内容	无	矿泉水瓶	安静舒缓的音乐	手机、矿泉水瓶
4	3秒	黑场显示字幕	无	直到有一天他们来了	旁白内容	无	无	欢快的音乐	无
5	8秒	一个路过的人捡起了河里的矿泉水瓶	镜头慢慢推进，拍摄捡矿泉水瓶的人，然后近景变远景拍摄由动态镜头转为静态镜头	是谁把矿泉水瓶扔在这里？	旁白内容	捡矿泉水瓶的人C	矿泉水瓶	欢快的音乐	手机、矿泉水瓶

协作与训练

围绕"一个人去参加面试"这一主题，策划一个以"时间推进""地点迁移"或"剧情变化"为线索的分镜头脚本。

7.2.3 短视频拍摄、配乐和剪辑

短视频的拍摄、配乐和剪辑对于短视频的传播也很重要。

1. 短视频的拍摄

（1）构图

构图对摄影和平面设计非常重要，新媒体运营者要通过构图将短视频的主体凸显出来，使画面主次分明、简洁明了，所有元素搭配到位。常见的构图法包括中心构图法、三分构图法、水平线构图法、对称构图法、对角线构图法等。

（2）拍摄方式

新媒体运营者很多时候是用手机来拍摄短视频，拍摄前要明确采取横屏拍摄还是竖屏拍摄。如果用户是在显示器或电视屏幕上观看短视频，那么新媒体运营者需要采取横屏拍摄。新

媒体运营者手持手机进行拍摄时，还要解决画面抖动的问题，可以利用三脚架、独脚架、防抖稳定器等辅助工具。

（3）景别

短视频的叙事主要靠画面与声音，景别是在构图的基础上对画面内容的选择。景别一般分为远景、全景、中景、近景、特写5种类别，如图7-7所示。全景可以交代背景环境，是经常被用到的景别，它可以兼顾人物和环境。中景可以交代人物所处的小环境，配合人物的动作及表情能营造出很好的画面感。近景可以展示人物的一些肢体动作、表情等，画面较丰富。

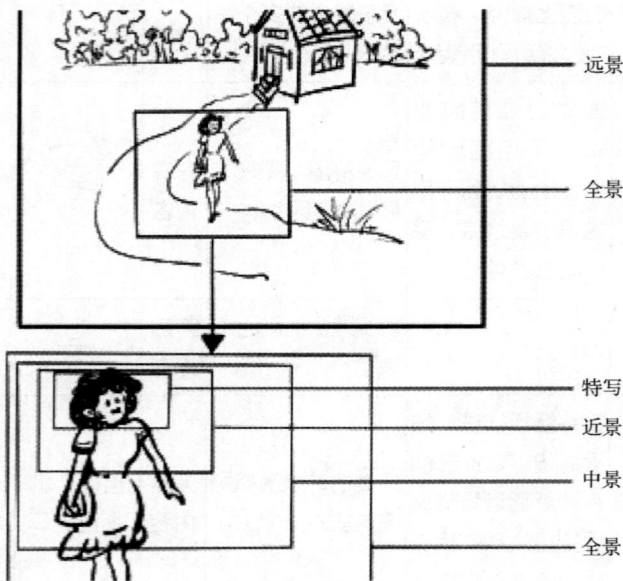

图7-7　视频拍摄中的景别对比

（4）运镜

运镜是指镜头运动的方式，如从近到远、平移推进、旋转推进等。拍摄某个画面时，镜头要有一定的变化，不能使用一个焦距拍很长时间，也不能只有一个拍摄角度。新媒体运营者要通过推、拉、跟镜头的方式使画面变化感更强。定点拍摄人物时，要灵活运用横移、转动等运镜方式，丰富画面的视觉表达，避免画面单调、乏味。

（5）布景

短视频画面品质不高的一个重要原因是选景有问题，如果场景选在室外，那么想要将室外布置成我们期望的场景是很困难的。因此，必要时可以更换场景，移到室内或其他稍微狭小一点的空间；还可以用墙面作为背景，适当使用一些书架、花卉、相框等来装饰墙面，从而凸显出墙面的质感。

（6）灯光

拍摄环境的三要素包括拍摄背景、拍摄灯光、拍摄设备。拍摄灯光的来源主要包括主灯和补光灯。

① 主灯。主灯指室内吊灯，其发出的灯光通常为冷光（白色灯光）。

② 补光灯。常见的补光灯样式有摄影棚拍照样式、圆圈样式、台灯样式，合理布设补光

灯可以让光线均匀、柔和。拍摄时，补光灯只需发出弱光就可以，新媒体运营者不要将高强度光直接照射到人物的脸上，可以合理运用反光板，或者把灯光打到墙上再反射到人物脸上。

（7）设备

拍摄所需设备主要包括主拍摄设备（手机、单反相机、迷你摄像机、专业摄像机等）、话筒、声卡和支架等。这些设备的价格从几百元到几万元不等，新媒体运营者可以根据实际需求进行购买。

（8）短视频时长

确定短视频时长时，应遵守以下两个法则。

前5秒法则：确保短视频的前5秒内有亮点，否则用户很容易流失。

每5秒反差法则：最好每5秒就在短视频的合理时点上设置反差，以刺激用户，吸引用户观看下去。

短视频时长在15～30秒为宜，如果新媒体运营者无法保证大部分用户能看到最后，就要控制时长，提高完播率。

拓展资源

短视频的竖屏特征

竖屏视频（Vertical Video）格式是随着网络视听行业的不断发展而产生的。竖屏视频摒弃了宽屏4：3或16：9的视频格式标准，而且在画面的叙事策略上也大相径庭。某项调研显示，在美国市场，手机用户在94%的情况下都是以竖直的方式使用手机。

在我国，各类型的视频节目中都有竖屏视频格式。在资讯类视频中，"学习强国"客户端在2019年新年期间推出了"领导人拜年"竖屏短视频，画面信息清晰、醒目且"接地气"，让大家心中有了暖暖情意，在短时间内获得了大量的转发与评论。在访谈类视频中，《和陌生人说话》是腾讯视频推出的首档竖幅构图的人物采访节目。访谈节目本身就是以人物为中心的，竖屏格式更好地突出了人物、表现了细节。

碎片化影像和竖屏格式是短视频显著的文本特征，这些特征与我国快速发展的移动互联网特征相吻合，顺应了时代的发展。

2. 短视频的配乐和剪辑

（1）短视频配乐

抖音是一个注重短视频背景音乐的平台，新媒体运营者在制作短视频时要注意搭配合适的背景音乐，这有助于提高短视频的完播率，平台还会将短视频推荐给更多的用户。新媒体运营者可以创建自己的乐库，并使配乐与抖音拍摄功能和特效相结合。例如，新媒体运营者根据倒放、慢拍、快拍、长按、倒计时、滤镜等功能与特效选择相应的配乐。

（2）短视频剪辑

新媒体运营者进行短视频剪辑时，可以使用Premiere、iMovie、Final Cut Pro、爱剪辑等软件。"视频剪辑合并"是一款好用的移动端视频编辑软件，使用它不仅可以剪辑视频，还可以将自己剪辑好的多个视频拼接在一起，操作简单、方便快捷，具体操作方法如下。

① 在手机应用商店找到软件"视频剪辑合并"，如图7-8所示。下载安装之后打开软件进入主界面，然后点击" "按钮，如图7-9所示。

图7-8　搜索"视频剪辑合并"

图7-9　"视频剪辑合并"主界面

② 点击 " " 按钮，如图7-10所示。接下来，选择多个想要剪辑合并的视频，如图7-11所示。

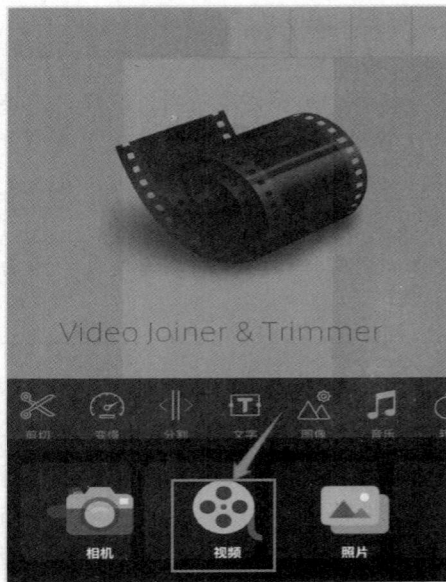

图7-10　添加视频

图7-11　选择多个想要剪辑合并的视频

③ 选好视频后，在工具栏中点击 " " 按钮，如图7-12所示。选择自己想要剪辑的时间点，然后进行分割，如图7-13所示。

④ 分割后，视频会自动分成两段，之后就可以对这两段视频分别进行剪辑了。视频剪辑好后，直接点击界面右上方的保存选项，完成视频剪辑。

图7-12 点击"分割"按钮

图7-13 分割视频

7.2.4 抖音运营策略

1. 账号设置

新媒体运营者初次注册一个抖音账号，运营几天之后，在准备上传第一条短视频之前一定要把账号的资料填写完整，具体包括以下几方面内容。

（1）封面

抖音账号的封面要简洁和个性化，能够清晰展现账号形象。抖音账号名称通常用于展示企业定位、个人品牌或企业品牌，一般可以采取"品牌词或个人姓名+行业词"的形式。对于账号头像，个人品牌可以使用自己的相片或者使用卡通图像，企业品牌可以使用企业的Logo或使用商品的图像。

（2）多账号运营

企业一旦决定入驻抖音开展短视频营销，就需要组建一支专门的运营团队（一般有2～4人）。运营团队的成员在多个平台开设多个账号，同步运营，这样可以取得较好的效果。

（3）背景音乐

新媒体运营者可以选择传播度高且旋律简单易记的背景音乐，或创作独特的背景音乐以提升短视频的热度，形成独特的风格。

（4）标题

短视频的内容主要包括短视频本身、短视频描述文字、赞和评论等内容。新媒体运营者在发布短视频的过程中，还需要重视一个重要的影响因素，那就是短视频的标题。短视频的标题要有料、有趣、有个性、真实，能够引起用户的共鸣，引发用户参与互动。

新媒体运营者可以在标题中植入与短视频内容相关的分类标签，如旅游、美食；可以@好友、@抖音助手，增加内容曝光的机会；还可以在标题中添加当前热门话题。

2．短视频发布技巧

（1）优化发布时间

抖音平台的调查数据显示，62%的用户会在饭前和睡前"刷"抖音。虽然在抖音平台发布短视频的时间没有统一的标准，但新媒体运营者可以选择工作日12:00、18:00及21:00—22:00，或者周五晚上及周末等发布，因为这是用户比较闲、有可能"刷"抖音的时间段。

（2）提升4个指标

短视频能否上热门主要由4个指标决定，分别为完播率、点赞量、评论量、转发量。因此，要想获得抖音平台的更多推荐，新媒体运营者就必须在短视频发出之后，发动所有资源去提升这4个指标。

在短视频描述文字里，新媒体运营者要引导用户点赞、评论、转发或看完短视频。很多短视频会在短视频描述文字和短视频开头、结尾加上"一定要看到最后"等文字，就是为了提升完播率。

在短视频描述文字中，新媒体运营者还可以设置一些互动问题，引导用户留言评论，增加评论量。通过回复用户评论，新媒体运营者可以提炼短视频的核心观点，引导更多用户参与到话题讨论中来，进一步增加评论量。新媒体运营者也可以提前准备好评论的内容，发出短视频后邀请用户或好友进行评论，引导他们围绕这个话题展开更多的互动，以提升这4个指标。

（3）积极参与挑战

抖音平台每天都会推出一些不同的话题，新媒体运营者可以根据实际情况来判断话题的潜力，然后选出认为最有潜力的话题进行策划，这样可以提高短视频被平台推荐的概率。

（4）持续进行内容维护

新媒体运营者需要围绕主题持续创作短视频，持续吸引用户，加强与用户的互动。必要时，新媒体运营者需要自己做一些点赞、转发的工作，确保短视频的传播。

根据抖音平台的推荐规则，抖音平台有时会推荐新媒体运营者以前发布的短视频，从而"带火"一些优质的"老视频"。所以，对于比较优质的短视频，新媒体运营者要持续做点赞、评论、转发等工作，不断维护，也许过段时间这个短视频就会被平台推荐了。另外，新媒体运营者还可以合理利用"DOU+"对短视频进行快速推广。

3．主播带动销售

企业运营抖音账号时，往往需要一个有表现力和感染力的主播来带动产品的销售。企业可以邀请知名主播在短视频中客串，大量用户会因为主播的个人魅力而前来观看，从而带来更高的访问量和成交量。

🔍 企业案例

《陈翔六点半》是一部由陈翔主导创作的、活跃于多个新媒体平台的创意喜剧。该剧融合了电视、电影的拍摄手法，以独特的声画风格和多样的原创幽默情节展示了小人物的百味人生，一经推出便迅速在秒拍、美拍、快手、微博、微信公众号等新媒体平台引发了巨大反响，赢得了数千万用户的喜爱，至今播放量已突破60亿次，使陈翔成为短视频自媒体中的佼佼者，其旗下已经孵化出数十位超高人气的网络艺人。

7.3　短视频传播、引流与数据分析

7.3.1　短视频传播

很多人对短视频的传播不够重视，认为短视频发布后自然就会拥有较高的播放量。实际上，新媒体运营者需要掌握一些切实可行的传播策略，利用短视频平台、社交平台和其他平台的优势，在多个渠道增强短视频的传播力度。

1. 基于短视频平台的传播策略

短视频制作完成后，新媒体运营者可以在多个短视频平台广泛发布短视频，打造基础的短视频传播源，还可依据每个短视频平台的特点进行不同定位的推送展示。在短视频平台内部，新媒体运营者可以通过点赞、评论、转发等增加短视频的传播量。

2. 基于社交平台的传播策略

虽然短视频平台已经具有较强的社交功能，但是新媒体运营者还要借助微信、微博等社交平台开展短视频传播，并充分发挥微信好友和微博粉丝的作用。

3. 线上线下综合传播

当前，线上与线下、传统媒体与新媒体已基本打通，大部分媒体已实现资讯共享，所以优秀的短视频可以通过传统媒体、企事业机构媒体、用户自媒体等扩大传播。例如，浙江省非物质文化遗产富阳油纸伞制作技艺在不断通过短视频展示给用户后，让油纸伞手艺人闻士善成为收获62万粉丝的短视频创作者，其抖音账号如图7-14所示。

图7-14　油纸伞手艺人闻士善的抖音账号

7.3.2　短视频引流

随着抖音的火爆，越来越多的个人创业者（微商、电商、实体店商）和企业逐渐意识到抖音营销的重要性，开始探索抖音流量的变现。抖音变现的方法多达数十种，常见的方法就是将用户引流到其他平台促进成交。短视频引流的方法有以下几种。

1. 内容转化

内容转化就是新媒体运营者通过不断地输出高质量的内容，吸引用户产生较强的黏性和较高的活跃度，然后将自己打造成这个领域的优质内容创作者，不断提升自身的影响力，最后实现转化。

新媒体运营者做内容转化时需要注意两点：一是不要生硬地将广告植入到短视频中，这样做，用户体验感较差，容易导致用户流失，留存效果不好；二是在创作内容的时候需要不断地测试和优化自己的选题内容，寻找用户喜爱的主题，提升用户活跃度，鼓励用户转发短视频。

2. 直接推送

直接推送就是在短视频的片头、片尾或账号主页中直接推送微信或微博账号的信息，让用户添加、关注。虽然用户体验差一些，但是这样引流的效果还是很好的，初创型的团队可以使用这种方式吸引流量。

3. 活动推送

活动推送的方法也是比较常见的引流方法。例如，新媒体运营者通过短视频分享一些实用的干货或工具，用户关注其微信公众号或微博账号之后就可以免费领取这些学习资料；或者通过发布容易引发用户讨论的话题，吸引用户到微信公众号或微博平台进行讨论。

4. 利用评论区引流

新媒体运营者要善于在短视频下方的评论区里引流，可以事先编辑好引流用的文案，如在评论区或留言板中要留下微信号等。新媒体运营者可以多去一些热门短视频的评论区中评论，一般质量高的评论也会帮助新媒体运营者吸引到一批用户。

5. 利用"DOU+"推广

"DOU+"是抖音平台为新媒体运营者提供的短视频"加热"工具，能够高效提升短视频的播放量与互动量，提升内容的曝光度，助力实现新媒体运营者多样化的营销需求。实施"DOU+"推广的步骤为：第一步，选择想要投放的短视频，点击右侧分享按钮，选择"DOU+上热门"；第二步，选择期望提升目标、投放时长、定向方式和投放金额，并进行支付；第三步，投放设置成功，等待审核通过；第四步，查看投放记录和投放效果。新媒体运营者利用"DOU+"推广短视频时，建议采取"长时段、小金额、多频次"的投放策略。

6. 线下引流

除了线上互动引流，新媒体运营者还可以利用抖音进行线下引流，目前已涌现出了很多餐饮业的优秀案例。例如，某餐饮商家为开展短视频平台引流，从用户着手，鼓励用户在实体店内拍摄短视频开展积赞活动。凡在实体店内就餐拍摄短视频的用户，可享受"20个赞抵1元，100个赞8折，1000个赞半价，2000个赞免单"的优惠，这样用户得到了实惠，商家也得到了宣传推广。

7.3.3 短视频数据分析

1. 基础数据

在短视频运营中，数据分析是非常必要的一个环节。对于抖音账号的运营，常见的基础数据包括关注数、点赞数、粉丝数、作品数、播放量、评论量、转发量和收藏量等。这些数据整体反映了抖音账号的知名度、影响力、受关注情况及作品被阅读的情况。抖音平台的热门账号数据如图7-15所示。

图7-15 抖音平台的热门账号数据

对某个具体的短视频而言，播放量和完播率数据十分重要。其中，播放量是一个基础数据，是评判短视频好坏的重要标准之一。完播率是一个很重要的数据，因为短视频的时长一般只有十几秒至几分钟，如果连完播率都不佳，那基本就算不上一个好的短视频。新媒体运营者通过分析这些已有的数据，可以优化后期的营销工作。

2. 比率数据

除了分析基础数据之外，新媒体运营者还可以通过这些基础数据计算赞播比、赞转比、粉赞比，并推演出数据背后的深层逻辑。

（1）赞播比

赞播比=点赞数/播放量。赞播比反映了短视频在流量池内受欢迎的程度。

赞播比低于3%的短视频会被平台视为劣质短视频，不予推荐；赞播比高于10%的短视频一般被视为"准爆款"短视频，平台会把它自动归为受用户欢迎的一类，给予一定的流量扶持。

（2）赞转比

赞转比=转发量/点赞数。赞转比反映短视频对粉丝的价值的高低，这是抖音平台考量短视频贡献值的关键数据。

一般而言，短视频的转发量必定高于评论量，特别是垂直细分领域账号发布的短视频，因此高转发量是"爆款"短视频的关键特征。

（3）粉赞比

粉赞比=粉丝数/点赞数。粉赞比也叫关注率，反映的是短视频在目标用户群体中的关注转化率。

粉赞比越大，对应账号的"吸粉"能力越强。粉赞比小于0.1，代表该账号是普通账号；粉赞比在0.2~0.3，代表账号"吸粉"能力不错；粉赞比在0.4及以上，代表账号"吸粉"能力很强。

3. 后台数据

抖音企业号后台提供了非常丰富的数据，包括用户数据、访问数据、互动数据、电商数据等。

抖音已经开通了电商功能，所以新媒体运营者还可以分析电商数据，如新增电商视频数、电商视频播放次数，以及购物车展现次数和点击次数、购物车点击率、视频详情页访问次数等。

4. 数据分析的作用

新媒体运营者通过数据分析可以更好地进行账号运营，新媒体运营者要时刻关注数据的变化，并对其进行深入分析和研究，这样才能发现各种规律，以便及时调整运营思路和方案。

例如，借助数据分析，新媒体运营者可以知道哪些时间段是用户浏览的高峰期，掌握发布时间的规律以便适时发布短视频，提高短视频的曝光率。新媒体运营者可以分析前期短视频的效果，分析哪些短视频是受用户欢迎的，哪些短视频是不太受用户欢迎的，从而优化短视频的创作。

如果主页访问人数多但粉丝数几乎没有增长，大概率是因为用户对账号发布的某条短视频感兴趣，产生了关注的冲动，但进入主页后发现没有更多感兴趣的内容，自然就不会关注账号。这时新媒体运营者需要思考账号的定位，删掉质量不高的短视频，多做优质的短视频。

通过数据分析，新媒体运营者还可以构建用户画像。用户画像是根据用户的社会属性、生活消费习惯等行为信息抽象出的一个标签化用户模型。因此，构建用户画像的第一步便是收集数据，对用户的行为信息进行挖掘。同时，还需要分析用户群体的特征，如年龄层次分布、男女比例等。如果用户群体中，青年男性用户居多，新媒体运营者在创作短视频时可以多从青年男性的角度出发，这样更能引起用户的共鸣。

素养小·课堂

短视频是著作吗?

2018年年末，北京互联网法院挂牌成立后受理的首起案件——"抖音短视频"诉"伙拍小视频"侵害作品信息网络传播权案宣判，法院认定涉案短视频《5·12，我想对你说》是受我国《著作权法》保护的作品，这也让短视频的版权问题成为大众关注的焦点。

《中华人民共和国著作权法实施条例》规定，著作权法所称的作品，是指文学、艺术和科学领域内具有独创性并能以某种有形形式复制的智力成果。短视频要想被认定为《著作权法》保护的作品，需要符合具有可复制性、独创性这两个条件。

我们日常所见到的短视频一般分为两类，一类是自行创作、录制拍摄的，通常包括短纪录片、情景短剧、技能分享视频、随手拍视频等。另一类就是对已有视频进行剪辑、加工、制作而成，包括创意剪辑、精彩片段等。如果作者在制作短视频时有想表达的主题，并对拍摄的画面进行了选择和剪辑，就认定其短视频具有一定的独创性，受《著作权法》的保护。

【综合实训】

（一）实训背景

文成县山水果园农庄创办于2005年，位于文成县大峃镇龙川社区，交通便利。农庄风景秀丽，有迷人的四面峰、奇特的将军岩、清冽的圣泉洞、精湛的宋代石刻、完美的明清住宅、风格各异的红枫谷道，还有名人赵超构的故居。

农庄以珍稀水果基地为依托，层层叠叠的梯田上种着100多亩（1亩≈666.67平方米）的水果。在果园内，不同的季节游客可分别采摘到樱桃、桑葚、无花果、黑李、杨梅、葡萄、杏、油桃、梨等水果，品尝最新鲜的美味，体味回归自然的独特感觉。游客在农庄里可品尝到农家传统菜，食材都是农庄自己养的本地鸡、兔，自己种的蔬菜等。农庄从种植、养殖到生产、销售一条龙产业，树立了"绿色餐饮"招牌。农庄还推出农耕生活"体验版"，让游客在其开辟的"开心农场"里享受动手种植、采摘蔬菜的欢乐。在50余亩的番薯地里，农庄种植的番薯已经成熟，城里孩子可以来体验挖番薯的乐趣。在农庄里，小朋友们可以参与打糍粑、做窝窝头、做素面等活动，体会"务农"的乐趣。

山水果园农庄已成为都市人的"桃花源"、乡村休闲农庄的典型。

（二）实训目标

学生已经对抖音短视频运营和推广工作内容形成了基础认知，通过本实训活动，学生可以深入实践，讨论如何录制和剪辑短视频、如何发布短视频、如何进行短视频推广及数据分析，加深对短视频平台营销的全面了解。

（三）实训任务

1．通过短视频推广山水果园农庄，请策划1个短视频文案与脚本。

2．根据课堂所学，为山水果园农庄拍摄1条短视频，时长控制在2分钟以内。

3．选择主流的短视频平台发布和上传短视频，并完成宣传和推广工作。

4．收集短视频传播的数据，并和其他同学的数据做对比，分析短视频营销的得失。

（四）实训步骤

1．教师演示如何策划短视频文案与脚本。

2．教师通过典型案例介绍如何录制和剪辑短视频。

3．教师讲解短视频数据分析的方法。

4．引导学生完成实训任务。

【知识与技能训练】

一、单选题

1．抖音短视频的时长一般是（　　）。
A．20秒　　　　B．15秒　　　　C．1分钟　　　　D．5分钟

2．在抖音短视频的制作中，内容领域需要遵循（　　）原则。
A．系统　　　　B．垂直　　　　C．水平　　　　D．专业

二、多选题

1．有关短视频时长的技巧包括（　　）。
A．前5秒法则　　　　　　　　B．视频时长大于7秒法则
C．每5秒反差法则　　　　　　D．视频时长大于13秒法则

2．衡量短视频质量的因素有（　　）。
A．点赞数　　B．评论量　　　C．转发量　　　D．完播率

3．数据分析的作用有（　　　）。

A．决定短视频的发展方向　　　　　　B．决定短视频的发布时间

C．增加收藏量　　　　　　　　　　　D．构建用户画像

三、简答题

1．抖音平台中的热门短视频有哪几类？

2．抖音平台为什么能够吸引大量的用户？它的特点和优势是什么？

3．请列举短视频运营中的数据分析方法有哪些。

4．如何实现短视频引流？

5．一个短视频拍摄脚本中通常包含哪些元素？

四、实训题

早上第一节课的上课铃声响起时，某同学急匆匆地跑到教室门口，然后……请你为该情节设计一个反转的结局，并完成整个故事的脚本策划。

项目八

网络直播运营

主要知识	网络直播的基本概念
	网络直播的特点
	各直播平台的功能
核心技能	熟悉网络直播运营流程
	掌握网络直播运营基本方法
	能策划网络直播活动
	掌握直播过程中增加粉丝的方法
素质目标	具备创新思维
	具备团队合作意识

● 内容体系

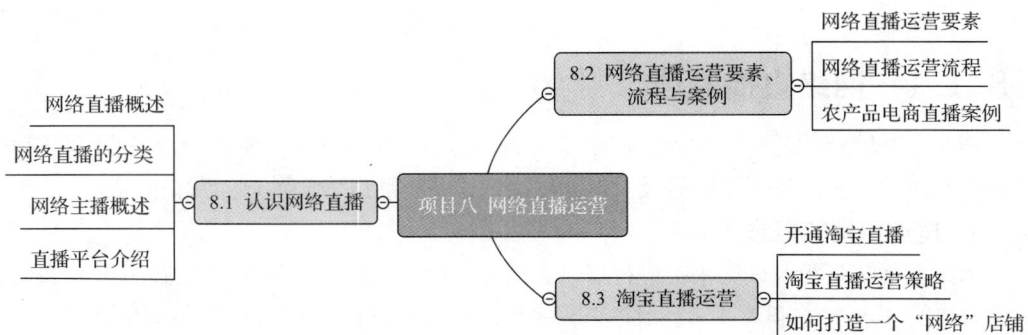

中国"网络直播"热让国外产品成为"网红"产品

"仅仅5秒，近2万盒榴梿月饼在中秋节被一抢而空，太不可思议了。"马来西亚某榴梿公司运营总监俞耀胜没有想到，当前中国的网络直播平台有如此强的"带货"能力，让榴梿在中国成为名副其实的"网红"产品。

据俞耀胜介绍，十几年前互联网并不发达，榴梿还不被太多中国人知晓。当下，越来越多的中国民众了解并喜爱榴梿，俞耀胜的生意开始出现转机。2012年，他瞄准中国互联网的发展，将销售渠道从线下开拓到线上，入驻中国电商平台后一下便打开了中国市场。

近两年，俞耀胜又紧跟中国网络直播"带货"步伐，与中国的直播平台合作，与主播在互联网上"聊天卖货"。他说："现在用户更喜欢沉浸式体验，聊天聊开心了也能促进购买。"

与此同时，泰国乳胶枕、印尼猫屎咖啡、柬埔寨香米、马来西亚燕窝等产品，也日益成为受中国民众喜爱的"网红"产品。

【案例思考】

为什么直播"带货"越来越火？

【案例启示】

直播"带货"一是得益于新媒体的发展，从最初的图片、文字、语音，到短视频，再到今天的直播，各类新媒体平台在最大程度地满足用户的观看需求。二是直播能让用户融入购物场景，优化产品展示效果，满足用户更详尽地了解产品的需求。三是用户通过直播可以和主播或卖家直接沟通、实时问答，增强了用户购物的社交属性，从而极大地提升了用户的购物体验。

8.1 认识网络直播

8.1.1 网络直播概述

随着互联网行业的快速发展，在新技术的推动下，网络直播作为一种新兴的网络媒介，以其独有的即时性和直观性等优势吸引了大量用户，并迅速成为一种热门营销方式。

1. 网络直播的概念

网络直播是基于互联网平台进行现场直播的传播方式。凭借互联网传播快速、内容直观等优势，结合其无地域限制、交互性强等特点，网络直播的推广效果较传统的传播方式明显增强。

2. 网络直播的特点

（1）内容直观、时效性较强

当前，用户越来越倾向于通过移动设备来获取资讯。网络直播的出现给用户带来了极大的便利。用户可以打开手机、连接网络，点击直播链接或借助直播App观看直播。直播具有易操作、简单快捷、画面直观的特点，使所有的信息实现了实时共享。

（2）交互性强

网络直播不仅可以让用户及时掌握事件的动态，还可以让用户与观看同一直播的其他用户进行沟通。传统媒体在直播时，只能采用文字、图片、音频和视频等加工好的内容进行沟通，双方是传递和接收的关系，无法进行实时交流。网络直播则大不相同，用户可以将自己对事件的观点、想法、感受等通过弹幕发送，实现多方互动，如图8-1所示。

（3）不受地域限制

网络直播能够打破地域限制，一部手机就可以将人聚在一起，方便快捷。对企业来说，直播也是其零距离接触用户的一种手段，可以变被动为主动。直播更多是吸引目标用户群体主动购买产品，而不是单纯地发布广告。图8-2所示为主播通过直播推销农产品。

图8-1 弹幕互动

图8-2 主播通过直播推销农产品

（4）支持点播、重播，灵活性强

网络直播一开播便可以将直播内容储存于直播平台，用户即使错过了直播，也可以随时随地登录直播平台进行点播、重播。因此，网络直播具有较强的灵活性，可以更好地满足用户需求。同时，根据不同的点播、重播内容，企业还可以对用户群体进行划分。

🎓 **思考与讨论**

请查找资料，了解在乡村振兴和农村电商扶贫领域中，哪些地方曾经通过网络直播"带货"，通常请哪些人员担任主播？他们分别销售什么产品？直播效果如何？

3. 网络直播的作用

网络直播为企业开展内容营销提供了一个新的平台，在这个平台上，企业可以立体地展示企业文化、产品，发出企业的声音，并为企业带来较多的流量。网络直播有助于提升企业品牌和企业产品的曝光度；直播过程中，用户不仅可以实时观看直播，还能通过发弹幕进行互动，从而提升自己的参与度。网络直播现场如图8-3所示。

图8-3　网络直播现场

　　网络直播是一种带有仪式感的内容播出形式，可以有效降低用户与产品的距离感，特别是主播通过在线互动交流能感染用户，从而实现营销转化。

　　网络直播可以增强用户沉浸感，让产品或服务通过网络直播真实地呈现在用户面前，增强用户的体验感。网络直播还有助于企业向互联网转型，从而能吸引年轻用户。网络直播内容的新闻效应往往更明显，引爆性也更强，一个事件或话题可以轻松地通过直播进行传播并引发关注。

8.1.2　网络直播的分类

1. 秀场直播

　　秀场直播是指主播将唱歌、跳舞等才艺以直播的形式呈现给用户，如图8-4所示。这种直播形态出现得较早，内容和规模相对稳定。通常情况下，在进行秀场直播时，形象好、能歌善舞、具有亲和力且善于表现自己的主播更容易被用户接受。

图8-4　秀场直播

2. 电子竞技直播

电子竞技直播是以观看竞技活动、解说竞技内容等为主要内容的直播形态，如图8-5所示。电子竞技直播过程中，主播是吸引用户的重要元素，因此主播需要具有较强的个性色彩，不容易被复制。直播平台借助相关电子竞技主播的高人气聚合起大量的粉丝后，还可以逐步跨界拓展其他直播内容。

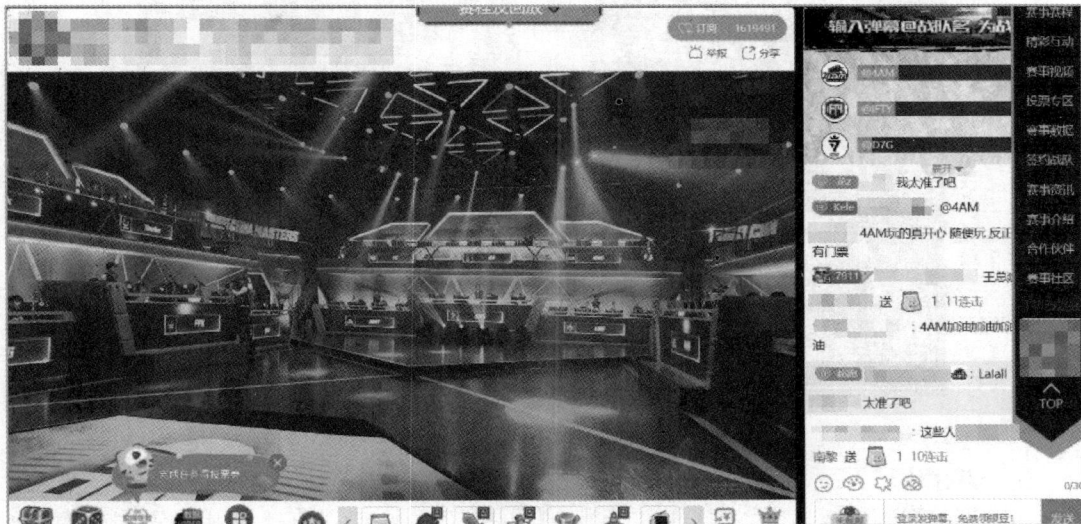

图8-5 电子竞技直播

3. 泛娱乐直播

泛娱乐是指"互联网+文化娱乐"的新业态。近年来，以直播、游戏、影视和综艺节目等为核心的泛娱乐产业迎来了快速发展，覆盖了大量用户。泛娱乐直播的形式多样，如演唱会直播、综艺直播、文化讲座直播等，如图8-6所示。

图8-6 泛娱乐直播

4. 电商直播

电商直播即搭建网络直播购物系统，或在电商平台中植入一个直播频道，主播作为商品导购，向用户推介商品，如图8-7所示。相比电视购物，电商直播更强调主播与用户的交互和共情，符合互联网时代用户的社交习惯。

图8-7　电商直播

5. VR直播

与普通的视频直播相比，虚拟现实（Virtual Reality，VR）直播为用户提供360度的画面，能给用户带来更强的视觉体验效果。触手可及的场景道具及逼真的直播环境，将极大地增强用户的参与感，如图8-8所示。

图8-8　VR直播

用户观看VR直播，既节约了门票费用，又突破了空间的限制，同时用户可以任意切换观看角度，提升自己的观看体验。对主办方来说，VR直播可以突破现场座位数量的限制，扩大收视人群，让更多用户参与。

8.1.3　网络主播概述

1. 网络主播的概念与要求

网络主播是指在互联网节目或活动中，参与一系列策划、编辑、录制、制作、用户互动等工作，并负责主持工作的人或职业。网络主播是一个综合性很强的职业，一个优秀的网络主播常常要面对线上数万人、几十万人甚至上百万人，并且需要实时与网络用户交流互动。

网络主播需要具备主持、播音、表演、语言艺术等专业知识、艺术素养，以及过硬的心理素质、过强的自律意识和崇高的职业道德等。

2. 网络主播分类

当前，网络直播已经成为非常受欢迎的娱乐业务，很多有才艺的人凭借网络直播成为"网红"，他们凭借自身实力吸引了一大批粉丝，通过直播"带货"、打赏等形式获得收益。

网络主播按照工作内容可分为秀场主播、娱乐主播、电商主播、美食主播、户外主播、健身主播、旅游主播等。随着网络直播行业的蓬勃发展、娱乐行业的网络化、网购的直播化及游戏产业的推动，使网络主播的分类及直播的形式更加丰富多样。秀场主播和户外主播分别如图8-9和图8-10所示。

图8-9　秀场主播　　　　　　　　　图8-10　户外主播

8.1.4　直播平台介绍

直播平台是指提供高清、快捷、流畅的视频直播服务的平台。直播平台通过多样的内容和稳定的技术吸引用户观看直播，主播通过直播变现和广告收入等方式实现赢利。

1. 淘宝直播

淘宝直播定位为"消费类直播"，用户可以边看直播边买商品，其涵盖的商品品类涉及母婴、美妆、服饰等。

2. 抖音直播

抖音直播是目前短视频直播领域中的热门平台，如图8-11所示，其凭借在短视频领域的优势和特色吸引了一大批用户。抖音直播平台的门槛比较低，主播只要有创意，发布的内容有吸引力，就很容易受用户的喜爱。

3. 映客直播

映客直播是一家全新的实时直播媒体，以网络视频直播互动的方式全面地向用户进行信息的传达。映客直播属于秀场类直播平台，如图8-12所示。

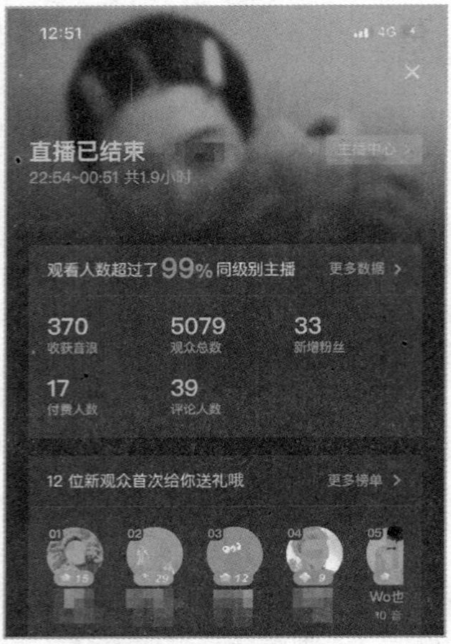

图8-11 抖音直播

图8-12 映客直播

4. YY直播

YY直播是我国网络视频直播行业的奠基者，作为较早的直播平台，该平台拥有较多有才艺的主播，同样也拥有很多游戏主播和户外主播。

8.2 网络直播运营要素、流程与案例

8.2.1 网络直播运营要素

网络直播运营的三个要素分别是人、货、场。

1. 人

网络直播运营中的人即主播，主播是直播的核心，是吸引用户的关键。网络直播活动中，主播的业务能力很关键。主播需要对产品有很清晰的了解，且拥有良好的表达能力、控场能力，甚至还需要具备表演能力。

2. 货

网络直播运营中的货不仅仅指产品，也包括内容、表演等服务。货是网络直播生存的根本，没有货，再优秀的主播也无能为力。网络直播运营过程中，最重要的还是主播能够拿到价格优惠、品质好的产品，或者拿到定制的产品。主播除了要确保货的品质，还要做好售后服务。

3. 场

网络直播运营中的场就是直播的场所和地点。例如，化妆品直播可以在专柜、直播间或街边的某个"网红"店铺进行。对于一般主播而言，场的选择非常重要，尤其在销售一些原产地产品的时候，如果直播场景能够设置在产品的原产地，带来的效果就会更好。盱眙小龙虾、阳澄湖大闸蟹、仙居杨梅等都是全国有名的美食，用户在购买的时候并不担心其口味，而是担心能否买到来自原产地的正宗产品。这个时候，主播如果把直播的场景搬到原产地，现场直播挑选、装箱、打包、发货等过程，就能够大大提升产品的销量。

8.2.2 网络直播运营流程

无论是企业还是个人，在开展网络直播运营时都要经过如下流程。

1. 商家诉求分析

了解商家诉求，根据商家的需求做好直播规划。商家的运营目标通常是"品牌宣传+提高产品销量"，至少也是确保直播有足够的观看量。影响产品销量和直播观看量的因素包括产品品类、"网红"主播与产品的匹配度、主播的粉丝数和粉丝质量、直播时间、直播形式等。

主播应事先熟悉商家此次的活动内容、主推产品及直播过程中可以提供的活动力度。例如，能否给粉丝赠送小礼物，直播过程中是否有折扣或"秒杀"、砍价等能够帮助提升转化率的活动。主播还应了解商家所拥有的推广资源，提前规划好内容，做好必要的活动推广。例如，主播可以根据前期合作协议或运营目标提前规划推广活动，如制作活动海报、制作H5活动页、撰写推文和短文案等。商家诉求分析阶段的工作内容如图8-13所示。

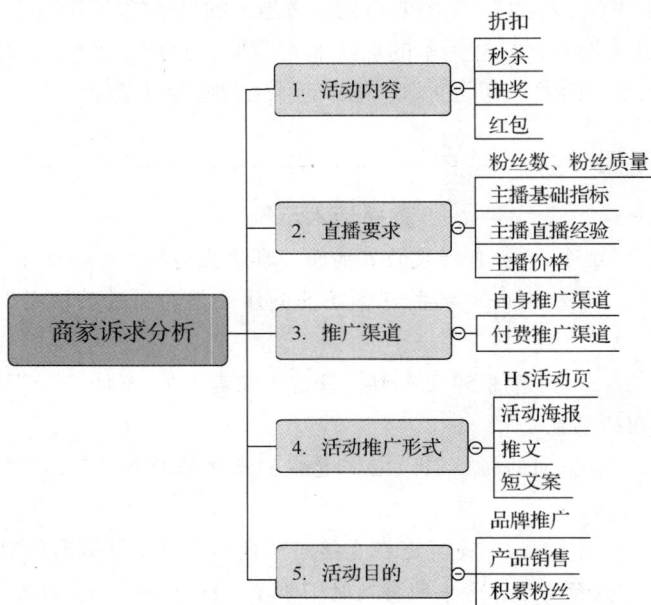

图8-13 商家诉求分析阶段的工作内容

2．直播活动策划

直播活动策划主要包括以下几方面的内容。

（1）主播筛选

商家根据自己的诉求及费用投入选择合适的主播，选择时应考虑的因素包括主播的学历、身高等，以及直播经历、直播销售的产品品类、各平台的粉丝数、粉丝消费能力等。商家可通过查看主播的短视频、直播回放记录，或视频面试等方式进行考察。

（2）直播准备与流程设计

直播具有不可逆性，整场直播大概持续4～6个小时。因此，主播一定要设计好直播活动流程，控制好时间，清楚在哪个时间段做什么事情。一旦时间没控制好，后面的流程都会被打乱，所以主播要事先熟悉当天的直播内容、产品和流程。

① 直播流程设计，以20:00点开始的女装新品介绍直播活动为例。

20:00—20:20，刚开始直播间人不会太多，所以主播不要急于介绍新品，可以先明确本次活动的主题、服饰流行趋势、产品的卖点、自己关于穿戴的观点，以及保持好身材的妙招等，还可以介绍本次活动的福利、小礼物、抽奖的注意事项等。

20:21—20:40，介绍自己对这批新品的整体感觉及主推款，点赞数满5万时发一批优惠券。

20:41—21:00，与嘉宾进行互动，聊穿衣搭配。

21:01—21:20，进行新品介绍，截图抽取讨论榜第一名并赠送礼物。

21:21—21:40，主播解说新品的亮点，点赞数满8万时发无门槛优惠券。

21:41—22:00，进行新品必买清单介绍，截图抽取讨论榜第一名并赠送新品无门槛优惠券。

除了以上流程性的内容，主播还要根据实际情况随机应变，必要时讲相关的笑话或展示才艺，以活跃直播间的气氛。

② 确定直播流程和直播话术，主播要事先熟悉当天的直播内容和产品。

要想取得好的直播效果，直播话术的训练非常重要。直播话术包括欢迎话术、引导性话术、产品介绍话术、留人话术、互动话术、催单话术、结束话术等。

直播运营手册

直播话术示例

1．欢迎话术："欢迎××来到我的直播间，喜欢主播的点个关注哦！"

2．引导性话术："感谢××的关注，还没关注主播的抓紧关注哟，主播每天都会给大家带来不同惊喜哟！"

3．产品介绍话术："直播间59元包邮，目前已经卖了14万件了""这款口红适合恋爱中的女生，给人很甜的感觉。"

4．留人话术："直播间的粉丝们，12点整我们就开始抽免单了，还可以去找客服人员领10元优惠券。"

5．互动话术："刚才的××是否还在直播间？我们这边要讲解到你刚刚问的款式了。"

6．催单话术："数量有限，看中的要及时下单了，机会难得，我们的商品即将售罄、即将售罄！"

7. 结束话术："本次活动已经全部结束，感谢大家的参与。喜欢我们的粉丝可以扫描店铺的微信二维码，以后有类似活动会第一时间通知大家。"

③ 道具预备。主播使用道具可以较好地取得可视化效果。用到的道具一般包括手机、打光灯、手写板、三脚架、样品、赠品，以及搭配所用的饰品、鞋帽等。

④ 人员设定。主播需安排一名人员负责"拍照+把控整个流程"，再安排一名人员负责场外互动答疑，并根据实际需求安排嘉宾。

⑤ 直播准备工作。准备工作包括设备调试、布置场地、张贴海报、调整灯光，以及确认最佳拍摄角度，检查拍摄道具和网速等。

（3）直播脚本撰写

直播脚本可以帮助主播梳理直播流程，让整个直播过程有条不紊，并有助于主播管理话术，清晰明了地传达直播内容。与此同时，直播脚本也方便主播对后台数据进行总结。

电商直播脚本分两类，一类是单品脚本，另一类是整场脚本。单品脚本建议以表格的形式编写，这样能把产品的卖点和利益点非常清晰地列在表格中，在对接的过程中也不容易产生疑惑或有不清楚的地方。整场脚本是整场直播活动的脚本，对直播进行整体的规划和安排，重点是逻辑和玩法的编写及直播节奏的把控。

📖 直播运营手册

电商直播脚本示例

1. 开播第 1 分钟，主播马上进入直播状态，引导粉丝签到，与先进入直播间的粉丝打招呼。

2. 1—5 分钟，近景直播，边互动边展示本场直播的"爆款"。主播进行互动时可以选择签到打卡抽奖的形式，不断强调每天定点开播。

3. 6—10 分钟，介绍今日新款和主推款。

4. 11—20 分钟，将今天所有的产品全部介绍一遍，不做过多停留，但潜在"爆款"可以重点推荐。

持续介绍 10 分钟后，由助理配套展示服装、日化、食品等其他产品。整个介绍过程不看粉丝评论，按自己的节奏来。

5. 开播 20 分钟后，正式介绍和推荐产品，有重点地根据粉丝需求来进行。每个产品讲解 5 分钟，脚本参考单品脚本。

6. 直播过程中，场控人员根据同时在线人数和每个产品的点击转化销售数据，引导主播进行重点演绎的调整。

7. 最后 1 小时，做呼声较高产品的返场演绎。

8. 最后 10 分钟，主播剧透明天的新款，助理回复今日有关产品的问题。

9. 最后 1 分钟，强调关注主播，告知明天几点准时开播，说明明天福利。

（4）直播预热

直播预热宣传的常见渠道包括微信粉丝群、QQ粉丝群、微博，以及微信公众号、官方网站、直播平台资源位、广告渠道、合作的新闻媒体、付费渠道资源等。

直播预热的推广素材可以采用直播宣传海报、H5活动页、推广软文等，在设计直播预热的推广素材时要重点突出直播的福利。如果主播的知名度很高，则可以重点宣传主播，以吸引主播的忠诚粉丝参与直播活动。

直播活动中，流量至关重要。抖音平台的直播流量来源如图8-14所示。

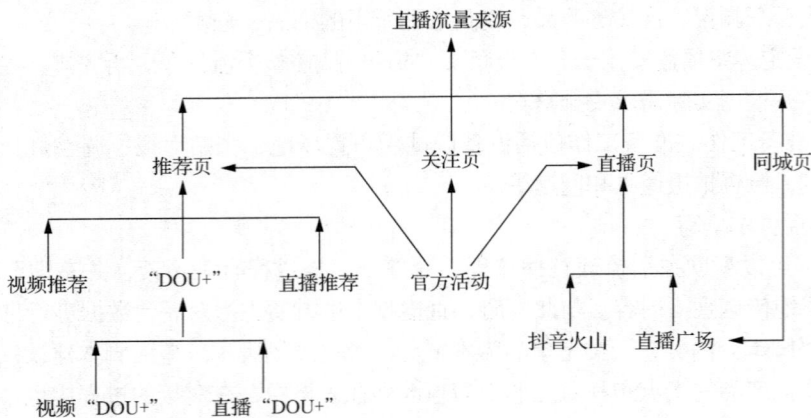

图8-14　抖音平台的直播流量来源

有些"网红"主播拥有很多粉丝，商家进行直播时，可以直接用主播的账号直播，从而免费给自己带来很多流量，如果主播在该直播平台没有积累太多粉丝，商家也可以使用自有账号，并在直播过程中引导用户关注。商家可以沉淀自己的粉丝，便于开展后续的营销。

（5）沟通与协调

商家与主播要提前做好沟通和协调。主播在直播前根据商家的诉求设计直播活动、撰写脚本、确认活动流程。例如，主播引导用户关注商家的微信公众号，回复关键词参加抽奖等。这些活动流程都需要事先确认并写在脚本中。

3. 直播过程跟进

直播开始前一定要做好必要的调试工作，确保直播可以正常进行，如确保直播场地的网络正常、直播设备电量充足、信号正常。

直播开始后，主播首先要做好直播间的分享，包括将直播间分享给主播的粉丝群体、商家粉丝群等，确保粉丝通过不同的渠道都可以正常进入直播间。其次是做好直播间的维护，为了避免出现冷场，控场人员（或客服）需要及时与主播沟通；如果在直播过程中主播的节奏不对，控场人员可以通过提醒主播的方式来引导主播，并通过适当的打赏行为激励主播维持好状态。直播期间，主播可以适时与粉丝互动，关注他们提出的问题，这样有助于吸引更多粉丝参与直播活动。

控场人员要实时关注直播过程中用户提出的问题，协助主播解答用户的问题。例如，更换展示的产品，答复如何下单、购买等售前问题，解答活动抽奖、领取优惠券等问题，并实时关注直播数据，与主播保持沟通，有问题及时调整。

4. 直播活动总结

直播结束后，主播一定要及时跟进直播活动的订单处理、奖品发放等工作，确保用户有良好的消费体验；及时地公布中奖名单，并与中奖用户取得联系，做好用户维护，及时发货。

直播复盘工作也是一定要做的。本次直播的各项指标如何？是否达到了预期的效果？出现了什么问题？通过直播平台的各项数据反馈做总结分析，并听取参与人员的意见；还可以跟用户沟通交流，调研用户对此次直播活动的评价，便于后期优化提升。

直播活动需关注的数据包括同时在线人数、观看时长、转粉率、点击率、转化率、销量、营业额、观看指数、互动评论指数、直播间分享数、粉丝回访数、进店访客数、收藏数、加购数等。

5. 直播后的营销工作

直播虽然结束了，但营销工作并没有结束。商家还可以将直播视频进行编辑，把重要的内容做成时长只有几分钟的精华片段，在各大新媒体平台进行分享传播，再配合限时的优惠活动，或许还能迎来一波销售高峰。

8.2.3 农产品电商直播案例

我国正在大力发展县域经济，通过大力发展电商直播等新业态来推进乡村产业发展壮大。直播"带货"日渐火爆，农产品直播"带货"利好农户，能够助力特色农产品走出产地、走向大市场。2020年，淘宝直播总成交额突破5000亿元，通过淘宝直播助农，"6·18"期间，阿里巴巴线上平台的农产品交易额达到近百亿元。

下面主要介绍农产品电商直播的实施策略。

1. 选择优质农产品

做农产品电商直播时，选择的农产品最好是优质农产品、品牌农产品、有区域品牌或大众声誉的农产品。有些农产品属于地理标志产品或地理标志保护产品，具有独特性。例如，五常大米、烟台苹果等农产品已经有了区域品牌标签，广为人知，用户接受度较高。

拓展资源

地理标志产品

地理标志产品是指产自特定地域，所具有的质量、声誉或其他特性本质上取决于该产地的自然因素和人文因素，经审核批准以地理名称进行命名的产品。典型的地理标志产品如安溪铁观音、中宁枸杞、宣威火腿、文山三七、云南普洱茶、山西老陈醋、库尔勒香梨、绍兴黄酒、五常大米、烟台苹果、赣南脐橙等。

---

2. 突出农产品的品质

同一类别农产品的竞品有很多。所以，开展农产品电商直播时，要讲究推广策略，做到品质可靠、物美价廉，除了可口好吃，还要挖掘农产品的营养、绿色、生态等附加价值，通过展示农产品的细节让农产品自己"说话"。主播要善于从农产品的品类和定位中提炼卖点，卖点提炼出后可以整理成册并且不断补充，这样便于主播做好产品的宣传工作。

很多用户进入直播间之前没有很强的购买需求，但是通过主播的介绍，可能瞬间下单购买。农产品直播的平均转化率超过15%，超过40%的用户会在30天内复购。下单用户中90%是女性用户，用户的年龄主要集中在26～35岁，来自三四线城市的用户较多。

某主播曾针对湖北恩施的黄金梨开展了一场直播，效果非常好。他一边吃梨一边介绍："口感好、水分足，真是美味极了。"农产品电商直播现场如图8-15所示。

图8-15　农产品电商直播现场

3．注重在原产地直播

对于农产品来说，电商直播是一个产品增值与提升用户信任的过程。大多数用户对农产品的原产地很感兴趣，原产地直播有助于突出产地的生态性与自然性，赋予产品绿色品质，从而赢得农产品电商发展的先机。例如，主播可以深入田间地头、果园基地、物流中心等，呈现农产品种植、采摘、分拣、发货等过程，并适当分享独具特色的乡村生活、农作乐趣，让大自然气息给城市里的用户带去一种精神上的愉悦感，提升产品附加价值。原产地直播如图8-16所示。

图8-16　原产地直播

4．聘请知名主播代言

借助名人效应开展直播，是当前非常有效的线上营销方式。商家可以积极聘请知名主播，特别是气质与产品相匹配的主播，借助其影响力和粉丝数量提升直播活动效果。例如，某知名艺人曾受邀在聚划算平台上直播，销售某品牌的枣夹核桃和柠檬片等，她以聚划算用户的身份，与用户分享自己的"剁手"经验，并亲自介绍和试吃产品。据统计，此场直播的观看人数接近12万，直播结束后的产品页面显示，枣夹核桃卖出20000多件，柠檬片卖出4000多件。

另外，商家要大力培养本地的优秀农民主播，并打造个人IP，塑造产品代言人，扩大网络用户群体。这样，用户会逐渐对产品背后的代言人产生兴趣，随着用户对产品的认可度和忠诚度的提高，从而演化出较多的重复消费行为。图8-17所示为某农产品优秀代言人。

图8-17　某农产品优秀代言人

5. 精心设计直播方式

主播在直播过程中要突出产品特点。例如，主播在直播过程中可以讲产品的起源故事，也可以讲产品种植技术；主播与用户互动时，可以现场邀请路人、游客参与直播，并请他们给出评价。

6. 做好直播活动策划

要想取得好的营销效果，主播就要进行专业的直播活动策划，既要选择合适的直播时节（如丰收季）、晴朗的天气、开阔的背景，还要确定直播时长，不能太长或太短。

直播内容要充实、紧凑，精准传达出想表达的内容（产品的产地、品质，品牌新品），主播要提前写好脚本。例如，直播活动按照开幕、演讲、主播播报、采摘活动、产品评比、样品品尝、用户采访、下单发货的流程进行，每一环节要逐一推进、不能拖沓，尤其是要避免长时间对着采摘现场直播却没有有效内容的情况发生，要通过有趣的内容与互动使用户产生购买冲动。当然，直播过程中也可以配合播放一些人文短片、纪录片等。

> **协作与训练**
>
> 请了解我国近几年开展过哪些大型的农产品电商直播活动，并分析活动时间、活动主题、活动地点、组织机构、活动产品、主播、直播效果、产生的影响等信息。

7. 传播农业、农村文化

农产品电商直播要立足乡村振兴，拓展直播形态，创新"农业+直播"的形式。除了农产品，直播中还可以加入更多跟农业、农村、农民等相关的话题，丰富直播内容，做到有趣、有料、有吸引力。例如，普及种粮技巧、果树修剪、大棚作物培育、防虫害技巧等农科知识；宣传春季赏花节、金秋丰收节、乡村文化节等内容。农民丰收节直播活动如图8-18所示。主播可以策划多个创意主题，如告诉用户什么样的苹果才算是真正的糖心苹果，如何切出好看的冰糖心剖面等；还可以将自然环境、种植细节、用户参观游玩等内容场景制作成宣传片，展示给潜在用户群体和粉丝，展示原生态的产品，促进产品成交。

图8-18　农民丰收节直播活动

8.3　淘宝直播运营

自从淘宝平台开通直播功能以来，越来越多的卖家或淘宝"达人"入驻平台，淘宝直播每年可以带来超过千亿元的成交额。

在淘宝平台进行直播的主播，主要分为机构主播和个人主播。机构主播在此不做细讲；个人主播又分为商家身份（个人店铺和企业店铺）和非商家身份（"达人"、用户）两种情况。

8.3.1　开通淘宝直播

1. 开通淘宝"达人"直播

条件一：淘宝"达人"账号达到L2级别（如果不是淘宝"达人"，需要先申请成为淘宝"达人"）。

条件二：主播需要有较好的控场能力、口齿伶俐、思路清晰，与用户互动性强，因此申请者需要上传一个视频以充分、全面地展现自己，主要是展现自己的直播能力。

条件三：通过新人主播基础规则考试。

（1）在移动端下载并安装淘宝直播软件。

（2）安装完成后，点击淘宝直播软件进入"内容发布"界面，点击"创建直播"；根据自己淘宝账号的状态，选择适合自己的入驻通道，如图8-19所示。

图8-19 安装淘宝直播软件并选择入驻通道

（3）进入认证界面，点击"我要认证"；认证成功后，点击"我的主页"，按照要求填写资料并提交（不同的版本可能会有差异），如图8-20所示。

图8-20 提交认证资料

（4）提交进行审核后，系统提示认证成功。

2. 淘宝店铺开通直播

淘宝官方对淘宝店铺开通直播有以下要求。

（1）店铺信誉等级必须达到"一钻级"，这是店铺开通直播的硬性指标。

（2）微淘粉丝量需要达到一定要求，隶属于不同行业的店铺微淘粉丝量要求不同。

（3）店铺具有一定的老用户运营能力，主要考核老用户重复购买率。

（4）店铺应该"小而美"，店铺商品不要太多、太杂乱。

（5）店铺商品具有一定的销量。

信誉等级达到"一钻级"及运营情况好的淘宝店铺开通直播比较容易。在淘宝直播软件中选择商家入驻通道后，会弹出资质审核界面；然后点击去考试，弹出考试界面，考试通过即可成功开通直播。

8.3.2 淘宝直播运营策略

1. 自己直播

店铺选择自己直播主要是基于以下几个原因：机构或"达人"直播的成本比较高，店铺自己培养主播进行直播更加节省成本；机构或"达人"直播流量不精准，用户容易冲动购物，退货率高；机构或"达人"可能同时推广多家的商品，导致店铺的商品很难售出。

店铺自己直播最大的一个好处就是流量精准，因为不同类目的直播出现在不同的频道中，用户来到这个直播间，很大程度上是感兴趣或有需要的。

2. 熟悉淘宝直播规则

（1）封面图

封面图有两个尺寸，一个是750像素×750像素的正方形图，用于频道内的展示。另一个是长宽比例为16：9的长方形图，用于手机淘宝首页的展示。

封面图要美观，图片上不得出现文字。封面不能使用"网红"或艺人的图片，除非他们本人会出现在直播间，或者有该"网红"或艺人图片的版权。

（2）标题

直播标题有字数的限制，且标题中不能有任何利益或折扣，如今天打8折或粉丝福利放送等都不能出现在直播标题中。同时，标题一定要与封面保持一致。

（3）直播内容简介

直播内容简介的作用是解释标题。例如，直播的标题为"××'网红'仿妆"，那么在直播内容简介中可以介绍该"网红"毕业于哪所学校，参加过哪些节目，视频获得了多少点击量等；介绍完嘉宾后，再介绍一下重点推荐的产品。直播内容简介中可以介绍直播福利，如点赞数达到多少，有5折优惠，整点有支付宝红包等。

（4）直播流程

直播流程一定要提前规划清楚，包括直播开始阶段的热场、直播主题介绍、才艺表演与"讲段子"、产品推荐、互动环节、抽奖环节、总结与预告等，确保整场直播的利益点非常清晰。

（5）推荐方法

淘宝直播与头条号的推荐法则是类似的——淘宝直播平台的用户推荐是分批次进行的，第一轮推荐会在小范围内进行或推荐100个用户观看，如果各项数据都非常好，系统就会加大推荐力度；反之，则会停止推荐。

3. 注重淘宝直播细节

直播环境要很明亮，昏暗的直播环境很难获得较好的直播效果。直播时，产品不要随意堆积，这样会显得非常凌乱。直播产品的好评率尽量达到98%及以上，直播的店铺评分要在4.6分及以上。

直播设备最好选择好一点的手机，确保声音、画质正常，必要时可以搭配话筒、补光灯等辅助工具。在使用计算机进行直播时，显示器的右上方会出现信息卡，可以将主播的信息填写进去，如身高、体重、年龄等。同时，第二栏会有一个轮播设置，可以设置优惠信息，如关注主播可以领淘金币，或者设置今晚8点有抽奖活动等。

可以在淘宝后台的权益中心设置直播间的福利，找到对应的福利，设置好发放福利的时间和福利数量。例如，要群发支付宝红包，可以设置红包金额为200元，数量为100个，再设置好时间，然后保存即可。

4. 进行直播预告与审核

在正式直播之前，需要提前一天发布直播预告，平台会进行预审。预审主要是看直播的标题、内容简介和封面图等是否符合要求，审核通过后才可以进行直播。直播的准备活动还包括在直播间准备好产品，在淘宝店铺中添加产品并制作贴片信息等。

5. 全面掌控直播内容

正式直播的时候，前10分钟至关重要，它决定了店铺流量的高低。因为前10分钟会有平台管理人员进入直播间观看，如果平台管理人员认为主播讲得不错，就会把直播投到一些公域流量池内以吸引更多用户。另外，主播在直播过程中注意礼貌用语，不要谈论敏感话题，或做触犯法律的事情。直播过程中针对新进入直播间的用户，主播要经常提醒他们点击关注。直播间的关注度越高，获得直播浮现权的概率就会越高，直播间的流量就会越高。

主播还要善于创新直播内容，账号人格化、内容场景化、运营数据化、对产品的理解优化，是直播内容创新的4个重要方向，也是主播磨炼能力、提高水平的方向。

6. 选择合适的直播时间

选择合适的直播时间很重要，虽然20:00—24:00是直播的黄金时间段，但不建议不知名主播选择该时间段，因为直播"大V"也会在这个时间段直播，竞争太激烈。不知名主播应避开直播高峰期，选择在上午10:00以后或下午的时间段直播，同时可以将直播时间延长，因为直播时间越长，直播间的权重就会越高。

7. 增强直播互动效果

评论互动是一场完整的淘宝直播必不可少的。主播在描述产品的时候可以使用一些技巧，如通过疑问句引导用户进行评论。例如，主播针对产品发起一个有争议的话题，引导持有不同观点的用户进行讨论；还可以通过话术设计，利用留悬念、讲故事的方式来有效提高用户留存率和转化率。发放福利也是"吸粉"和增加互动的有效办法，主播通过不定时发红包、不定时抽奖等吸引用户留在直播间内，并鼓励用户分享直播间。

8. 获得直播浮现权

直播浮现权是指使发布的直播内容优先展示在淘宝直播频道内的权利。获得直播浮现权可以获得更多的公域流量。

之前商家获得直播浮现权有一定的门槛，如需要经验值在3000分以上，月开播次数大于8场，开播天数多于8天，平均每场有不低于50个独立访问量，每个用户在直播间内的停留时间大于1.5分钟等。目前，经实名认证的淘宝账号和商家号只需交纳保证金，并且账号没有被扣分即可免费申请开通直播权限。企业店、个人店、全球购店、"达人"账号在2020年2月后开通直播权限的自带直播浮现权，但有效期仅有14天。天猫商家开通直播权限时也自带直播浮现权，并且永久有效。

8.3.3 如何打造一个"网红"店铺

1. 如何成为优秀的主播

成为淘宝主播不难，成为一个优秀的淘宝主播就有些难度了。首先，要完成淘宝"达人"认证，即使用淘宝"达人"账号发表原创帖，拥有"达人"账号二维码和身份证明资料（经营人身份证、企业营业执照、微信公众号、微博、今日头条等媒体身份证明材料）。

其次，主播需要具备以下条件。

（1）个性化的人格魅力，拥有一定的粉丝基础。

（2）是某一领域中的典型代表，拥有一定的话语权和认可度。

（3）逻辑清晰、表达流畅、有亲和力，善于发现产品的卖点并将其融入直播过程。

2. "网红"店铺的成功因素

"网红"店铺的成功因素一般包括以下几方面。

（1）成熟的运营团队

一家"网红"店铺的运营工作靠一个人是支撑不起来的。每一款产品从前期选品、设计、找供应链、定款，到上架、拍摄、开卖，以及每一个活动前期的宣传、策划、营销、推广，各个媒体渠道的引流等都需要足够的人手。所以，专业、有创意、有计划的成熟运营团队是不可缺少的。

（2）风格明显的原创设计团队

一家"网红"店铺如何才能够区别于其他店铺？以服装店铺为例，衣服的特色、款式、品味肯定要与一般店铺不同。"网红"店铺需要有自己的定位，有自己的设计和风格，只有这样才能牢牢抓住喜欢这一类风格的用户，用户黏性才会增强。所以，这就要求"网红"店铺需要在产品的设计、制作、剪裁、风格、面料及拍摄上下足功夫。

（3）快速、定期的上新

"网红"店铺大多是女装或化妆品店铺。对于女装店铺来说，其维护用户最好的方法就是定时上新。每次上新必须做好预热，让用户产生期待，否则店铺内的产品长期都是老款，用户打开店铺没有新鲜感，自然就会取消关注。

（4）系统的营销推广

"网红"店铺的营销推广并不是拥有高人气就行，系统的营销推广同样重要，包括直播预告、社群推广、话题营销等，将直播活动和直播内容传达给更多的用户。

（5）稳定的供应链

"网红"店铺大多有内容、有个性、有话题，可以吸引用户购买，但用户如果发现产品质量不合格或性价比不高，那么用户就可能流失。这样的情况重复出现几次，用户就会把店铺列入黑名单。因此，"网红"店铺要有稳定的供应链，确保产品质量，准备多个产品。每次直播至少要选10款产品，并把其中的2～5款作为直播主打款。除稳定的供应链之外，店铺还要有较高的用户服务水平和较快的发货速度。

素养小·课堂

学习强国App——新媒体时代知识传播的好窗口

学习强国 App 火了，朋友们见面打招呼经常要问：学习强国，今天你学习了吗？你在学习强国App上有多少积分了？学习强国App打造了一个五彩缤纷的精神世界，里面有视频、动画、文档、习题等，如此多的优质内容可以供用户在其上免费学习并且更新速度快，对提高广大党员、干部、人民群众的政治理论、时事政治、专业知识、综合素养等有很大的帮助。学习才能强国，知识改变命运。毫无疑问，学习强国App已成为新媒体时代知识传播的重要渠道，是用户进行网络学习的较佳平台！

【综合实训】

（一）实训目标

学生已基本掌握了网络直播运营知识和运营工作流程、策略等，通过本实训活动，学生可以分组实践网络直播运营，加深对网络直播运营的理解。

（二）实训任务

1．熟悉合作企业的直播环境。

2．制订关于企业项目的直播活动方案。

3．开展网络直播活动。

（三）实训步骤

1．学生分组，每组6人，设置主播2名，控场人员2名，客服人员1名，供应链管理员1名。

2．学生根据校企合作安排，深入了解对口的合作企业，熟悉企业现状、产品品类、产品特点、营销目标、直播场地、直播平台等，做好企业直播运营的对接工作。

3．策划网络直播活动方案，包括产品规划、直播时间和场次、直播主题、直播流程、直播话术、直播预告内容、直播互动方案、推广方案等。

4．做好直播的准备工作。

5．在校内直播间或企业门店中开展网络直播。

6．校企双方共同分析运营数据和运营经验，总结运营心得。

【知识与技能训练】

一、单选题

1．获得直播浮现权有助于（　　）。

　　A．降低直播成本　　B．提高客单价　　　C．获得私域流量　　　D．获得公域流量

2．"农产品+直播"可以有效解决的问题是（　　）。

　　A．信任问题　　　B．产品质量问题　　C．物流问题　　　　D．产品价格问题

3．特色农产品的直播最好选在（　　）直播。

　　A．门店　　　　B．街头　　　　　C．市场　　　　　D．原产地

二、多选题

1．网络主播有哪几类（　　　）？

A．秀场主播　　　B．游戏主播　　　C．娱乐主播　　　D．电商主播

2．网络直播运营的好处有（　　　）。

A．提高销售效率　　　　　　　　　B．提高品牌知名度

C．打造"爆款"产品　　　　　　　D．降低广告成本

3．以产品推介会为例，在网络直播开展前要做到（　　　）。

A．明确产品特点，简洁描述　　　　B．做好宣传工作

C．做好产品优点主次排位　　　　　D．设置抽奖活动

4．（　　　）可以帮助做好农产品直播。

A．设定适当的直播时长　　　　　　B．精准表达直播内容

C．传播农业农村文化　　　　　　　D．注重宣传产品品质

三、简答题

1．请列出几个主流直播平台的优势与不足。

2．请分析网络直播运营的要素有哪些。

3．请思考，商家如何培养本地的优秀农民主播，并打造个人IP？

4．请分析如何做好直播活动预热。

5．请介绍网络直播运营的流程。

四、实训题

1．观看5场涉及农产品的淘宝直播，试分析农产品电商直播"爆火"的原因。

2．试分析，为什么网络直播结束后还需要进行开展营销工作？

3．调研3个开展淘宝直播的商家，分析其直播营销过程中吸引粉丝、发布话题等方法的异同。

项目九

其他新媒体平台运营

学习目标

主要知识	理解知识社区的概念、特点
	熟悉主要的知识社区
	熟悉知乎的核心功能
	熟悉喜马拉雅的运营策略
	熟悉小红书的运营模式
	了解小红书的内容编辑与发布
核心技能	掌握知乎内容创作的知识
	掌握知乎引流推广的方法
	掌握喜马拉雅的运营流程
	掌握小红书平台互动及"涨粉"技巧
素质目标	具备团队合作意识
	具备新媒体内容生产的创新意识

内容体系

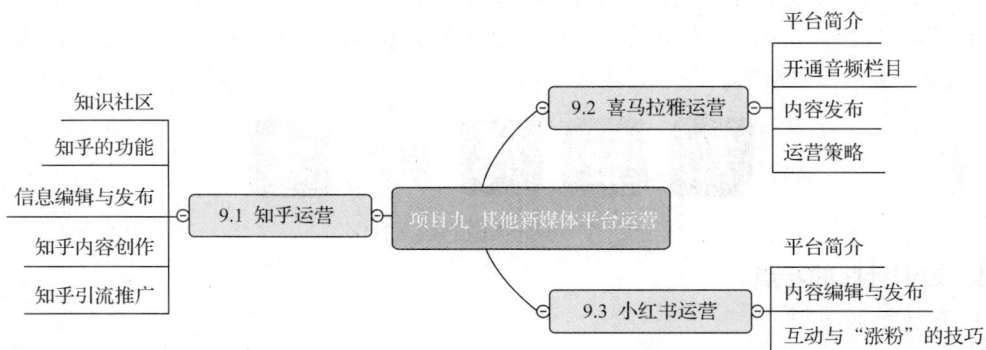

快手的品牌营销

快手是一款记录和分享生活的App，其用户活跃度一度仅次于微信、QQ、微博，但在媒体曝光方面，却很少有关于快手App的报道。2016年6月，一篇文章把快手推上舆论高地，颇受争议的快手顺势推出了一系列营销措施，将知乎这一互联网短视频爱好者用户的聚集地作为营销阵地，在知乎平台开设机构账号，开展了系列内容营销。

例如，针对知乎中一个"为什么快手惹人嫌？"的问题，快手机构账号利用"不同圈层的人、不同思想的人，甚至同一个人在不同的人生阶段对于审美和世界观等的认识和追求是不同的"这一观点巧妙地进行了解答，这个回答获得了上万次点赞、数千条评论，很多网友对此表示认同。

【案例思考】

知乎在企业网络营销中可以发挥什么作用？

【案例启示】

不同平台有着不同的营销方式，知乎以问答为主的营销方式适合企业通过对问题的解答来推广自身产品。当问题与自身产品有关时，企业的解答有利于提高产品曝光率，有利于外部用户了解企业对于问题的看法，有效避免外界的恶意评价；当问题与自身产品无关时，企业巧妙的回答可有效提高企业曝光度并获取其他用户的好感。

9.1 知乎运营

9.1.1 知识社区

知识社区指用户自发组成的分享知识的组织，它凝聚的是人与人之间的交情及信任，这些人多是出于有共同的兴趣而聚集在一起的。知识社区的用户可自行决定是否要积极参与活动，是否乐于分享经验和知识，并从中得到他人的肯定和尊重。

2010年以前，知识社区的内容多是免费的。2010—2016年，付费模式出现，知识社区通过会员充值、打赏等方式培养用户对于优质内容的付费意识。2016年5月，分答、罗辑思维、知乎Live同时推出付费模式。时至今日，知识社区种类繁多，包括知乎、豆瓣、简书、果壳、百度文库等，如图9-1所示。

图9-1 不同类型的知识社区

1. 知识社区的特点

（1）无地域限制

数字化、网络技术和软件技术的发展构建了新型的人际关系，形成了新的社会化网络，即知识社区。知识社区的最大特点是没有地域限制，但在拥有众多杂乱信息的网络知识社区中，如何获取有用信息成为用户亟待解决的问题。

（2）知识共享性

互联网时代，平等交流成为一种普遍的知识传播方式，即实现了"所有人对所有人的传播"。共享是互联网时代知识传播的主要特征，共享意味着分享，每个用户在共享中实现了知识的互通。共享是实现知识均权的途径。知识社区聚集了不同行业、不同兴趣爱好、不同学习背景的用户，他们通过知识社区提出问题和帮助其他用户解答问题。

（3）意见领袖依然占据主导地位

互联网时代的知识社区虽然涌现出了多元的知识传播主体，但意见领袖依然在其中占据主导地位。回答者的身份越具有辨识度，在某一领域越具有号召力，其回答就越会引起关注，从而引发集聚效应，带来更多的粉丝。

2. 知识社区介绍

（1）知乎

知乎是中文互联网中知名的问答社区，其致力于构建一个人人都可以便捷接入的知识分享网络，让人们便捷地与世界分享知识、经验和见解。知乎用户通过分享知识与他人建立起信任和连接，对热点事件或话题进行理性、深度、多维度的讨论，分享专业、有趣、多元的高质量内容，打造个人品牌并提升其价值。

知乎已提供超过15000个知识服务产品，生产者达5000名，知乎付费用户人次达600万，每天有超过100万人次使用知乎大学。

知乎大学的知识服务矩阵由"课程体系"和"书的体系"共同组成。课程体系包含"Live小讲"和"私家课"，完成从音频到视频、从小体量到大体量、从短时分享到长期体系化的全面覆盖。"书的体系"则包含知乎书店的电子书、有声书、知乎读书会。

（2）喜马拉雅

喜马拉雅成立于2012年8月，致力于在线音频分享平台的建设与运营。作为专业的音频分享平台，它汇集了有关有声小说、有声读物、有声书、儿童睡前故事、相声小品等数亿条音频，用户通过选择网络电台，可以实现"随时随地、听我想听"。

喜马拉雅移动端用户数量已超过4.7亿，汽车、智能硬件和智能家居用户数量超过3000万，占据我国音频行业73%的市场份额。同时，喜马拉雅还拥有超过3500万人的海外用户。

喜马拉雅也吸引了大量的自媒体人投身音频内容的创作，其中包括8000多位有声自媒体"大咖"和500万有声主播，他们共同创作了覆盖财经、音乐、新闻、商业、小说、汽车等共计328类有声内容。新浪、福布斯、36氪、三联生活周刊等200多家媒体和肯德基、欧莱雅等3000多家品牌也纷纷入驻喜马拉雅。

（3）豆瓣

豆瓣是一个知识社区网站，创立于2005年3月。该网站以分享图书影音起家，提供关于书籍、电影、音乐等作品的信息，所有关于作品的描述、评论都由用户提供，是Web 2.0网站中极具特色的一个网站。豆瓣还提供图书影音推荐、线下同城活动、小组话题交流等多种服务，它更像一个集品味系统（读书、电影、音乐）、表达系统（我读、我看、我听）和交流系统（同城、小组、友邻）于一体的创新网络平台，致力于帮助都市人群发现生活中有用的事物。

豆瓣的产品主要包括豆瓣FM、豆瓣读书、豆瓣阅读、豆瓣电影、豆瓣音乐、豆瓣同城、豆瓣小组、豆瓣时间等。豆瓣影评如图9-2所示。

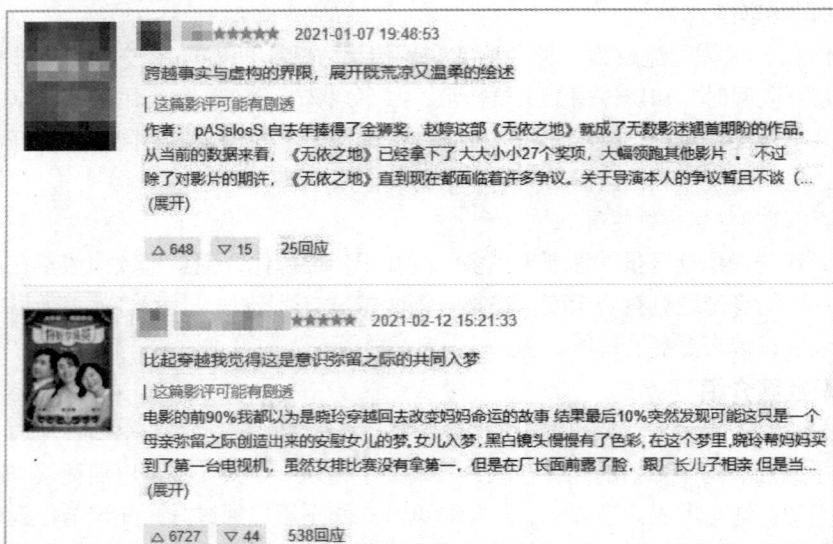

图9-2　豆瓣影评

（4）百度文库

百度文库平台于2009年11月推出，其包含的文档数量很快就突破了1000万。百度文库优化升级后，内容专注于教育、PPT、专业文献、应用文书四大领域。2013年11月，百度文库正式推出文库个人认证项目。

百度文库是一个供用户在线分享文档的平台，文档由百度用户上传，经过百度平台的审核后发布，用户可以在线阅读或下载这些文档。百度文库的文档涉及教学资料、考试题库、专业资料、公文写作、法律文件等多个领域。百度用户上传文档可以得到一定的积分，这些积分可用于下载需付费的文档。

2014年12月，百度文库启动了平台化战略，通过流量、技术、资源开放，吸引拥有知识文档的个人用户和机构用户进入平台，通过合作共享的模式向其他用户提供知识文档。并且百度文库与个人、机构的合作采取零分成政策，希望借此成为更好的互联网学习平台。

9.1.2　知乎的功能

知乎作为知识问答社区，同时兼具知识付费社区属性。知乎平台聚集着各行各业的用户，他们分享着彼此的知识、经验和见解，为中文互联网源源不断地提供多种多样的信息。与此同时，知乎也从一个备受专业领域用户喜爱的垂直知识社区转变为一个拥有巨大用户基数的泛知识平台。

1. 知乎的架构

知乎兼具知识问答社区属性和知识付费社区属性，两者相辅相成。知识问答社区属性是其核心，负责增强用户黏性和提高用户留存率；知识付费社区属性则负责最终的商业变现。

知乎的核心竞争力在于其打造了一套高效产生高质量内容的机制。知乎通过一系列方式给予内容创作者巨大的成就感，使其持续进行内容生产。此外，在社区发展过程中，知乎对回答排序、首页内容推送机制进行了多次优化升级，确保社区中新的优质内容能够被挖掘出来呈现给用户。

知乎平台上聚集了一定规模的优质用户，在沉淀了大量的高质量内容后，知乎又相继推出知乎Live、知乎大学等功能，帮助优秀的内容生产者获得收益，从而实现自身的商业变现。

2. 知乎的核心功能

知乎的功能丰富且强大，由结构分析可知，知乎的核心功能包括问答、知乎专栏、知乎Live、知乎大学、知乎圆桌。

（1）问答

问答一直是知乎最核心的功能之一。百度知道中的"优质答案"来自提问者的选择；而在知乎，回答是以问题为核心的开放性 "命题作文"。大家以问题为中心，各抒己见，是各种观点的碰撞，而不是将某一个答案作为终极标准。

随着知乎用户数量的大幅增加，单个问题下可能会有成千上万个回答。当某个问题的回答较多时，知乎会根据内容回答质量，即质量得分进行排序。

$$质量得分=加权赞同数-加权反对数$$

在知乎平台，有很多针对热门事件的不同角度的分析，其呈现出来的信息是关注人的动态。如果某位意见领袖点赞或回答了某个问题，那么他的所有粉丝都能看见，这增强了知乎的媒体属性，让新鲜热门的话题得到了快速传播。

（2）知乎专栏

知乎专栏于2016年3月面向全部用户开放。知乎专栏将不同类型的文章进行分类，分别放置在不同类型的专栏名下，便于用户寻找到相应的答案。知乎专栏需要特地开通，用户发布在知乎专栏中的内容会同步到知乎文章，而发布的知乎文章则不会被收录到知乎专栏中。

知乎专栏本质上更像博客，用户能够在这个空间里发表大量自己关于特定内容的见解。由于知乎社区本身用户活跃度较高，并且设置了各种点赞、评论功能，专栏作者能够保持持续创作的热情。

（3）知乎Live

2016年5月，知乎Live上线，它以实时语音问答的形式，让主讲人针对某个主题分享知识、经验或见解，用户可以实时提问并获得解答。知乎Live的主题目前共有17个分类，截至2019年3月，知乎Live共举办了8000多场Live，平均每月举办的Live超过250场。一场成功的知乎Live会为主讲人带来可观的收益。

知乎Live以实时语音问答的形式实现主讲人与参与者的实时互动，该形式也有利于主讲人就某一主题形成相对完整的阐述——将碎片化的知识系统化。知乎平台已经积累了众多的知识爱好者，既有了广泛的知识需求，又拥有优质的知识提供者及网络知名博主，足以支撑知识付费模式的发展。

（4）知乎大学

2018年6月，知乎将旗下的"知识市场"正式更名为"知乎大学"，升级后的"知乎大学"基于"课程+书+训练营"共同组成的内容体系，为用户提供覆盖通识知识、专业知识和兴趣爱好等多维度的综合知识服务。知乎大学的侧重点在于连接创作者和用户，为双方提供体系化的服务。

（5）知乎圆桌

知乎圆桌的讨论形式非常具有"知乎特色"。线下活动中，嘉宾讨论（Panel Talk）环节往往最能够激发主持人与嘉宾发表真知灼见，最大限度地与听众分享行业内的一手信息。知乎圆桌则打破了地域限制，让嘉宾在互联网上讨论。每场知乎圆桌邀请1位主持人和4位以上有多年行业经验的嘉宾共同发表见解，用户和主持人可以针对嘉宾讨论的主题提问，参与活动的各位嘉宾予以回答；用户可以对嘉宾的回答进行评论，或与嘉宾一同回答问题。

知乎圆桌的特色在于，其能在某一段时间内引导全站用户开展集中讨论，具有较强的时效性；讨论的主题往往针对某一细分领域，内容更专业；讨论由站方运营人员发起，邀请专业人士担任嘉宾，分享经验和见解，激发普通用户参与讨论。

9.1.3　信息编辑与发布

用户进入知乎的登录页面，如果没有知乎账号，先选择注册，如果有，就选择直接登录。登录后单击自己的昵称进入个人基本资料编辑界面，可以修改资料，然后返回首页。接下来，用户可以写回答或写文章。

1. 写回答

用户单击"写回答"进入问题列表，选择"为你推荐"，如图9-3所示。在"添加擅长话题"中输入自己擅长的话题，如输入"欧洲旅游"，知乎会推荐相关热门话题。接下来，用户可以选择一个擅长回答的话题进行回答。当然用户也可以选择"全站热门"，或者查看是否有"邀请回答"。

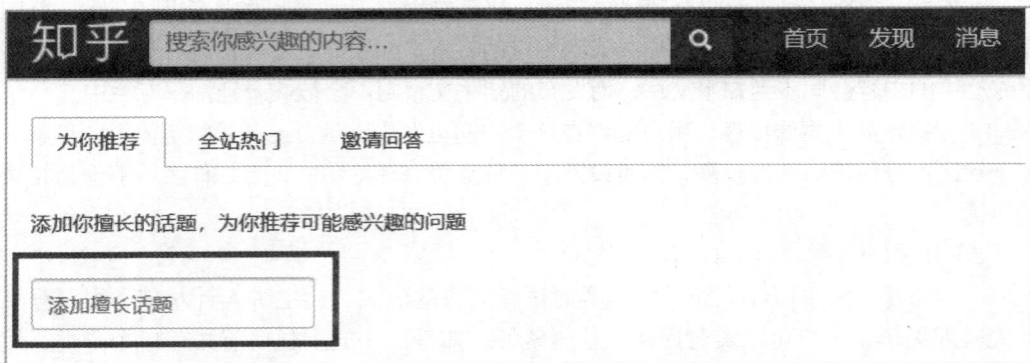

图9-3　添加擅长话题

2. 写文章

用户单击"写文章"进入文章编辑界面，根据要求撰写文章标题及内容，可以选择插入图片或视频。

文章编辑完成后，单击界面右上角的"发布"，输入话题类型后单击"下一步"，如图9-4所示。编辑过程中，系统会自动保存草稿。

接下来，知乎会提示用户是否开通专栏，如图9-5所示。如果选择"立即开通"，便会跳转到申请开通专栏的界面；若选择"暂不开通"，则刚刚编辑好的文章便发布完成。知乎专栏会将不同类型的文章进行分类，然后放置在不同类型的专栏下，便于用户找到相应的文章。

图9-4　输入话题类型

图9-5　邀请你开通专栏

用户可以在个人主页里查看刚刚发出的文章，如果觉得文章有缺陷，也可以继续修改完善。

9.1.4　知乎内容创作

知乎作为一个大型的知识问答社区，各行各业的人都可以在此分享自己的知识、经验与见解。知乎平台陆续有一些企业账号入驻，企业通过知乎平台开展品牌营销和品牌宣传。企业将企业信誉、文化、产品/服务等通过文章或问答的形式在知乎平台上展现出来。

1. 产品/服务本身相关的知识

企业可以发动产品经理、工程师、销售人员在知乎平台上写一些有关产品原理、特性的内容。例如，某企业的产品是牙膏，就可以请研发人员写关于牙膏里的氟到底是如何预防龋齿的文章或回答。

因为知乎用户的长文阅读、深度阅读能力较强，所以企业不用担心内容太专业而没人看。例如，迪士尼在知乎平台发表过一篇《迪士尼的公主形象是怎么创作得来的？》的文章，文中没有宣传新片上映信息，而是详细地介绍了公主形象的创作过程，满足了用户的好奇心，收获了大批对迪士尼动画感兴趣的用户的关注。

2. 产品/服务背后的人、文化、理念

企业在知乎平台上除了告诉用户"我们的产品是什么"之外，还可以向用户讲述产品/服

务背后的人、文化、理念，使品牌的形象更加丰满。例如，京东讲述了配送员不畏艰难为用户提供高标准服务的故事；西贝莜面村讲述了一位洗碗阿姨心甘情愿做自己职责以外的工作，内心获得喜悦和满足的故事，让用户感受到这是一群温暖的人，从而对企业产生了美好的印象。西贝莜面村的知乎营销如图9-6所示。

图9-6　西贝莜面村的知乎营销

3. 行业相关信息或知识

相对于个人而言，企业因为获取信息的便利性，会更有能力产出具有行业视角的内容。这类内容也更容易获得官方推荐。例如，西门子邀请内部专家在知乎平台上与用户分享人工智能在制造业的应用，向用户传递了西门子一直走在科技前沿、关注先进技术的企业形象。西门子的知乎营销如图9-7所示。

图9-7　西门子的知乎营销

4．创意活动与社会热点

企业在知乎平台开展营销，目的是提升企业的品牌美誉度。大部分企业停留在品牌答主的层级，很难找到备受用户关注而又与行业相关的话题。那么，如何找到用户关注的热点话题呢？一种新的思路是，企业可以从回答者试着转变为提问人，解放品牌生产力，调动用户积极性，给用户带来别样视角下的内容。

例如，乐高LEGO曾在知乎上提了一个问题：你遇到过宝宝的哪些"迷之行为"？这个问题吸引了不少父母的关注，实在是一个既让人有"吐槽欲"又很有吸引力的话题。因此，不少父母用图文并茂的方式讲述了自家宝宝各种有趣的行为，收获了100多个回答、2000多个关注。乐高LEGO的热点话题营销如图9-8所示。

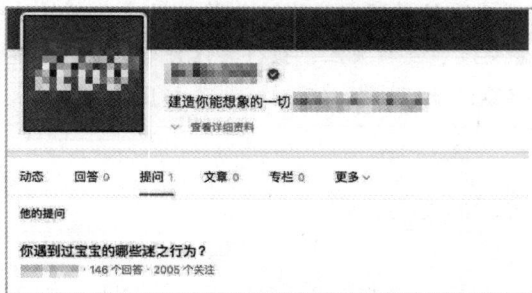

图9-8 乐高LEGO的热点话题营销

9.1.5 知乎引流推广

知乎已成为很多企业开展产品运营、品牌营销和自媒体推广的重要平台。在知乎平台，很多人写的往往是职场回答、健身回答、两性情感回答等。

不管是以上哪一类型的回答，在知乎平台进行引流推广都需要注意以下几点。

1．使用高权重值账号

在知乎平台，每个账号都有一个账号权重，用户的每一个操作都将直接影响账号的权重值。用户在回答问题时，答案按赞同票数排序，赞同票数相同的情况下按账号权重值排序，同时隐藏被系统认为无效的答案，这在一定程度上过滤了垃圾信息。知乎平台的内容展现与账号权重值、投票机制相关，账号权重值与账号注册时间、关注人数、回答质量相关。知乎投票机制包括点赞、收藏、喜欢、感谢、评论等。所以，在知乎平台推广引流要使用高权重值账号。

在知乎平台上，账号权重值对应"盐值"，"盐值"越高即账号权重值越高，高"盐值"也意味着账号有更加稳定有效的外链建设和引流效果。在"我的"界面，用户可以看到自己的"盐值"，如图9-9所示。

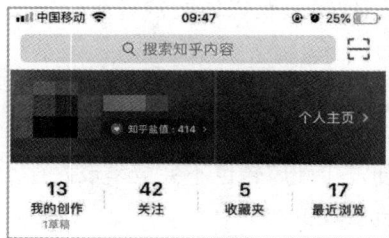

图9-9 知乎个人"盐值"

知乎平台根据用户"盐值"的高低，赋予用户不同的"管理权益"。它像一个标尺，为知乎用户提供知乎玩法攻略，进一步对应用户的权限和福利等。

知识运营手册

提高"盐值"的方法

提高"盐值"的过程俗称"养号"，"盐值"不同，权限不同。例如，"盐值"达到620分就能编辑问题，达到640分就能编辑话题，达到700分就会获得知乎的优先处理权，达到850分就可以实现无论是点赞还是反对都被赋予很高的权重值。

要想提高"盐值"，用户需要完善个人账号信息，提高基础信用分；通过提问、回答问题、写专栏、发布想法来获得用户的赞同、感谢、收藏，提高内容创作分；通过在不同回答下的友好评论，与其他作者交流、互相关注，获得其他作者的赞同、感谢，提高友善互动分；看到过度营销或违法的回答，进行举报、反对，提高社区建设分。

2. 精准引流路径

知乎平台中有以下4条精准引流路径。

（1）回答热门问题引流

企业搜索与自身行业、产品或需求有关的关键词，通过回答热门问题吸引精准用户关注。回答的内容一定要图文并茂，可以放上一些前后对比图，图片越真实越好。回答不用长篇大论，200～400字就好，内容尽量是原创内容。

知乎是一个专业的知识问答平台，其上有很多各领域的专业人士，所以写出专业的回答显得尤为重要。这需要新媒体运营者有足够深厚的专业知识功底，回答问题之前最好查阅相关资料，回答尽量专业并且有针对性，不要偏题、跑题。

新媒体运营者也可以阅读学习别人的回答，内化后加入自己的观点重新写出新的回答。回答别人的问题之后，要在72小时内关注用户互动情况，并可适当借助好友账号评论、点赞。

（2）评论热门问题截流

新媒体运营者可以评论热门问题已有的回答，以此来截流。这种方式操作简单，门槛低。

（3）发布高质量原创文章

直接发布高质量原创文章来引流的方式非常有效，但需要注意标题、正文、助推这3点内容。新媒体运营者创作标题时可以使用长尾词拓展工具，如百度关键词规划师、5118、爱站等，找到用户最关注的产品问题。新媒体运营者创作正文时，字数可以控制在600～1000字，另外还可以在文中配图。助推主要是指新媒体运营者发动好友少量、有节奏地给文章评论、点赞。

（4）自问自答引流

自问自答引流即用A账号提问，B账号回答，C账号点赞、评论等，吸引有需求的用户关注。这种引流途径的优点是即便发布硬广告也不会被举报，存活率较高；缺点是曝光过于依赖系统推荐，非热门问题获得的流量较少。

9.2 喜马拉雅运营

9.2.1 平台简介

1. 发展历程

喜马拉雅于2013年上线，早期定位为在线音频平台，与豆瓣FM的听歌形态相似；后来发展为专业用户生成内容（Professional User Generated Content，PUGC）模式的音频平台，让用户可以自己录音并在其上分享，吸引了众多原创音乐人、知名人士在该平台开设自己的账号。2016年，知识付费模式流行起来后，喜马拉雅迅速成为知识付费的先行者和内容社区的佼佼者。其发展历程如图9-10所示。数据显示，2019年喜马拉雅的激活用户数量突破5.3亿，主播人数超700万，行业占有率高达73%。喜马拉雅深耕"音频娱乐"和"知识付费"市场，已成为有声音频行业的领头羊。

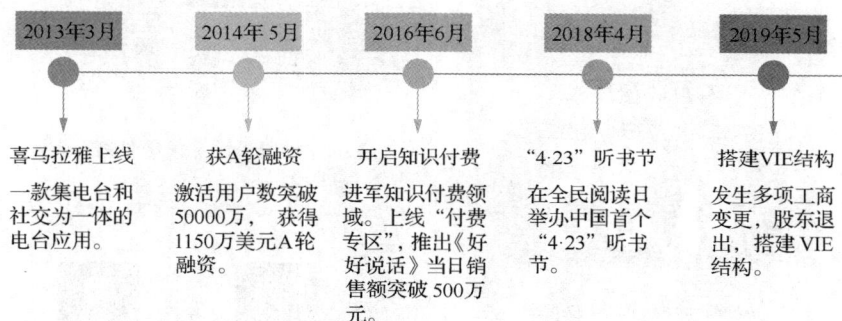

2013年3月	2014年5月	2016年6月	2018年4月	2019年5月
喜马拉雅上线	获A轮融资	开启知识付费	"4·23"听书节	搭建VIE结构
一款集电台和社交为一体的电台应用。	激活用户数突破50000万，获得1150万美元A轮融资。	进军知识付费领域。上线"付费专区"，推出《好好说话》当日销售额突破500万元。	在全民阅读日举办中国首个"4·23"听书节。	发生多项工商变更，股东退出，搭建VIE结构。

图9-10 喜马拉雅的发展历程

2. 商业模式

喜马拉雅采用PUGC模式，其音频形态丰富多元，内容覆盖范围广，喜马拉雅内容分类如图9-11所示。喜马拉雅向长尾内容方开放报名和审核机制，满足用户个性化的需求，用户既是内容消费者又是内容生产者；同时为用户提供晋升为KOL的机会，吸引了大量用户。

当前，用户存在多元化内容的需求，不再以知识"达人"作为唯一的内容筛选标准。喜马拉雅提供的数据显示，平台上的每个细分垂直领域都涌现出大量的内容生产者，既有来自高校的一线教师，也有律师、儿童学家、营销专家等。平台积极地为这些内容生产者赋能。2018年，喜马拉雅发布"万人十亿新声计划"，从资金、流量及创业孵化3个层面扶持音频内容生产者。2018年年底，"千人千万计划"也顺势推出，助力1000位主播成为垂直领域的领先者，为其配送千万级流量，最终平台方与内容生产者实现双赢。

图9-11 喜马拉雅内容分类

3．产品内容

喜马拉雅平台拥有海量内容，包括娱乐、生活、音乐、历史、相声、情感、人文等多种品类。网站的付费内容分为3类：与行业知名人士合作推出的专辑，如联合某主持人制作的《好好说话》；与相关阅读机构合作生产的内容，如有声书、IP改编等；与教育培训机构合作推出的收费节目。

从2015年开始，喜马拉雅就相继与阅文集团、中信出版社、上海译文出版社等一线出版商合作，合作内容包括有声改编、IP孵化、版权保护等。喜马拉雅拥有市场上70%畅销书的有声版权，85%网络文学的有声改编权，6600多本英文原版畅销书的有声版权。2018年，喜马拉雅"12·3狂欢节"内容消费总额达4.35亿元，如图9-12所示。

图9-12　2018年喜马拉雅"12·3狂欢节"

9.2.2　开通音频栏目

个人或企业开展喜马拉雅营销，主要是通过音频内容来影响用户，具体操作步骤如下。

1．组建团队

开通一档音频栏目，需要以下3类专业人员的通力协作。

（1）主播

主播需要音质出色且吐字清晰、规范，具备用标准普通话播音的能力，如果还熟悉1～2种方言则会更受欢迎，这样能将信息准确无误地传达给用户。另外，主播在播音进程中往往还需要使用一些互动话术、技巧，做到随机应变，以更好地吸引用户。

（2）撰稿人员

撰稿人员即文案策划人员。并不是所有的文章都适合直接转化为音频播出，这就需要经过撰稿人员的写作、整理、加工、润色之后，使其成为一篇优质的适合转化为音频的作品。

（3）后期编辑人员

后期编辑人员即音频编辑人员。他们主要负责技术工作，如音频输出、格式转换、音频剪辑、节目配乐等。一个优秀的后期编辑人员可以将平淡无味的音频通过调速、配乐等处理，使其变成一个十分招人喜爱的节目。

2. 开通栏目

（1）注册账户，绑定手机号。

（2）确定栏目（节目、频道）名称，如"三叔讲历史"；不要创作过于独特的名称，要便于用户搜索；栏目名称和内容不要经常变换。

（3）至少上传3条音频。建议选择品质高的，并配以精美头像/专辑图片，最后加上清晰、明确的个人介绍及电台描述，有助于音频通过审核。

（4）申请个人认证或机构认证。认证有助于提升栏目的自然排名和增强权威性。个人认证需要提供身份证照片，机构认证需要提供营业执照照片。

（5）认证完成后，可申请开通Podcast播客托管业务，即在喜马拉雅上传栏目后，栏目可同步更新到播客账号中，免去二次更新的麻烦。

3. 内容规划与建设

（1）选择主题

新媒体运营者需要明确内容主题，主题一般要结合用户的需求和喜好来设计。可选领域包括有声读物、音乐分享与评论、脱口秀、书评、影评等。

新媒体运营者做音频栏目时一定要正视版权问题，切不可侵权，有些音频平台对有声小说和纯音乐分享的上传要求非常严苛。发布评论类内容时，切记要注明原文出处，秉持中立立场，不要涉及敏感话题等。

（2）制作正文音频

新媒体运营者对文章、小说、评论等内容进行策划、分段、录制，可以形成多条固定时长的音频作品；也可以采取音频直播的方式直接创作，但这要求撰稿人员和主播具有较强的创新思维。

（3）后期处理

后期处理主要是在原音频的基础上进行加工。新媒体运营者可以制作一段语音广告作为每条音频的开头，用短短的10~20秒明确告诉用户所收听的是一个什么样的栏目。

新媒体运营者进行后期处理时，可使用"MP3剪切合并大师"等软件，将录制好的语音广告和音频正文按照顺序拖入"MP3合并"功能页面内，选定好输出的文件夹，点击"开始"即可将两段音频合二为一。

9.2.3 内容发布

1. 音频栏目的发布

新媒体运营者发布音频栏目前，平台通常会建议其先建"专辑"，以便于划分栏目类型，让用户根据类型快速找到对应的栏目。另外，新媒体运营者需要准备栏目介绍文案，喜马拉雅中的每条音频都可以添加详细的介绍文案。介绍文案发布之后可以被百度平台收录，如果关键词布局合理就可以从百度平台收获一些长尾词搜索流量。

2. 直录内容的发布

（1）打开喜马拉雅App，进入"我的"界面，点击"我要录音"按钮，如图9-13所示。

（2）点击界面中的录音按键，开始录音。录完一小段后，可以对音频进行编辑、裁剪等，如图9-14所示。

（3）添加配乐，图9-15所示。

（4）完成对音频的编辑后，点击界面右下角的"保存"，然后选择"上传"。

图9-13　点击"我要录音"按钮　　图9-14　对录音进行编辑、裁剪　　　图9-15　添加配乐

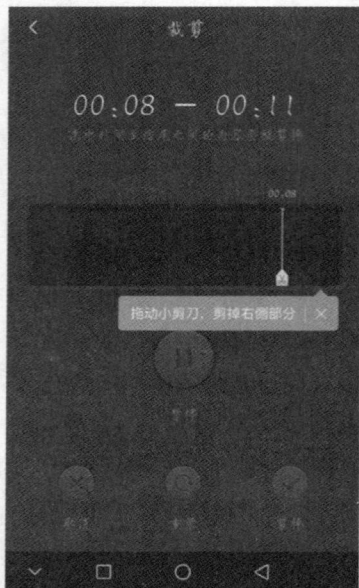

3. 更新频率

新媒体运营者如果做一档资讯类的栏目，如各类早报、午报、晚报，用户会把更多的注意力集中在"内容"上，对"内容密度"（每分钟获取的信息量）要求相对较高。此类栏目最好在固定时间段上保持一日一更，单期的时长一般控制在5分钟以内。

新媒体运营者运营音乐类或脱口秀栏目时，一般做不到每日更新，但这类栏目更容易打造"个人品牌"，用户对主播的认可度较高。只要内容足够优质，即便是一周一更也能吸引很多用户，如早期的罗辑思维便是一周一更。

9.2.4　运营策略

1. 直播互动

新媒体运营者要鼓励用户参与栏目内容的互动，包括留言、评论、点播等；还可以通过直播互动让主播与用户建立起紧密关系，达到实时接收、实时反馈，如图9-16所示。

喜马拉雅在直播分类中将交友、娱乐、陪聊、情感放在前4位，贯彻了喜马拉雅让主播与用户建立紧密关系的定位，以此提高用户留存率。

2. 激活用户

激活用户的重点是满足用户的阅读需求。因此，新媒体运营者可以通过个性化推荐内容激活新用户，引导新用户获取内容。

在运营激活手段方面，喜马拉雅通过免费VIP体验、新人优惠券两个方式很好地实现了用户转化。针对新用户或流失用户，新媒体运营者可以利用用户感兴趣的广告内容、能够获得的权益来引起他们的兴趣，让用户只需简单操作即可领取和使用优惠，没有过多的复杂手续。常用的运营激活手段如图9-17所示。

图9-16　直播互动

图9-17　常用的运营激活手段

智能硬件产品一直受到用户的追捧，在小米、苹果等厂商的市场推广下，用户对智能手环、智能手表、智能跑步机等早已熟悉并且对其拥有很高的接受度。而喜马拉雅拥有做智能音箱的优势，可以通过场景化的描述激发用户对小雅智能音箱的兴趣，从而激活用户，如图9-18所示。

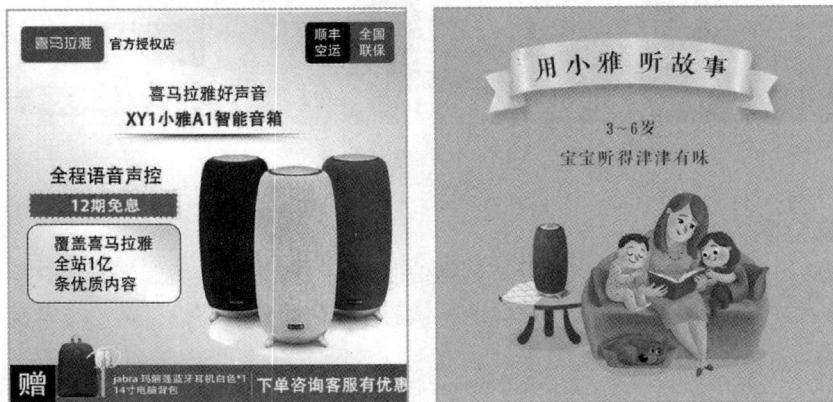

图9-18　利用智能硬件产品激活用户

企业案例

8小时卖出20万台喜马拉雅AI音箱

2018年年底，喜马拉雅AI音箱小雅Nano宣布在全球发售，定价199元，购买该产品即可获赠一年喜马拉雅会员。1万台现货仅开售1分钟即抢购一空，首批10万台音箱全部售罄只用了40小时。2019年3月，喜马拉雅再次推出20万台AI音箱小雅Nano多彩版，仅用8小时全部售罄。

音箱中的海量内容吸引了大量的人群。根据《2019中国网络视听发展研究报告》，网络音频市场格局一家独大，生态圈逐渐建立，盈利模式不断拓展。喜马拉雅用户渗透率高达62.8%，牢牢占据第一梯队。

喜马拉雅给用户提供的不仅是一款音箱，而是基于AI音箱的一站式优质内容服务。喜马拉雅音箱的研发重点不是一个硬件，而是一个内容入口。

---

3. 推荐传播

喜马拉雅主要通过"分享付费专辑赚佣金""0元购赠送好友得书"等方式，以物质利益作为推荐传播的核心点，通过知识付费获取收益，鼓励全民参与推荐传播，如图9-19所示。平台坚持"分享新知，收获财富"的产品定位，打造了3个购物节："12·3狂欢节""6·6会员日""4·23听书节"。这些节日名声大、参与用户多，活动中设置的"免费领""低价领""分享领"等活动引起了用户的广泛传播。

图9-19　推荐传播

4. 社交分享

喜马拉雅中的每条音频都可以被分享到微信朋友圈和微信群。微信生态中的推广方式适用于音频节目的推广。新媒体运营者可以借助微信朋友圈的投票、评论、转发等丰富的营销手段进行社交分享。

9.3 小红书运营

9.3.1 平台简介

1. 发展历程

小红书是一个生活方式分享平台和消费决策入口，成立于2013年6月，是深耕UGC模式的购物分享社区。截至2019年1月，小红书用户数超过2亿，其中70%的用户是"90后"，其用户增长情况如图9-20所示。在小红书平台，用户通过文字、图片、视频笔记记录这个时代年轻人的生活。小红书通过机器学习对海量信息和用户进行精准、高效匹配。

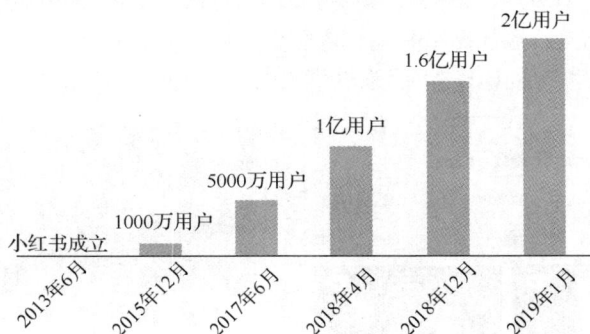

图9-20 小红书用户增长情况

小红书重点发展用户分享社区和跨境电商两大运营模块。2018年，小红书将宣传口号由"全世界的好东西"更改为"标记我的生活"，进一步明确自己内容分享社区的定位，打造全新的内容电商模式。

2. 运营模式

小红书采取的是"社群+电商"的运营模式，如图9-21所示。小红书充分利用社群的种种优势，让用户参与进来，并通过UGC模式调动用户的积极性和提升用户的活跃度，让用户在社群里找到参与感和成就感。小红书由社区起家，积攒了大量用户，获得了用户的大量优质口碑，这种口碑就是最好的连接器，把用户与小红书联系在一起，进而成为促进用户转化的利器。

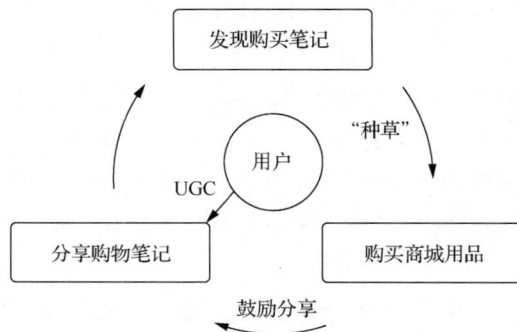

图9-21 小红书的运营模式

9.3.2 内容编辑与发布

小红书一级分类为"关注""发现""附近"，呈现微博式的原创内容分享形式。用户发布的内容称为"笔记"，通常包括产品图、产品品牌、产品价格及用户撰写的购物心得或使用心得。针对感兴趣的内容，用户可以选择关注、点赞或评论。"笔记"功能位于功能栏的中间位置，用户点击"＋"即可进入内容编辑模式，这极大地降低了用户的创作成本。内容形式上，最初只能支持用户发布图片形式的笔记；当短视频社交日渐火热时，小红书也推出了短视频功能，以丰富内容形式。

1. 发布笔记的步骤

用户点击打开小红书App后，在首页点击底部的"＋"按钮，进入选择界面，可以选择图片或视频。如果选择"拍照"，拍摄成功后需要对图片进行处理（如使用滤镜）；然后点击标签，为图片添加话题标签；添加贴纸并编辑内容，然后在界面右上角点击"发布"按钮。用户发布完成后能够在"我"界面中看到所发布的笔记，如图9-22所示。

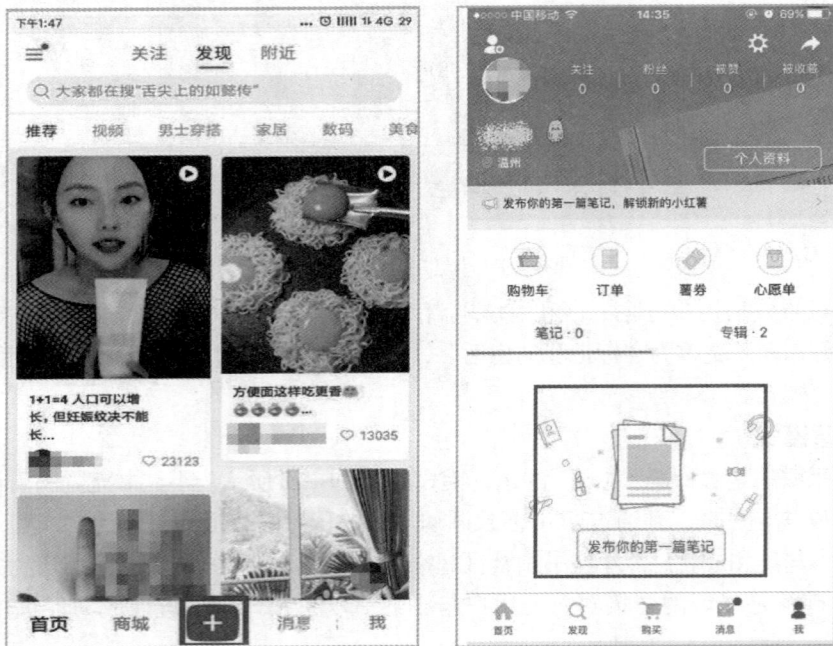

图9-22　在小红书发布笔记

2. 小红书内容编辑

相比其他平台，在小红书平台开展内容营销除了内容本身需要有价值外，还需要迎合平台的流量机制，达到让用户"种草"的效果。一方面，新媒体运营者需要考虑让笔记获得尽可能大的曝光量，另一方面，新媒体运营者要尽可能多地吸引用户阅读笔记。因此，新媒体运营者一定要设计好首图、标题、正文。

（1）首图

首图即笔记的封面图，是用户点击查看笔记的关键。首图和标题共同承担着吸引用户注意的作用。首图的制作需要直接反映笔记的内容，降低用户的思考和反应成本。优质首图的特质包括主题突出、清晰美观、体现对比等。新媒体运营者要增强首图的视觉冲击力，体现笔记的功能，以吸引用户关注。

（2）标题

标题是一篇笔记的灵魂，好的标题能够为笔记定下基调，渲染一定的情感，激起用户的阅读欲望。小红书笔记的标题的长度最多支持20个字符，包括标点符号。

标题的命名技巧主要包括以下几种。①简单易懂、开门见山，突出文案主题，如"美白淡斑精华'种草'合集——平价产品、大牌产品一把抓"。这类标题给用户的第一印象是通俗易懂、直指痛点，用户一看就知道笔记的主题。②在标题中加入数字，这样用户可以快速了解使用产品所能达到的效果。③标题可适当情绪化，营造销售气氛。④在小红书平台上，大量的笔记和美妆护肤相关，因此新媒体运营者在选择身份标签时，除了选择传统的学生、白领等身份，还可以从肤质、发质等方面寻找认同。⑤在标题中"埋入"关键词，新媒体运营者不管写什么内容，都需要围绕关键词展开，这也是小红书收录及推荐机制的基础，因此每篇笔记的标题中需要"埋入"预先想好的关键词。当然，标题"埋入"热度较高的关键词，即使笔记被小红书收录，但想要让笔记在平台中得到比较好的排名，也是比较困难的，这时不妨试一试在标题中"埋入"长尾关键词。

（3）正文

正文和标题一样，也要包含关键词，同时要承接标题，告诉用户他们想知道的内容。在小红书平台上写笔记最好用第一人称，这样更有真实感。例如，"我非常害怕长眼袋，但是仅靠眼部按摩无法消除眼袋，做了一堆功课后我发现了这款产品"。

正文除了内容要紧扣标题和关键词外，段落排版也要清晰。小红书内容的排版没有第三方编辑器可以提供帮助，新媒体运营者要想让正文排版看起来舒适、有吸引力，只能多借助平台内部的表情包和贴纸。

笔记字数不宜过多，一般控制在300～600字，以免用户在阅读的过程中跳失，影响阅读完成率。如果内容过长，新媒体运营者可分为几篇笔记来写。

🎓 思考与讨论

请思考，小红书笔记的标题写法有哪些常用的小技巧？

9.3.3 互动与"涨粉"的技巧

好的内容是"涨粉"的基础，但新媒体运营者掌握一些互动与"涨粉"的技巧也是非常重要的。

1. 了解平台规范

每个平台都有自己的规范，新媒体运营者在运营小红书账号之前一定要关注"薯管家"，了解平台的相关规范，如图9-23所示。小红书搭建了用户成长体系，用户的个人主页里有一个形象名称"××薯"，这就是用户等级。小红书用户总共有10个等级，从"尿布薯"到"金冠薯"，每个等级有不同的升级任务。新媒体运营者只要完成相应的任务就可以升级，拥有等级对应的权益，这也是激励新媒体运营者分享内容、提高活跃度的策略。小红书的等级系统如图9-24所示。

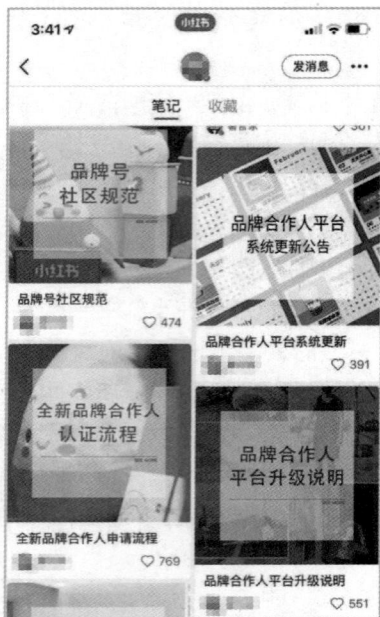

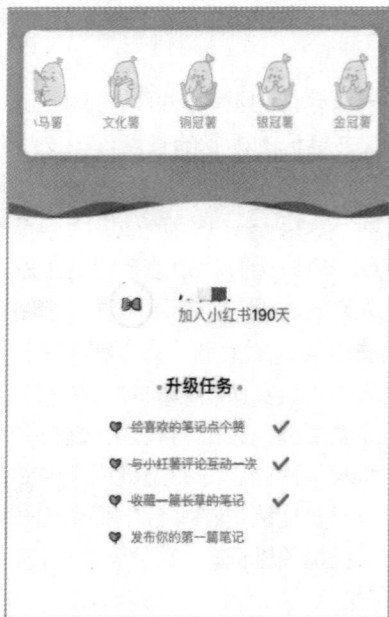

图9-23　薯管家　　　　　　　　图9-24　小红书的等级系统

新媒体运营者可以用手机号注册小红书账号（手机号注册权重比较高），并填写相关信息。了解化妆品的新媒体运营者可以选择护肤彩妆作为自己感兴趣的领域，也可以多选择几个相关领域。新媒体运营者设置账号昵称时不要有明显的广告倾向，昵称要符合整体笔记的定位；设置头像时，可以选择真人头像或动画头像。

2. 积极争取笔记被收录

新媒体运营者创作的笔记只有被平台收录后才会被系统推荐，并可能获得更多的阅读量。很多新手做小红书运营没有效果的主要原因就是笔记没有被平台收录。

新媒体运营者要多分享有价值的内容，发布原创文章以获得额外的曝光机会。所以，新媒体运营者要找准定位，专注于自己擅长的领域，保持高活跃度。账号发布优质作品的频次越高，笔记被平台收录的概率越大。另外，排版、标题、图片、标签等也会影响平台对笔记的推荐。

要了解笔记是否被平台收录，新媒体运营者可以在搜索栏查找笔记正文的第一句话，视频类笔记可以查找视频简介的第一句话。如果搜索结果中出现你的笔记内容，则说明笔记被平台成功收录，如图9-25所示。

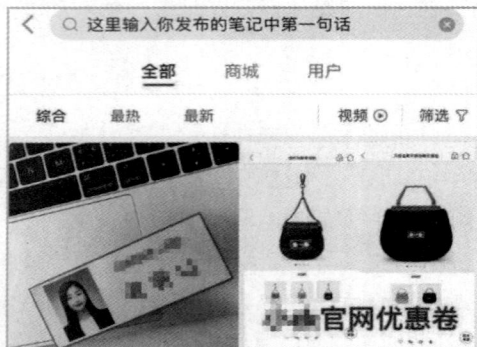

图9-25　判断笔记是否被平台收录的方法

3.用好标签

新媒体运营者发布笔记时添加对应的标签可以使笔记获得更多的展示机会，笔记更容易获得平台的推荐。在小红书平台发布笔记时可以添加任意标签，标签内容可以是地点、品牌、具体@哪个用户等。

4.巧回私信

新媒体运营者在小红书平台不可以将用户直接引流到微信，这是违反平台规定的。因此，新媒体运营者可以找到合适的理由添加用户为微信好友。

5.关注各个垂直领域的官方账号

小红书在各个垂直领域内都有一个官方账号，如美食领域的"吃货薯"、娱乐领域的"娱乐薯"等。他们扮演的角色类似于论坛板块的管理员，新媒体运营者发布笔记时@垂直领域的官方账号，笔记将有机会被收录。

6.把握24小时"黄金时间"

小红书的内容推荐遵循一定的算法，只有优质的笔记才会被推上热门，获得更多的展现机会。其中，内容发布后的24小时就是"黄金时间"，如果发布的笔记在24小时内获得了很多用户的互动，证明用户很喜欢该笔记，系统则会自动判定这是一篇优质笔记，会将其推荐给更多的用户。

素养·小课堂

小红书遭遇应用市场下架

庞大的 UGC 内容在让小红书迅速成长为"种草神器"的同时，也带来了内容虚假、刷单刷量、销售违法违禁产品等问题，尤其是笔记刷量问题严重。

2019 年 7 月—8 月，多家安卓应用商店及 App Store 下架小红书。小红书也发布声明称，将对站内内容启动全面整改，深入自查自纠。

因此，网络平台要进一步加强管理，对平台发布的所有信息严格把关，切实担负起主体责任，不能只想着流量变现，背离用户体验至上的初心。同时，互联网用户要提升网络安全意识和法律意识，依法依规开展网上经营活动，积极履行公民义务。

【综合实训】

实训1 申请知乎专栏

（一）实训目标

熟练掌握知乎专栏的开通流程，加深对知乎专栏的认识。

（二）实训内容与步骤

1．登录知乎，点击"申请开通专栏"，进入专栏申请界面，在申请界面输入相应的资料并点击"申请"，即可完成专栏申请。

2．申请通过后，进入知乎界面中的个人中心，在"专栏"分类中可查看开通后的专栏。

（三）实训提示

1．申请界面中需要填写以下内容。

专栏名称：专栏名称一经确认，每180天只能修改一次。

专栏话题：专栏话题即代表专栏的写作方向，通过申请后将不可修改，不同的写作方向可以分别申请创建多个专栏。

专栏写作相关背景描述：描述文字需控制在300字以内。

2．用户可以拥有多个专栏，但同一时间内只可申请一个专栏，审核通过或失败后方可再次申请。

（四）思考与练习

请完成知乎专栏的申请过程，并回答下列问题。

1．申请人创建专栏需满足哪些资格条件？具备什么样的背景？

2．你创建的专栏名称和写作方向是什么？

实训2　在喜马拉雅录制音频并上传

（一）实训目标

掌握在喜马拉雅上的录制音频并编辑上传的方法，加深对喜马拉雅内容生产的认识。

（二）实训内容与步骤

1．根据自己的专业、阅历、特长，选择一个垂直领域。

2．音频封面要和音频的内容相匹配，并挑选大小适合的图片。

3．撰写音频简介，可以介绍内容、作者等，也可以给听众一些心理暗示，引发听众的兴趣。

4．尽量使用专业耳麦录制音频并上传。

（三）思考与练习

1．完成在喜马拉雅上录制音频并上传的流程。

2．思考如何推广自己的音频内容（栏目）。

【知识与技能训练】

一、单选题

1．下列关于知识社区的特点说法错误的是（　　　）。

　　A．无地域限制　　　　　　　　　　　B．知识共享性

　　C．意见领袖失去主导地位　　　　　　D．知识鸿沟依旧存在

2．小红书是一个（　　　）模式的网站。

　　A．网络社交　　　B．知识社区　　　C．跨境电商　　　D．内容电商

3．在喜马拉雅平台，资讯类栏目的更新频率最好为（　　　）。

　　A．一日一更　　　B．一周一更　　　C．一周三更　　　D．随意更新

4．下列关于喜马拉雅的说法正确的是（　　　）。

　　A．其在有声音频行业中的规模仅次于蜻蜓FM

　　B．个性化推荐内容能很好地激活新用户

C. 具备制造智能音箱的产能优势

D. 2018年喜马拉雅"4·23听书节"内容消费总额达4.35亿元

5. 下列关于知乎的功能说法正确的是（　　　）。

A. 问答一直是知乎最核心的功能

B. 知乎Live的付费方式为会员月付费

C. 知乎大学主要满足专业技能需要的用户

D. 每场知乎圆桌一般邀请3位主持人来发表见解

二、多选题

1. 知识社区能发挥的作用有（　　　）。

A. 满足用户知识需求　　　　　　　　B. 满足用户社交需求

C. 满足用户尊重需求　　　　　　　　D. 满足用户自我实现需求

2. 在小红书中，（　　　）会影响到笔记被平台收录的情况。

A. 内容　　　　B. 标题　　　　C. 图片　　　　D. 标签

3. 提高知乎"盐值"需做好（　　　）。

A. 完善个人账号信息　　　　　　　　B. 互相关注、赞同、感谢

C. 避免直接回答问题　　　　　　　　D. 看到违法的回答点击举报

三、简答题

1. 请介绍知乎中的精准引流路径。

2. 假设要在喜马拉雅上策划一档有关校园的栏目，谈谈你的策划思路。

3. 在小红书中选择一个典型账号，分析其运营的特色和成功之处。

四、实训题

1. 注册一个知乎账号，围绕温州名购网的企业定位和营销需要开展知乎营销。

2. 创建自己的小红书账号，选择一个女鞋品牌或女装品牌开展内容营销。

项目十

新媒体运营工具应用

学习目标

主要知识	熟悉新媒体运营工具 熟悉西瓜助手 熟悉乐观抖音助手 熟悉135编辑器 熟悉创客贴 熟悉易企秀 熟悉新榜
核心技能	能熟练运用西瓜助手、乐观抖音助手等运营工具 能熟练运用135编辑器、创客贴等排版与编辑工具 能熟练运用百度指数、新榜等数据分析工具
素质目标	具备工匠精神、职业道德 具备新媒体内容生产的创新意识

内容体系

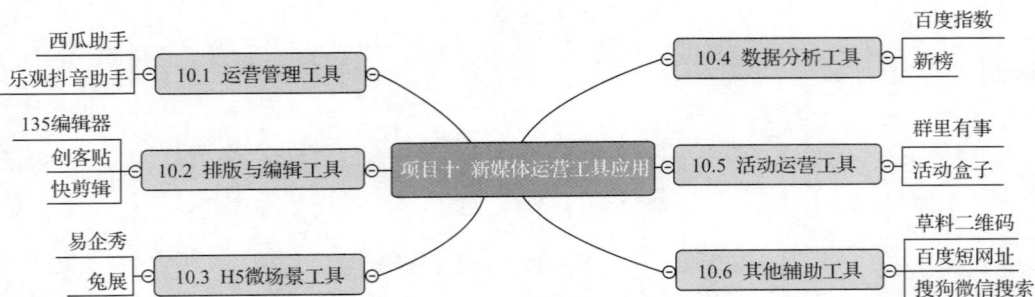

案例导入

第一届文物"戏精"大会

为了迎接2018年国际博物馆日，中国国家博物馆携手六大博物馆（湖南省博物馆、南京博物院、陕西历史博物馆、浙江省博物馆、山西博物院和广东省博物馆）共同策划推出了一个视频类H5作品。该H5作品以真实的历史文物为主角，将千年的文物拟人化，网友们可以通过抖音观赏由这些国宝文物"出演"的精彩大戏。这是几大博物馆首先尝试用流行的平台和玩法让更多人了解中国的历史文化及国家文物。"5·18国际博物馆日"后，该H5作品累计播放量已经突破1.18亿次，点赞量高达650万次，分享数超过17万次。网友们好评不断，纷纷说这就是中国的"博物馆奇妙之夜"。

【案例思考】

几大博物馆与抖音合作的目的是什么？

【案例启示】

2018年国际博物馆日的主题是"超级连接的博物馆：新方法，新公众"。在互联互通的网络时代，博物馆如何更好地走近大众？博物馆借助新颖的技术手段、社交网络的放大效应，让大众通过抖音看国宝，这无疑是有效满足大众文化需求的一种方式。

"工欲善其事，必先利其器"，新媒体运营者除了要具备基本的运营与管理技能，还要学会运用新媒体运营工具。

10.1 运营管理工具

10.1.1 西瓜助手

西瓜助手是一款基于数据挖掘的新媒体内容推荐引擎产品，是专注于自媒体垂直领域的数据分析工具，可以为广大新媒体运营者提供专业的内容检索及推荐服务。西瓜助手拥有庞大的文章素材库，每日更新超过百万篇文章，覆盖各行业及其垂直领域，可帮助新媒体运营者快速查找或创作优质内容。

西瓜助手同时还提供内容检测、公众号数据分析、多账号运营、运营质量诊断、智能营销等功能，帮助新媒体运营者轻松运营公众号，打造公众号"爆文"、高效运营，提升粉丝活跃度，实现流量变现。

1. 工作台

新媒体运营者通过手机号或个人微信号可以快速注册西瓜助手账号，登录之后首先打开的是工作台，如图10-1所示。如果新媒体运营者是付费高级会员，还可以使用更丰富的功能。系统会根据新媒体运营者的工作内容，推荐不同的功能和服务。

2. 素材收集

素材收集包括全网优质素材、关注的公众号、黑马"爆文"、热门话题、关键词订阅、专享素材、原创优选、头条号素材、视频素材等功能。西瓜助手提供各行业及其垂直领域的热门内容、优质原创文章，帮助新媒体运营者快速查找优质内容，并编辑自己的图文信息。下面介绍其中的几种素材类型。

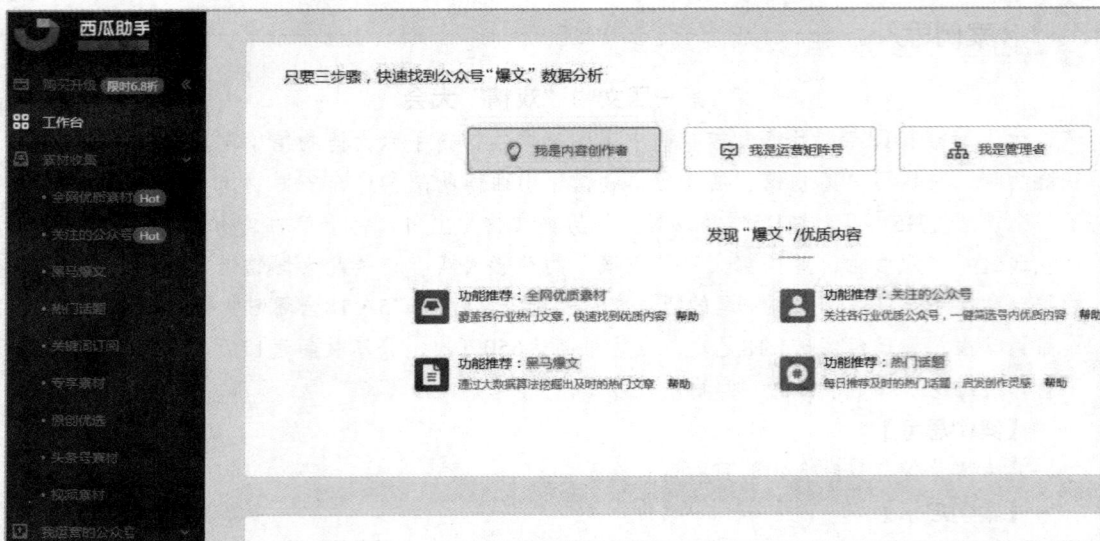

图10-1 西瓜助手的工作台

（1）全网优质素材。全网优质素材涵盖精选推荐、时事资讯、政务、财经、情感、娱乐、旅游、运动、数码科技、汽车、餐饮美食、时尚、房产、生活、影视等，部分内容需要新媒体运营者付费才能阅读和使用。

（2）关注的公众号。新媒体运营者可以搜索和关注优质的公众号，管理已关注的公众号，并针对目标公众号中的相关推文进行收藏、同步到自己公众号、数据分析等操作。

（3）黑马"爆文"。每位新媒体运营者都希望能写出"爆文"，扩大账号影响力，提升用户关注度。借助西瓜助手的黑马"爆文"功能，新媒体运营者可以遴选、参考和阅读情感励志、搞笑趣闻、娱乐、旅游、运动、健康、数码、美食、时尚等领域的"爆文"，启发创意。

✍ **拓展资源**

黑马"爆文"的计算规则

西瓜助手推出黑马"爆文"是为了给用户搭建一个好用的"爆文"精品榜单，那么如何评价和分析网络中的海量文章是否属于黑马"爆文"呢？新媒体运营者可以通过黑马指标进行判断。黑马指标与阅读曲线变化率、发文公众号数比值、传播指数比值、阅读量衰减比值、公众号"爆文"基因权值等参数相关，西瓜助手给以上不同的参数配以不同的权重，通过逻辑回归模型机器学习后不断动态修订，使之趋近于最合理的配比，最终得到黑马指标。

（4）热门话题。新媒体运营者可以遴选一定期限（如近12小时、24小时）内各个微信公众号中的热门话题，分析其走势和传播指数，必要时可收藏、转发。

（5）原创优选。原创优选主要遴选平台中较为优秀的原创作品，并通过列表的形式呈现，方便新媒体运营者阅读、借鉴、转发。

3. 我运营的公众号

我运营的公众号包括我的图文、我的素材库、群发管理、管理我的公众号、数据统计等功能，支持新媒体运营者管理已添加的素材；支持新媒体运营者添加自己运营的微信公众号，便于以后通过西瓜助手直接管理；支持新媒体运营者一键同步多图文至微信后台；可进行多账号运营，可进行1～50个（定制）公众号的内容管理、公众号数据统计、公众号日常数据管理，帮助新媒体运营者高效运营公众号。

4. 标题助手

新媒体运营者使用标题助手可以拟定文章的标题，标题助手提供了标题评分、标题推荐两个功能。标题评分支持新媒体运营者输入两个或两个以上的文章标题，系统将根据技术算法进行综合评分，一般评分越高，标题的效果越好。标题推荐是指新媒体运营者输入关键词，系统将自动推荐文章标题，方便新媒体运营者进行内容创作。

协作与训练

根据当前的某个热点话题，每人撰写1个文章标题，借助标题助手分析谁写得好。

5. 内容检测

西瓜助手为新媒体运营者提供文章或公众号检测功能，帮助新媒体运营者有效识别违规内容，健康运营公众号，具体包括原创检测、发文违规检测、公众号违规检测、《广告法》禁用词检测等。

6. 工具箱

工具箱包括公众号诊断、全网公众号搜索、热门公众号榜单、高级文章搜索、竞品分析、运营日历、西瓜智能编辑器等功能。

7. 智能营销及用户互动

西瓜助手提供公众号智能营销功能，帮助新媒体运营者增强与用户之间的互动，提升用户活跃度，助力新媒体运营者实现精准营销，具体包括高级自动回复、小程序卡片、群发链接等功能。

10.1.2 乐观抖音助手

乐观抖音助手是一款比较全面的抖音运营软件。通过乐观抖音助手，新媒体运营者能轻松了解用户喜欢观看什么内容，对账号的粉丝数量、点赞量、评论量、转发量等数据进行分析展现，使新媒体运营者对自己的视频数据了如指掌。新媒体运营者还能运用乐观抖音助手进行数据挖掘分析。

1. 工作台

登录乐观抖音助手，查看乐观数据，首先看到的是工作台，如图10-2所示。

2. 创意直击

创意直击包括热门视频、热门原声、最热视频榜、热搜榜、我的收藏等功能，支持新媒体运营者查看热门视频及最热视频榜，为新媒体运营者提供创意参考，如图10-3和图10-4所示。创意直击中，还可查看播放量、评论数、点赞数、分享数、转发数等相关统计数据。

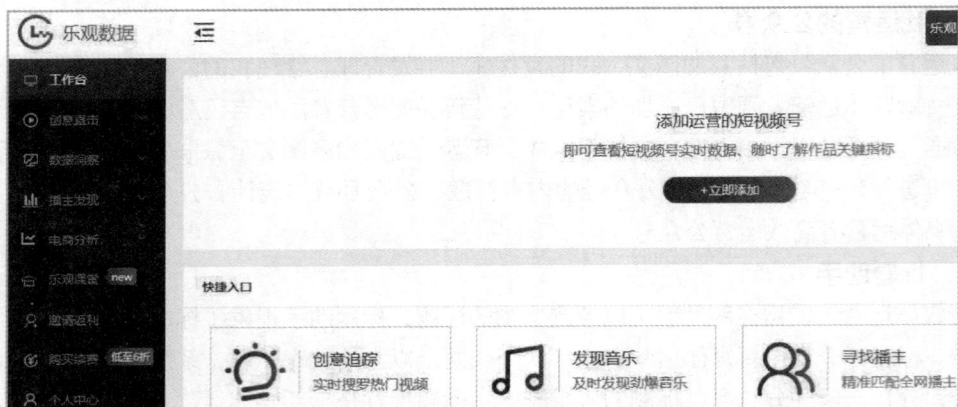

图10-2　乐观抖音助手的工作台

图10-3　热门视频

排行			播放量	评论数	点赞数	分享数	转发数
1.		儿子长大了，我依然还是那个少年#合拍 少年@抖音小助手	1961.7万	2.1万	41.7万	5534	37
2.		#让你女朋友给你拍	1375.8万	9.7万	45.4万	3.5万	76
3.		#搞笑段子 哈哈哈哈，你们以为是看到的那么简单吗？@DOU+小助手 @抖音小助手	1344.2万	1.4万	41万	6261	58

图10-4　最热视频榜

3. 数据洞察

数据洞察包括短视频号管理、视频监测、播主监测、播主比对等功能，支持新媒体运营者添加自己运营的短视频号，方便新媒体运营者管理及查看短视频号的实时数据，随时了解关键指标，并支持新媒体运营者设置视频监测，跟踪某条短视频的动态，如图10-5所示。

图10-5 数据洞察

4. 播主发现

新媒体运营者可以搜索和关注热门播主，了解热门播主的信息及热门账号的运营数据等。

5. 电商分析

电商分析即分析短视频平台中某些知名抖音账号的电商运营业务，包括商品排行、"达人"搜索、好物排行、每日"带货"榜等。电商分析有助于新媒体运营者了解在线热销商品、主流的抖音电商"达人"、电商运营数据（商品数、全网销量、粉丝数、点赞数、视频数等），还支持新媒体运营者通过其商品橱窗了解每日"带货"榜的相关情况，如图10-6所示。

图10-6 商品橱窗

10.2 排版与编辑工具

10.2.1 135编辑器

135编辑器属于第三方工具，可以为新媒体运营者提供美化微信文章排版与微信公众号内容编辑的功能，样式丰富，功能菜单强大，提供了各类模板和素材。

1. 注册和登录账号

新媒体运营者访问135编辑器的官网，并用手机号码验证注册，或者通过个人微信号、QQ账号注册及登录。

2. 工作界面

135编辑器的工作界面包括左、中、右3个区域。左侧区域是素材区，新媒体运营者在此可以选择样式、一键排版、模板、图片素材、我的文章、运营工具等。样式包括标题、正文、引导、图文、布局、行业等不同的类别，每个类别下面都有多种各具特色的排版样式供新媒体运营者选择。中间区域是编辑区，类似于Word文档界面，新媒体运营者在此可以添加文字、图片、视频、表格、各类样式、素材等，并可以进行合理排版布局。右侧区域是善后区，新媒体运营者完成图文排版之后，可以实施微信复制、快速保存、保存同步、手机预览、生成长图等操作，便于保存图文、把图文复制到微信公众号，并在移动端预览或导出为一张长图，也可以新建图文页、导入文章等。

3. 编辑图文页

新媒体运营者单击右侧区域的"清空/新建"，即可使编辑区处于空白状态，从而在编辑区内粘贴或输入内容，还可以套用现有样式或模板，具体操作如下。①单击"标题"，从中选择和插入一个标题样式，如"框线标题"。②单击"正文"—"分割线"插入一条分割线，以区别标题与正文，还可以增加"引导阅读原文"或"引导关注"的样式。③输入二级标题和第一段正文，正文的布局可以从"图文"中选择合适的样式，如"上下图文""左右图文""三图"等。④为第一段文字配图，可以单击编辑区上侧的"单独上传"工具，插入图片后可以调整图片大小或更换图片。⑤继续编辑图文页的其他部分，要确保各部分排版风格一致、选用的样式一致、各小标题按数字顺序编号。⑥插入"引导分享""引导赞"等样式，增强互动效果，并插入自己公众号的二维码。

4. 配色方案

为了提升图文页的整体视觉效果，135编辑器还提供了配色方案功能，供新媒体运营者选择适合图文内容和设计风格的配色。新媒体运营者做出选择之后，文章的标题、图文样式、分割线等会切换为指定的配色方案，如图10-7所示。

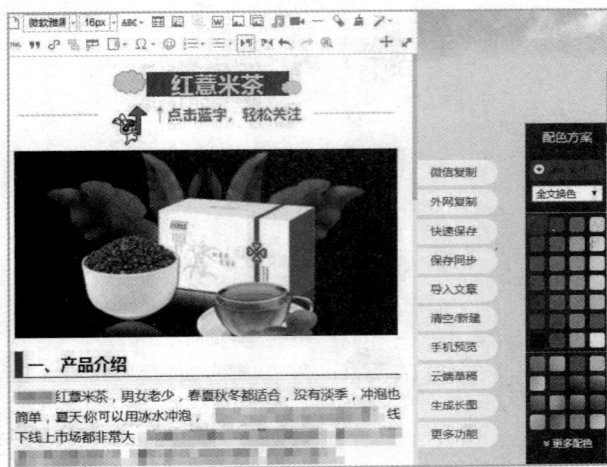

图10-7 配色方案

5. 保存、预览与导出

新媒体运营者如果想确认图文页在手机屏幕上的显示效果，可以用手机扫码预览；如果发现存在问题，可以关闭预览，继续修改。新媒体运营者也可以将图文内容导出到微信公众平台新建的图文页中，或者导出为长图。

10.2.2　创客贴

创客贴是一个简单好用的平面设计软件，支持新媒体运营者在线编辑与设计图片。新媒体运营者利用创客贴可以设计出精美的设计图，如名片、宣传海报、邀请函、易拉宝、公众号封面图等。创客贴为新媒体运营者提供了免费的设计模板，包括海报、名片、公众号图片、PPT、邀请函等65个场景模板。

创客贴有网页版、桌面版、安卓版、iOS版等多种版本，新媒体运营者可以自由选择使用。创客贴的网页版如图10-8所示。

图10-8　创客贴的网页版

1. 设计手机海报

登录个人账号，进入"手机海报"设计专区。网站提供了手机海报、手机海报加大版、横版海报、长图海报、每日一签、方形海报、邀请函等不同类别，还提供了大量的已有模板和案例，供新媒体运营者参考、套用。

新媒体运营者可以直接套用某个模板做个性化修改，也可以新建一个空白的画布。在空白画布中，新媒体运营者可以设计和添加图片元素，调整尺寸、滤镜、图层、透明度、翻转、投影等效果。工作界面的左侧区域提供素材、文字、背景等多样化的模板。其中，设计海报的界面如图10-9所示。

2. 设计公众号封面图

新媒体运营者在公众号平台发布的每篇文章都要设置封面图，封面图可以从内容配图中选取，但最好单独设计。公众号首页显示的封面图尺寸以900像素×383像素为佳，二级封面图尺寸以300像素×300像素或200像素×200像素为佳。新媒体运营者可以采取扁平化风格，参考部分案例模板的创意，适当选取背景素材、插图，如图10-10所示。

图10-9　设计海报的界面

图10-10　设计公众号封面图

3. 设计视频封面

新媒体运营者在抖音、微信公众号、头条号等平台在发布视频时，都需要设计视频封面。为视频添加一张令人印象深刻的封面，有利于视频获得更多的点击量和播放量。

各平台中视频列表显示的视频封面一般尺寸较小，如600像素×370像素、500像素×330像素，封面可以从视频中截取，也可以单独设计。新媒体运营者可以采取扁平化风格，参考特定主题的案例模板的创意，适当添加背景素材、插图、自有素材，如图10-11所示。

图10-11 设计视频封面

10.2.3 快剪辑

快剪辑是一款功能丰富、操作简单的视频剪辑软件，提供添加视频滤镜、录音（剪辑时录入旁白）、模板文字、画中画、贴纸等功能。此外，对于背景丰富的视频，快剪辑还支持添加马赛克、视频装饰（如粒子特效）等，同时快剪辑还可实现多段拼接、无片头和无水印导出等。

运营手册

快剪辑的使用方法

①导入需要剪辑的视频。点击加号即可添加视频到时间轴，然后点击时间轴上的视频，再点击钢笔图标进入编辑界面。②调整音量大小和视频速度。点击顶栏的动画图标，可以设置淡出、淡出动画和动画时间。③使用裁剪功能把画面多余的部分裁掉，界面右侧可以设置裁剪比例。④点击"添加音乐"图标，插入音乐，将原视频的音乐设置为静音，此时音乐即替换成功。⑤点击特效字幕图标，可以在右侧选择字幕样式和设置参数，利用贴图功能可以添加贴图到视频中。⑥选择"滤镜"，将其拖动到视频中就可以自动调色。全部完成后，点击"保存"按钮，导出即可。

10.3 H5微场景工具

10.3.1 易企秀

易企秀是一个营销场景制作工具，也是一个创意营销平台，提供免费的H5微场景、海报、长页、表单、视频、互动游戏、建站、小程序八大制作功能，助力新媒体运营者高效完成内容创意、传播获客、数据管理、效果转化的自营销闭环，新媒体运营者可随时随地在PC端、移动端制作和展示作品，易企秀移动端的界面如图10-12所示。

图10-12　易企秀移动端的界面

1. 制作H5

（1）新媒体运营者单击菜单栏的"精选模板"或"H5"，单击"空白创建"，可以创建一个H5作品，如邀请函、招聘广告、企业宣传、产品简介等。易企秀的工作界面分为左、中、右3个部分：左侧是素材区，包括元素模板、功能模板、单页模板、自定义模板，有较多免费素材可用；中间是编辑区，类似于Word编辑界面；右侧是管理区，提供编辑按钮、页面管理、保存、预览、发布等功能。

（2）制作一个邀请函，在右侧单击"+常规页"，可以增加新页面，然后从左侧的素材区选择合适的单页模板。

（3）修改模板页，插入新的功能模板或元素模板，优化页面效果，还可以增加或调整页面的标题、文字、图形等。

（4）增加其他页面，一封完整的邀请函一般包括封面页（活动主题）、活动简介（活动意义）、活动嘉宾、活动流程、活动时间和地点、交通指引、报名渠道、通信方式等内容，新媒体运营者一定要把内容写清楚。设计页面时，可以根据需要增加表单、组件、特效及具有互动营销功能的元素或组件，一定不要忘记添加合适的背景音乐以营造氛围。H5作品编辑页面如图10-13所示。

（5）保存、预览。所有页面都设计完成之后，单击"保存"选项，可以保存H5作品；单击"预览与设置"，可以预览H5作品在手机上的显示效果；在右侧设置栏中，可以更换H5封面，修改H5作品的标题、描述、翻页方式、作品访问状态等，如图10-14所示。

图10-13　H5作品编辑页面

图10-14　设置H5作品的相关信息

2. 制作长页

长页是近年流行的一种排版方式，受到众多新媒体运营者的喜爱。长页经常被用来制作宣传页、广告页、落地页。

（1）单击菜单栏的"长页"，然后单击"空白创建"，可以创建一个长页作品，在易企秀中可以选择"普通长页"或"排版图文"。

（2）从左侧素材区中选择可用的模板、素材、组件并添加表单、视频、互动等元素，丰富长页功能，提升美观度。

（3）页面设计完成之后，单击"保存"按钮可以保存长页作品；单击"预览与设置"按钮，可以预览长页作品在手机上的显示效果；在右侧设置栏中，可以更换长页作品封面，修改标题、描述，添加音乐，设置微信分享方式，设置作品预览方向等，如图10-15所示。

3. 制作互动页

新媒体运营者经常需要策划一些促销活动、互动活动等，也可以使用易企秀设计互动页，内容包括小游戏、大抽奖、翻牌子、百宝箱、找不同等，以提升用户的参与度。

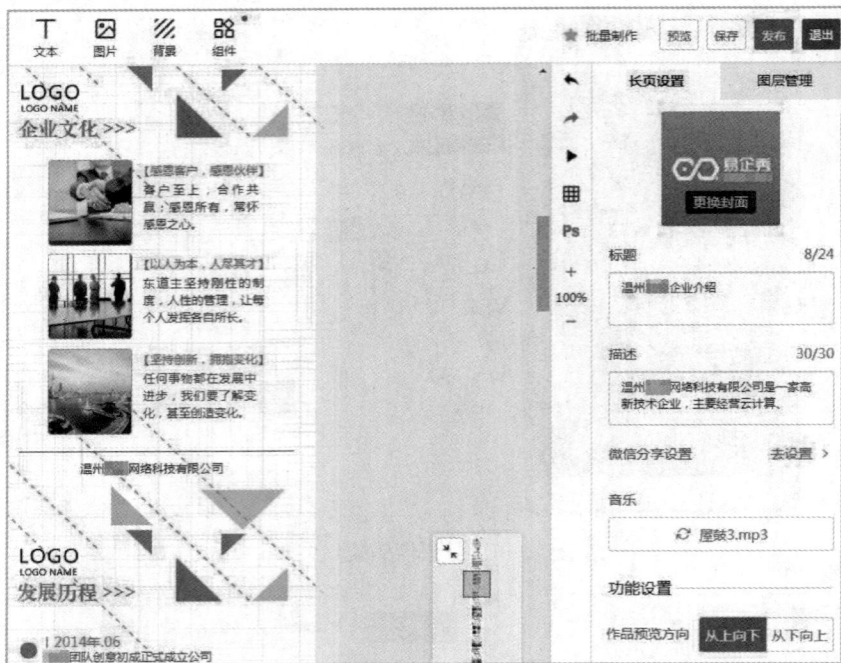

图10-15　制作长页作品

10.3.2　兔展

兔展也是一个H5页面、微场景、模板、短视频、微信邀请函、小游戏的专业制作平台。兔展的产品体系可帮助企业解决获客难、一线业务人员管控难、企业自有会员活跃度低、多数据平台无法互通、用户需求洞察难等问题，帮助企业做好营销工作。兔展的首页如图10-16所示。

图10-16　兔展的首页

(10.4) 数据分析工具

10.4.1 百度指数

1. 百度指数简介

百度指数是以百度海量用户行为数据为基础的数据分享平台，是当前互联网乃至整个数据时代重要的统计分析平台。新媒体运营者可以借助它研究关键词搜索趋势，洞察用户兴趣和需求，监测舆情动向，定位用户特征。

2. 百度指数功能

百度指数能够显示某个关键词在百度中的搜索规模，以及一段时间内该关键词涨跌态势和相关的新闻舆论变化。新媒体运营者关注这些关键词的用户特征，如用户分布在什么地域，用户同时还搜索了哪些相关的关键词等，可以优化数字营销活动方案。

目前，百度指数的主要功能模块有基于单个词的趋势研究（包含整体趋势、PC趋势、移动趋势）、需求图谱、舆情管家、人群画像，基于行业的整体趋势、地域分布、人群属性、搜索时间特征。其中，不同关键词的百度搜索趋势如图10-17所示，百度搜索需求图谱如图10-18所示，特定关键词下的人群属性研究如图10-19所示。

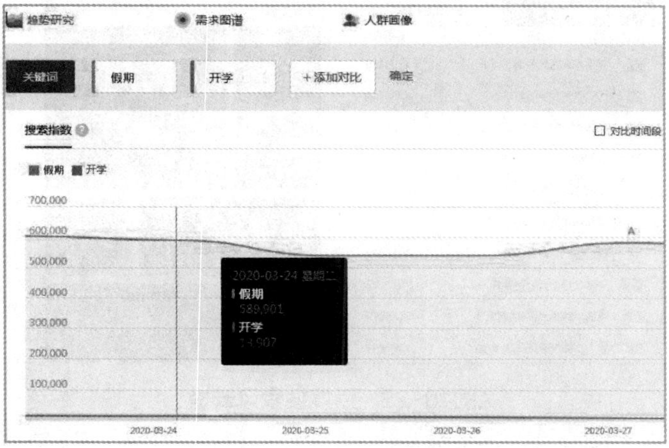

图10-17 不同关键词的百度搜索趋势

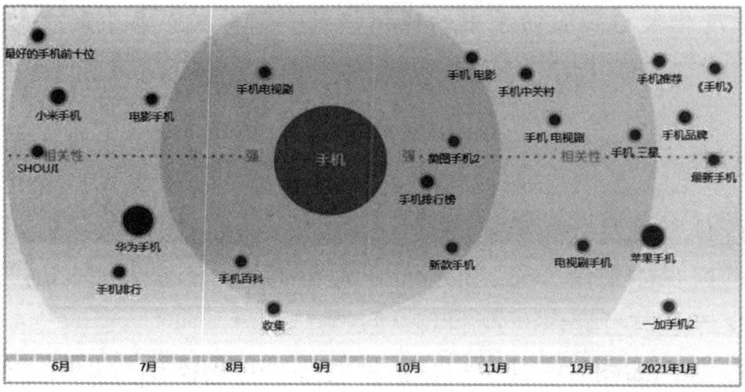

图10-18 百度搜索需求图谱

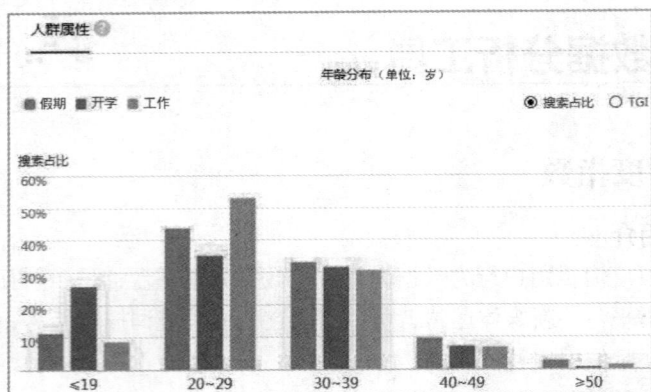

图10-19　特定关键词下的人群属性研究

3. 百度搜索风云榜

百度搜索风云榜也是一个对新媒体运营有帮助的工具，它可以展示当前的实时热点、今日上榜的话题、地域兴趣差异、人群风向标等，如图10-20所示。

图10-20　百度搜索风云榜

思考与讨论

请分析，百度指数与西瓜助手中的传播指数有何异同？各自的优势是什么？

10.4.2　新榜

新榜是一个新媒体私域及公域流量的统计分析工具，以日、周、月、年为周期，发布以微信、抖音等为代表的自媒体平台真实、有价值的运营榜单，方便新媒体运营者了解新媒体整体的发展情况，为新媒体运营者提供有效的数据服务。

新榜的微信日榜排行如图10-21所示，新榜的抖音号周榜排行如图10-22所示，新榜的淘直播日榜排行如图10-23所示，新榜的其他数据服务如图10-24所示。

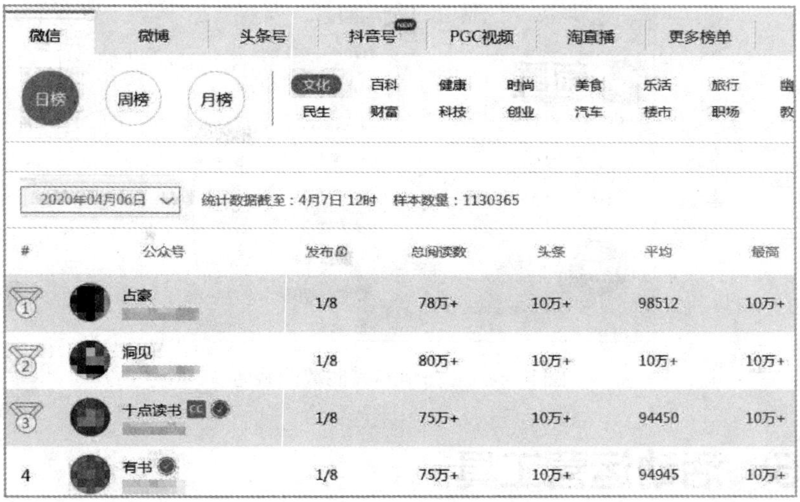

图10-21 新榜的微信日榜排行

图10-22 新榜的抖音号周榜排行

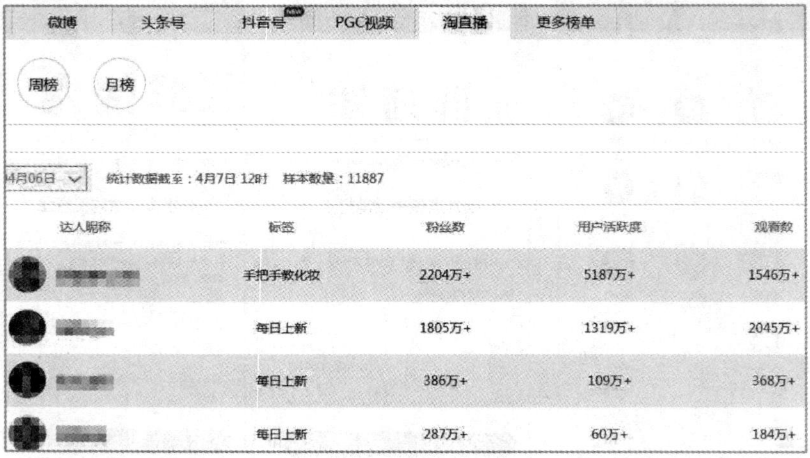

图10-23 新榜的淘直播日榜排行

图10-24　新榜的其他数据服务

10.5　活动运营工具

10.5.1　群里有事

群里有事是一个提供社交服务的小程序，用于帮助新媒体运营者发布群活动、群通知。通过群里有事小程序，新媒体运营者可以快速收集群活动的报名信息，了解群成员是否已经阅读群通知。

微信群已成为许多人工作与生活必不可少的一部分，为避免群消息"刷屏"，用户错失重要信息，新媒体运营者可使用群里有事小程序。群里有事小程序的功能很丰富，主要功能有通知、活动、投票、送祝福、调查问卷等。

1.　主页

新媒体运营者打开微信，在"发现"页中点击"小程序"，进入后搜索"群里有事"，就可以使用该小程序了。点击屏幕下方的"发布"，可以看到它有10个选项，分别是通知、文章、活动、签到、投票、调查问卷、送祝福、群接龙、群话题、群内购。使用群里有事发布群通知、群接龙的界面如图10-25所示。

图10-25　群里有事的应用

2．群通知

用户点击"通知"后，会看到一个类似"红头文件"的群通知，很有仪式感，新媒体运营者也可以选择需要的模板。在添加通知标题和内容之后，一个简单的群通知就制作完成了。如有需要，新媒体运营者还可以添加图片和"更多选项"中的署名、文号等。

3．群活动

发布群活动的操作与发布群通知的操作类似，它增加了"报名人数""截止时间"等可选功能，新媒体运营者将其发布在群里后，群成员可以报名并留言。

4．群接龙

在群接龙中，新媒体运营者可以拟定接龙标题，填写接龙内容、接龙说明、署名、关键词等，还可以设置是否禁止转发。

5．群投票

群投票的主要内容包括常规的标题、补充内容及投票选项，还支持新媒体运营者设置投票是否多选、是否匿名及截止日期等。

6．群内购

发布群内购之前，新媒体运营者需要先添加商品，包括商品名称、商品描述、主图、单价、规格、库存数量等，点击"确定"按钮保存商品信息；然后点击创建"群内购"，输入群内购的活动标题，如"新疆阿克苏冰糖心苹果团购"，输入群内购的内容，如苹果的品质介绍、尺寸、外观、口感、重量、价格等，然后点击"发布"按钮。

10.5.2 活动盒子

活动盒子是一款专注于提供活动运营服务的工具，可以为企业提供活动运营的自动化解决方案，致力于通过数据驱动来帮助企业开展精准、高效的点对点的活动。

1．注册账号

新媒体运营者需要借助电子邮箱地址和手机号码来注册账号，在通过邮箱验证之后，即可注册成功。

2．账号后台

在账号后台可以查看各种功能，包括新用户指导、营销工具箱、数据概况、活动管理、奖品管理、投放活动、触发活动、推送活动、用户分析、用户管理等功能。

3．活动管理

（1）点击"新建活动"，根据业务特点选择公众号H5（支持一键生成和传播，适用于公众号和线下门店）或应用内H5（支持定向投放和场景活动，适用于App、微信商城等应用）。

（2）选择公众号H5，可以看到很多H5模板，主要包括拉新和活跃两个部分，涵盖红包、抢礼物、打地鼠、砸金蛋、大转盘、九宫格、猜涨跌、签到、拆福袋、抽奖箱、点亮灯笼、幸运彩蛋、吃鸡大赛、剥粽子、送好礼、拆快递、抓锦鲤等。例如，点击"吃鸡大赛"，用户通过微信扫码后，可在手机上试玩小游戏。

（3）点击使用该活动之后，先完成活动内容的设置，包括活动名称、活动时间、抽奖次数、Banner图、活动标签、活动规则等，如图10-26所示。然后设置奖项，包括奖项、图片、名称、中奖限制、数量限制、中奖概率、安慰奖设置等。新媒体运营者还可以进行拉新设置，开启分享功能，活动即可被分享到朋友圈等，实现"以老带新"。在分享功能中，可添加分享图标、分享标题、分享文案、选择被分享者群体。

（4）活动设置好之后，可将活动链接接入菜单栏，分享出去；或者在线下门店中，设置展架，展示含有活动二维码的海报。有些应用内H5活动，可以完成位置埋点，投放到Banner、启动页、信息流等位置上，并可设定触发条件。

图10-26　活动内容设置

4．数据概况

数据概况包括应用新增人数、新增参与人数、奖品领取人数、活动分享人数、各项累计人数，以及活动曝光数、活动打开数、奖品兑换数等，并以二维数据图表的形式呈现。

5．落地页系统

活动盒子的落地页系统提供简单易用的落地页生成功能，以及落地页数据统计分析功能。其中的微信传播监控支持传播路径及KOL分析、访客分析等。

10.6　其他辅助工具

10.6.1　草料二维码

草料二维码是专业的二维码服务提供商，提供二维码生成、美化、印制、管理、统计等服务，帮助新媒体运营者通过二维码展示信息并采集线下数据，提升营销和管理效率。

草料二维码能将文本、网址、文件、图片、音频、视频、名片、微信账号等内容生成二维码。

10.6.2 百度短网址

百度短网址是专业的网址缩短和营销数据分析平台，能满足新媒体运营者在多种应用场景下的需要，提供短信营销、App分享、二维码简化、新媒体文章的访问跳转等功能。

10.6.3 搜狗微信搜索

搜狗微信搜索是专业的微信搜索工具，支持新媒体运营者搜索微信文章和公众号，以获得海量的微信生态圈的内容与资讯，而这些内容与资讯通过其他搜索工具或平台往往无法获取。

【综合实训】

（一）实训目标

学生已经对各种新媒体运营工具有了基础认知，通过本实训活动，学生可以深入实践如何利用新媒体运营工具搜集有用素材、使用数据分析工具、了解市场动态和用户需求。在分析优秀案例之后，学生还要根据合作企业"励臣科技"的要求，利用135编辑器、易企秀等工具设计出有创意的图文页、H5作品和短视频。

（二）实训任务

1．搜集公司资料，借助易企秀为公司设计一个用于公司宣传的H5作品。

2．借助西瓜助手、135编辑器、创客贴等收集素材，为励臣科技设计一篇企业推文，并将其发布到个人微信公众号和头条号中。

3．策划和拍摄一条短视频（提及励臣科技），将其发布到个人抖音账号中。

（三）实训步骤

1．教师操作演示如何使用西瓜助手、乐观抖音助手、易企秀、新榜等新媒体运营工具。

2．教师通过分析典型作品来介绍如何制作H5作品和长页。

3．教师讲解135编辑器的使用方法。

4．教师指导学生完成短视频的策划、拍摄、剪辑等工作。

【知识与技能训练】

一、单选题

1．以下不属于短视频平台的是（ ）。

    A．美拍   B．微视   C．兔展   D．火山

2．新榜是以（ ）为主的新媒体工具。

    A．排版设计   B．素材收集   C．统计分析   D．活动策划

3．以下不属于H5微场景工具的是（ ）。

    A．易企秀   B．秀堂   C．兔展   D．花椒

二、多选题

1．西瓜助手的功能包括（　　　）。

　　A．智能营销　　　　B．公众号数据分析　　C．多账号运营　　　　D．内容检测

2．乐观抖音助手中的"创意直击"支持以下（　　　）功能。

　　A．查看热门视频　　　　　　　　　　B．查看最热视频榜

　　C．了解当前的热搜榜　　　　　　　　D．提供播放量、评论数等统计数据

3．创客贴支持设计（　　　）等内容。

　　A．宣传海报　　　B．名片　　　　　C．长图　　　　　　D．邀请函

三、简答题

1．西瓜助手的标题助手给新媒体运营者带来了哪些方便？

2．请介绍与活动盒子同类型的工具。

3．"群里有事"小程序提供了哪些功能？

四、实训题

1．请对比西瓜助手的"传播指数"、百度的"百度指数"、乐观抖音助手的"数据洞察"3个工具，介绍其各自的应用场景和功能，并分析三者的不同点。

2．请使用易企秀为某公司设计一个年会的邀请函。